Heinz Warnecke

Die tatsächliche Romfahrt des Apostels Paulus

Stuttgarter Bibelstudien
127

Herausgegeben von
Helmut Merklein und Erich Zenger

Heinz Warnecke

Die tatsächliche Romfahrt des Apostels Paulus

Verlag Katholisches Bibelwerk GmbH
Stuttgart

CIP-Kurztitelaufnahme der Deutschen Bibliothek

Warnecke, Heinz:
Die tatsächliche Romfahrt des Apostels Paulus / Heinz Warnecke. –
Stuttgart: Verlag Katholisches Bibelwerk, 1987.
(Stuttgarter Bibelstudien; 127)
ISBN 3-460-04271-0

NE: GT

ISBN 3-460-04271-0

Gesamtherstellung: Wilhelm Röck, Weinsberg

In dankbarer Erinnerung an

Josefine Geisel
* 19. 4. 1885
† 22. 8. 1970

Inhaltsverzeichnis

Abbildungen

Vorwort

Ohne die ideelle und materielle Unterstützung meiner Mutter Helga Warnecke und meiner Gefährtin Dr. Agnes Seppelfricke hätte ich meine Forschungen nicht betreiben können. Beiden sei darum an dieser Stelle als ersten herzlich gedankt.

Für die vorliegende interdisziplinäre Arbeit benötigte ich zahlreiche, teils sehr spezielle fachwissenschaftliche Informationen, die mir namentlich die Altphilologin Dr. Barbara Gauger (Bonn), der Althistoriker Dr. Jörg-Dieter Gauger (Bonn), der Herpetologe Dr. Wolfgang Böhme (Bonn) und der Nautiker Dipl.-Ing. Hermann Thomsen (Eckhorst/Lübeck) in großzügigster Weise zur Verfügung stellten.

Für sachliche und personelle Hinweise danke ich besonders den Theologen Prof. D. Dr. h. c. Wilhelm Schneemelcher (Bad Honnef) und Prof. Dr. Dr. Theodor Nikolaus (München) sowie dem Christlichen Archäologen Prof. Dr. Josef Engemann (Bonn).

Herrn Prof. Dr. Helmut Merklein (Bonn), der die vorliegende Arbeit für die Reihe ‚Stuttgarter Bibelstudien' angenommen und dem Verfasser zudem inhaltliche und formale Verbesserungsvorschläge unterbreitet hat, sei ebenfalls bestens gedankt.

Große Dankbarkeit schulde ich dem Bibel- und Religionswissenschaftler Prof. Dr. Hermann Schulz (Axstedt), weil er mich anfangs motiviert und inzwischen die Arbeit dem „Promotionsausschuß Dr. phil." der Universität Bremen zur Annahme als Dissertation empfohlen hat. Dem Theologen Prof. Dr. Hartwig Thyen (Heidelberg) sei für sein Votum herzlich gedankt.

Vor allen gilt mein Dank jedoch Herrn Prof. Dr. Alfred Suhl (Amelsbüren/Münster), der sich als Neutestamentler und Segler in steter Anteilnahme und unablässigem Bemühen der Arbeit und des Verfassers annahm. Er hat alle drei Versionen dieser Arbeit in formaler, stilistischer und inhaltlicher Hinsicht gründlich mit mir durchgesprochen und neben exegetisch-theologischen Hinweisen dem Verfasser insbesondere sprachliche, darüber hinaus aber auch vor allem wetterkundliche und nautische Anregungen vermittelt. Ohne ihn wäre die vorliegende Arbeit nicht zustandegekommen. Auch möchte ich ihm und seiner Frau für die wiederholte Gastfreundschaft herzlich danken.

Hoffnungsthal, im Mai 1986 Heinz Warnecke

Geleitwort

Am 20. 3. 1985 sandte Herr Warnecke mir einen 229 Seiten umfassenden ersten Entwurf seiner Arbeit mit der Bitte um Prüfung, wie er sich damit „als Nichtakademiker vor der ‚Alma mater' profilieren kann". Ich gestehe gern, daß mich das Ansinnen zunächst befremdete und daß ich mich nur mit erheblicher Reserve an die Lektüre machte. Die im Brief vorgestellte These des Autodidakten, Paulus sei auf der Fahrt nach Rom nicht vor Malta, sondern auf einer westgriechischen Insel gestrandet, erschien mir abwegig. Meine Vorbehalte wichen aber schnell einer starken Faszination, als ich die überzeugende Beweisführung für die Lokalisierung des Hafens Phoinix las. Von da an wurde die Lektüre für mich geradezu spannend. Als Segler hatte ich ausreichend Wetterkunde in meinem Lernprogramm, um bei der von Herrn Warnecke vorgelegten Analyse der Windbezeichnungen sofort zu merken, daß die Erzählung in Apg 27f. nur dann stimmig ist, wenn das Paulus-Schiff in ein nördlich von Kreta vorüberziehendes Sturmtief geriet. Diese Hinweise hat Herr Warnecke bei der folgenden Überarbeitung aufgegriffen und durch weitergehende Auswertung antiker Quellen vertieft.

Zunächst litt die Erstfassung der Arbeit noch an einer zu unkritischen Einschätzung der Pastoralbriefe, die Herr Warnecke für echt halten wollte, nur weil er mit seiner Analyse von Apg 27f. die Authentizität ihrer Personalnotizen meinte folgern zu können, die er denn auch für seine Rekonstruktion der tatsächlichen Romfahrt des Paulus positiv auswertete. Wenn diese Personalnotizen jetzt nur noch als Bestätigung dafür dienen, daß auch der Verfasser der Pastoralbriefe den von Herrn Warnecke erarbeiteten Verlauf der Romfahrt voraussetzt, sollte dies nicht nur als Zeichen meiner Überredungskunst gewertet werden, sondern auch als ein Zeugnis dafür, daß Herr Warnecke selbst ihm sehr lieb gewordene Ergebnisse seiner Arbeit aufgrund besserer Einsicht aufzugeben vermag.

Für eine Veröffentlichung schlug ich Herrn Warnecke zunächst vor, seine viel zu umfangreiche Arbeit auf drei Folgen zu 30 Seiten zu kürzen, um sie ggf. in einer Fachzeitschrift zu veröffentlichen. Nach einem intensiven Gespräch am 10. 7. 1985 lagen drei Folgen von exakt je 30 Seiten bereits am 15. 9. 1985 vor. Herr Warnecke hat in dieser knappen Zeit nahezu alle Anregungen zur Meteorologie und Seemannschaft selbständig umgesetzt und seine Beweisführung viel überzeugender gemacht, darüber hinaus aber auch sein umfangreiches Material zur Geographie in souveräner

Weise gekürzt, umstrukturiert und so wohltuend gestrafft. Lediglich die Auswertung der Pastoralbriefe bewegte sich immer noch auf einem veralteten Forschungsstand und hätte die übrige Argumentation eher belastet als gestützt.
Als das Erscheinen in einer Zeitschrift von einer nochmaligen und m.E. unzumutbaren Kürzung auf höchstens insgesamt 30 Seiten abhängig gemacht zu werden drohte, sandte ich das Manuskript Herrn Prof. Dr. Merklein, der es dankenswerterweise auch schon in der vorläufigen Fassung für die SBS-Reihe annahm; so blieb der nötige Elan für eine nochmalige, jetzt aber vor allem auch formale und stilistische Überarbeitung erhalten. Herr Warnecke hat auf diese Weise in weniger als einem Jahr all das durchgemacht, woran wir gewöhnlichen Akademiker uns während vieler Semester allmählich gewöhnen können. Daß er darüber den Mut nicht verlor, sondern sich schließlich auch noch dem Zwang zur formalen Korrektheit willig fügte, ist ihm hoch anzurechnen. Insgesamt hat er so einen für die neutestamentliche Wissenschaft nicht nur überaus interessanten, sondern auch wegweisenden Beitrag geliefert. Ich kann mir nicht vorstellen, daß jetzt die Malta-Theorie noch eine Wiederbelebung erfahren wird.
Ungewöhnlich wie der Vorgang als ganzer sei nun auch das Ende meiner Vorrede: Ich weiß, daß Herr Warnecke seine Arbeit über Apg 27f. nur als ein Nebenprodukt seiner übrigen Arbeiten abgezweigt hat. Er hat sich insbesondere mit der Ithaka-Problematik, dem westgriechischen Seeraum insgesamt und Fragen der homerischen Geographie befaßt. Da ich meine, daß er mit der vorliegenden Arbeit einen wesentlichen Beitrag für die neutestamentliche Wissenschaft geleistet hat, scheue ich mich nicht, auf diesem Wege um Unterstützung auch für seine anderen Arbeiten auf dem Gebiet der antiken Geographie zu werben, für die ich mir keine Kompetenz anmaßen kann. Nach meinem Verständnis von Wissenschaft steht es uns Vertretern der Zunft wohl an, auch einen Außenseiter zu Wort kommen zu lassen, und das insbesondere dann, wenn er mit seinen Einsichten scheinbare Selbstverständlichkeiten so wohlbegründet zu widerlegen und damit auch Experten zu beschämen vermag.

Alfred Suhl
Professor für Neues Testament
an der Universität Münster

Einleitung

Merkwürdig selbstverständlich ist, daß der Apostel Paulus bei seiner Romfahrt vor Malta strandete und dort überwinterte.[1] Die Ansicht, daß Paulus während der Romfahrt auf dieser Insel eintraf, wird mit dem Namen Μελίτη (Melitē) begründet, den Malta im Altertum trug.[2] – Aber lag das südlich Sizilien befindliche Malta tatsächlich ἐν τῷ 'Αδρίᾳ (in der Adria), wie es Apg 27,27 ausdrücklich heißt, und war diese im Zentrum des römischen Weltreichs plazierte Insel im 1. Jh. n. Chr. noch von βάρβαροι (Barbaren) bevölkert (Apg 28,2.4)? Das sind lediglich zwei von vielen Fragen, die zu einer kritischen Überprüfung der Malta-Theorie herausfordern, insbesondere wenn man bedenkt, daß die süddalmatische Insel Mljet ebenfalls den antiken Namen Melitē trug.[3] Hier soll jedoch nicht das Plädoyer für Mljet wieder aufleben,[4] sondern eine völlig neue Lösung des Problems geboten werden: im Altertum gab es nämlich noch zwei weitere νῆσοι (‚Inseln') namens Melitē, so das nordägäische Samothrake[5] sowie eine in der Argonautensage genannte νῆσος (‚Insel').[6] Letztere wurde zu Unrecht mit dem süddalmatischen Mljet identifiziert; tatsächlich handelt es sich aber um eine westgriechische νῆσος, wie im Teil II der vorliegenden Arbeit nachgewiesen wird. Der griechische Begriff bezeichnet nun jedoch nicht ausschließlich „Insel" im Sinne von

[1] Das gilt sowohl für die exegetischen Studien der Fachwissenschaft (so sprechen z. B. selbst die neueren Apg-Kommentare von *Roloff* 359, 363, 365ff., und *Weiser* 665f., 668 stets von „Malta" ohne jeglichen Hinweis auf den griechischen Inselnamen Melitē) als auch für das Bewußtsein der christlichen Öffentlichkeit: „Unbedingt Erwähnung aber verdient ein Ereignis dieser Epoche, dessen 1900jährige Wiederkehr im Jahr 1960 in der gesamten christlichen Welt Widerhall auslöste und dessen auf Malta selbst im Juli 1960 mit aller der römisch-katholischen Kirche zur Verfügung stehenden Pracht gedacht wurde: der Schiffbruch des Apostels Paulus auf Malta" (*Egger*, Malta 19f.).

[2] *Skyl.* 111; *Diod.* IV 12,2f.; *Cic.* Verr. 4,46,103f.; Itin. mar. 518.

[3] *Plin.* nat. III 152; *Ps. Skyl.* 23; *Ptol.* II 16,9.

[4] Schwerwiegende Gründe gegen die Mljet-Theorie führen u. a. *Balmer*, Romfahrt 447–461 und *Breusing*, Nautik 190 an.

[5] *Strab.* X 472.

[6] *Apoll. Rhod.* IV 572.

Römische Handelsschiffe

Aus der Zeit, da Rom Land und See beherrschte, gibt es zahlreiche Darstellungen von Handelsschiffen, und mit wenigen Ausnahmen kehrt darin der Grundtyp immer wieder. Alles waren breite, rundliche Schiffe mit vorgeneigtem Bug und hohem Heck, dessen Steven einwärts gebogen den Schwung des Schwanenhalses nachahmt.

Das am stärksten in die Einzelheiten gehende Bild fand man in Ostia und schätzt es auf das 3. Jahrhundert vor Christus. Wir erblicken zwei derbe Schiffskörper mit durchgehenden Decksbalken. Das Deck reicht bis ins Heck, um Platz und Halt für die Steuerruder zu bekommen. Das dicke Vorstag wird steif gesetzt mittels Taljereeps und Jungfernblöcken, und für die zahlreichen Wanten gibt es ebenfalls Taljereeps. Die Dämpgordings laufen durch an der Vorderseite des Hauptsegels aufgenähte Ringe, und 2 (oder 4?) dreieckige Toppsegel kann man oberhalb der Rahe ausmachen. Der Fallblock für das Vorsegel ist am schrägliegenden Fockmast vorn deutlich sichtbar. Auf dem kleineren Schiff sind zwei große Blöcke für das Hauptfall am Mast angenagelt.

So hat man kaum Mühe sich vorzustellen, wie zu Septimus Severus' und Caracallas Zeiten ein mittelgroßes Handelsschiff aussah. Die Bilder, die wir von 150 Jahre älteren Fahrzeugen besitzen, zeigen kaum Unterschiede.

Abb. I: Römisches Handelsschiff
(Quelle: Landström, Schiff 48)

Vollinsel, sondern ebenso auch Halbinsel und Landzunge;[7] es ist somit nicht unbedingt nach einer Vollinsel namens Melitē zu suchen.

Während in den Teilen II und III der vorliegenden Arbeit die Angaben der Apg über Melitē in bezug auf Malta und das neu identifizierte westgriechische Melitē kritisch zu überprüfen sind, soll unabhängig davon im Teil I zunächst untersucht werden, wo der Hafen Φοῖνιξ (Phoinix) von Apg 27,12 zu lokalisieren ist, um anschließend die Route der Irrfahrt (von Kreta bis zum Schiffbruch) anhand der Daten der Apg zu rekonstruieren; dabei wird deutlich werden, daß das nur unter Berücksichtigung meteorologischer Fakten sinnvoll möglich ist.

Nachdrücklich sei betont, daß ich die innere Stimmigkeit des Berichts Apg 27 – 28 unabhängig von der Verfasserschaft und Historizität zu untersuchen gedenke. Es soll nur gezeigt werden, wie der Ablauf der geschilderten Ereignisse und die geographischen Vorstellungen in sich stimmiger als bisher interpretiert werden können. Das geschieht zunächst völlig unabhängig von den Pastoralbriefen. Deren Verfasser aber scheint eben dieses Bild von der Romfahrt des Apostels gehabt zu haben, so daß seine Angaben das gewonnene Bild im nachhinein bestätigen.

Wenn im folgenden von „Paulus“ die Rede ist, meine ich, tatsächlich den historischen Paulus greifen zu können. Die innere Stimmigkeit der Untersuchung hängt aber nicht daran. Auch wer meint, den Angaben des *Lukas* skeptischer entgegentreten zu müssen, wird auf Grund der folgenden Untersuchungen sein Urteil bezüglich Malta revidieren.

Abgesehen von neuesten naturwissenschaftlichen Erkenntnissen (insbesondere in den Bereichen Meteorologie, Geologie, Botanik, Zoologie und Medizin) greift die vorliegende Arbeit auf zahlreiche hervorragende Schriften des 19. Jh. zurück (namentlich sind die der Historischen Geographen *Partsch*, *Neumann*, *Forbiger*, *Kiepert* und *Treidler* hervorzuheben). Das geschieht nicht, um zu demonstrieren, daß das Melitē-Problem der Apg ohne neue Voraussetzungen schon längst hätte widerspruchsfrei gelöst werden können, sondern weil damals die Seefahrt, die Flora und Fauna sowie die topographische Beschaffenheit des Mittelmeerraumes noch weit mehr als im 20. Jh. den antiken Verhältnissen entsprachen.[8]

---

[7] „Le mot νῆσος voulait dire tout aussi bien χερσόνησος que île toute seul. L'exemple le plus connu de cette particularité de langage est le Peloponnèse; il y en a d'autres“ (*Goekopp*, Ithaque 15). Vgl. Thesaurus VI 1500 C 15 ff.; *Liddell/Scott*, Supplement 104.

[8] Vgl. u. a. *Breusing*, Nautik 157 ff.; *Fraas*, Klima und Pflanzenwelt 65; *Neumann/Partsch*, Griechenland 86–90; *Davy*, Islands I 221.

I. Die Irrfahrt

Der Eigentümer und der Kapitän des Schiffes, auf dem Paulus nach Rom fuhr,[1] beabsichtigten, vom südkretischen Hafen Καλοὶ λιμένες (Kaloi Limenes)[2] nach Φοῖνιξ (Phoinix) zu segeln, um dort zu überwintern. Kurz nach dem Aufbruch wurde jedoch das Schiff von aufkommenden Stürmen ergriffen und ins offene Meer geschleudert (Apg 27,8–26).

A. PHOINIX

Laut Apg 27,12 ist Phoinix ein λιμὴν τῆς Κρήτης (zur Übersetzung und Interpretation des Ausdrucks s. u.), der sich zum Überwintern großer Schiffe[3] eignet und nach SW und NW öffnet.

1. Kreta

Die Lokalisierung des Hafens Phoinix auf Kreta ist strittig. Zum einen wird er im Westen Kretas am Südfuß des 2453 m hohen Gebirgsstocks Pachnes gesucht, nahe der kleinen Bucht von Lutro: „Die Lage ist

---

[1] Zur Fahrt von Cäsarea (Palästina) über Myra (Lykien) bis Kreta s. *Brannigan,* Romfahrt 174–177; *Breusing,* Nautik 142–158. – Namentlich *Ramsay,* Paulus 262, motiviert die Fahrt des Paulus-Schiffes entlang der Südküste Kretas völlig abwegig mit der Behauptung, die Fahrt entlang der Nordküste Kretas sei „wegen der wenigen Häfen dort gefährlich". Tatsächlich ist das Gegenteil der Fall: „In fact, it ... happens that there are excellent harbours on the north side of Crete" (*Smith,* St. Paul 42).

[2] Das Schiff gelangte an der Südküste Kretas „an einen Platz, genannt Schönhafen, in dessen Nähe die Stadt Alassa lag. Im Stadiasm. mar. magn. findet sich § 322 und § 323 zwischen Lebena und Matala der Platz ʽΑλαί, offenbar derselbe, der an unserer Stelle Alassa oder Lasaia genannt wird, vgl. *Müller:* Geogr. graec. min. Tom. I pag. 506. Ein Ort καλοὶ λιμένες aber wird im Altertum selbst da, wo man es am ersten erwarten sollte, in den Küstenbeschreibungen für die Seefahrer nicht erwähnt. Jetzt trägt ein etwa 3 Seemeilen östlich von Kap Matala oder Kap Lithinos, dem südlichsten Vorsprunge der Insel Kreta, diesen griechischen Namen. ... Es unterliegt aber wohl keinem Zweifel, daß diese Örtlichkeit die von *Lukas* erwähnte ist" (*Breusing,* Nautik 158 f.). Zu dem selben Ergebnis gelangte u. a. schon *Smith,* St. Paul 42 ff.

[3] Dr. *Breusing,* Direktor der Seefahrtsschule in Bremen, errechnete im Jahre 1886 die Größe der römischen Handelsschiffe und kam zu dem Schluß: auch wenn manche antiken Angaben wohl übertrieben zu sein scheinen, „so bleibt immerhin eine beträchtliche Tonnenzahl, und es darf uns nicht befremden, daß sich auf dem Schiffe, mit welchem der jüdische Geschichtsschreiber Josephus nach Rom fuhr, 600 Menschen befunden haben sollen. Die Alexandrinischen Kauffahrer werden den unsrigen an Größe nicht nachgestanden haben" (Nautik 157).

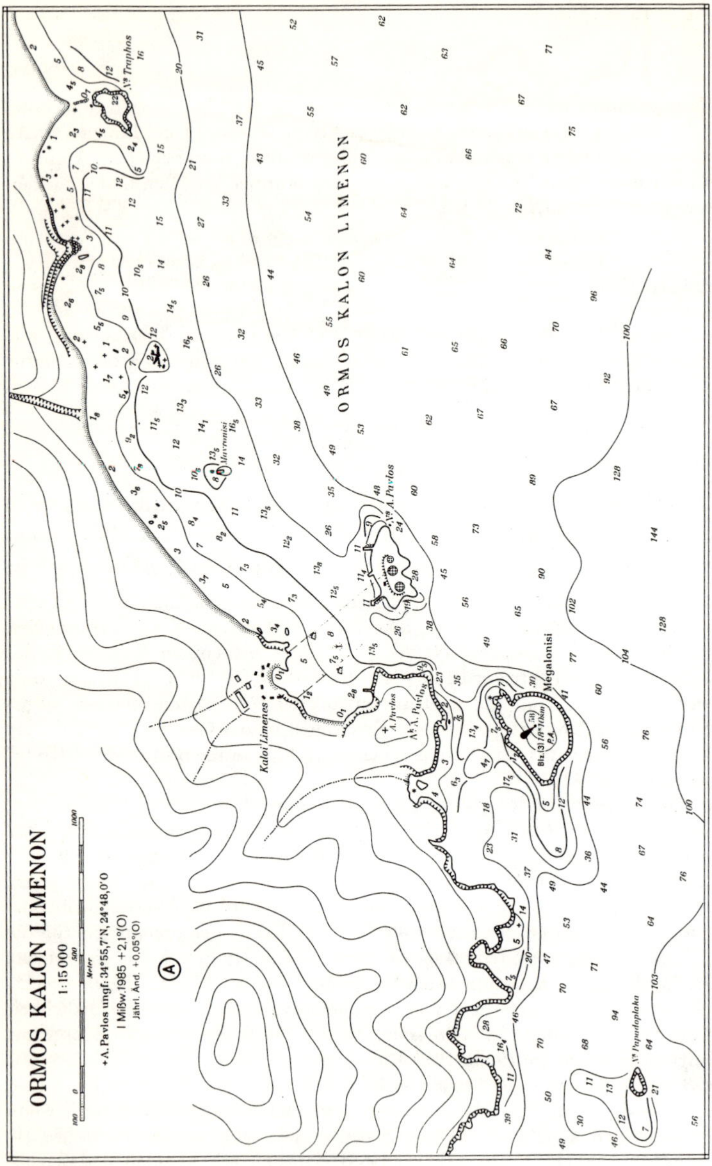

Abb. II: Die Bucht von Kaloi Limenes
(Quelle: Seekarte 1093 A, hg. vom Dt. Hydrograph. Institut, Hamburg 1980)

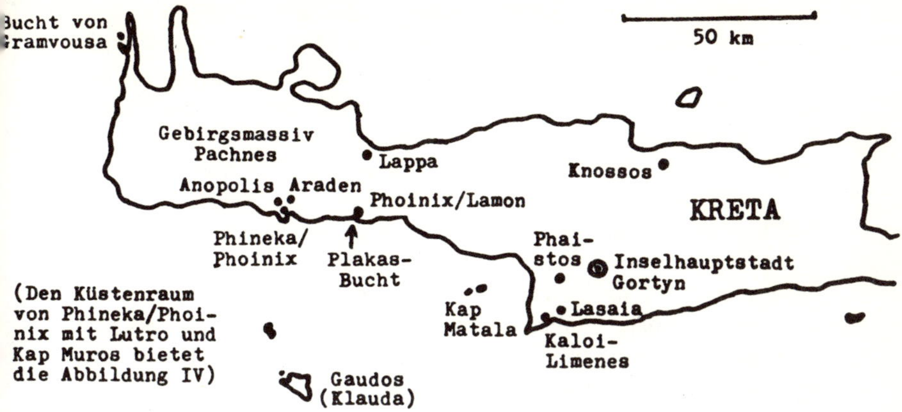

Abb. III: Kreta

gegeben durch die Erhaltung des Namens in dem der Phineka-Bai westlich des Kaps Muros mit dem vorgelagerten Lutronisi, in dem die im Stad. genannte Insel zu erkennen ist“[4]; das schmale, ungefähr 600 m lange Eiland Lutronisi deckt die Südflanke der Lutro-Bucht, die etwas tiefer und geschützter als die benachbarte Phineka-Bai ist. Zum anderen hat man ihn weiter östlich gesucht, denn bei *Strabon* wird das kretische Phoinix „als südlicher Hafen von Lappa genannt“,[5] und „man möchte daher annehmen, daß *Strabons* Phoinix von dem bei Lutro zu trennen sei. Dann muß dies Phoinix weiter östlich gesucht werden; ein moderner Ort Phoinikiais liegt in der Plakasbucht genau südlich von Lappa, wohin aber

---

[4] *Kirsten,* Phoinix 431,63 ff., unter Berufung auf den Stad(iasmus maris magni). Dieser Anonymi Stadiasmus maris magni ist eine byzantinische Bearbeitung eines Stadiasmus des 3. Jh. n. Chr. – Phönix „liegt nach *Ptolem.* Geogr. 3,15 auf dem Meridiane der Insel Kauda oder Klauda, und da die Angabe des Stadiasm. mar. mag. § 328: Φοῖνιξ πόλις ἔχει λιμένα καὶ νῆσον – diese Insel heißt bei *Plinius* Arados, vergl. *Müller* zu dieser Stelle – auf keinen anderen Ort westlich von Kap Matala paßt, so haben wir Phönix in der jetzt Port Lutro genannten Einbucht zu suchen“ (*Breusing,* Nautik 162).

[5] *Kirsten,* Phoinix 432,57 f., mit Bezug auf *Strab.* X 475; diese Angabe von *Strabon* über das westkretische Phoinix „wird sachlich bestätigt durch die Angabe des *Skylax* 47 über die Ausdehnung von Lappa bis zur Südküste ... Bei der Indentifizierung mit dem Ort bei Lutro bleibt merkwürdig, daß Phoinix und Anopolis und Araden dann zu Lappa gehört haben müßten und dessen Gebiet sich dann weit nach Südwesten ausgedehnt hätte“ (aaO).

... Lammon zu setzen ist".[6] Wenn man also auf eine Fixierung des kretischen Phoinix nicht ganz verzichten will,[7] bieten sich auf der Insel selbst zwei Hafenstädte dieses Namens an, die 20 km voneinander entfernt lagen.[8] „Keine Unterscheidung der beiden Orte namens Phoinix kennt *Pendlebury* (Archaeology of Crete, London 1939)", trotzdem „treten auch bei *Pendlebury* 13f. die Aporien der Gleichsetzung beider Orte namens Phoinix hervor".[9] – Aber selbst die Annahme, an der Südküste Westkretas hätten zwei Häfen namens Phoinix existiert, löst nicht alle Probleme, denn *Ptolemaios* differenziert zwischen einem Φοινικοῦς λιμήν (Phoinikus-Hafen) und einer weiter *östlich* davon befindlichen Φοῖνιξ πόλις (Phoinix-Stadt).[10] Weil nun Phoinix-Stadt offenbar nahe der Bucht von Lutro bei Araden lag[11] und Phoinikus-Hafen demnach westlich der Lutro- und Phineka-Bucht zum Liegen kommt, müßte man folglich sogar drei Häfen gleichen Namens annehmen (von West nach Ost): Phoinikus-Hafen, Phoinix 1 (Lutro/Phineka) und Phoinix 2 (südlich Lappa). Um diese Folgerung zu vermeiden, wird die Angabe des *Ptolemaios* lediglich auf den Raum von Lutro bezogen: „die Phineka-Bai ist also Phoinikus, Lutro aber Phoinix".[12]

---

[6] AaO. 433,3f., unter Berufung auf den Stad. m. m., 326f.

[7] U.a. *Putzger*, Weltatlas 10 (Creta), verzichtet auf die Eintragung von Phoinix.

[8] „Der Ansatz zweier Orte namens Phoinix, bei Lutro und bei Phoinikiais, ist bereits eingetragen auf meiner Karte ‚Kreta in griechischer Zeit', Antike XIV (1938) Taf. 35" (*Kirsten*, Phoinix 435,16ff.).

[9] AaO. 434,5f. u. 20f.

[10] *Ptol.* III 15,3. – Auf die sich daraus für die Lokalisierung des Hafens Phoinix der Apg auf Kreta ergebenden Schwierigkeiten geht bereits *Smith*, St. Paul 48, ein: „There is, indeed, a place named Phoenikias in *Pashley's* map, not far from the position assigned to it by *Strabo* and *Ptolemy;* but this cannot be the port of Phenice, for it is not on the coast; although it may possibly be the city of that name, for *Ptolemy* mentions both a city and a port of Phenice, or rather Phoenix. Lutro, Sphakia, and Franco Castello, places on the south coast of Crete, have been supposed to be Port Phenice."

[11] „*Hierokl.* Synecd. 651,1 und Not. dign. episc. VIII 230. IX 139 nennen Φοινήκη ἤτοι Ἀρδένα als Bischofssitz, als der Phoinix auch in den Akten des zweiten Konzils von Nicaea erscheint" (*Kirsten*, Phoinix 431,59f.). Araden (heute: Aradhena) liegt nördlich von Lutro. „In byzantinischer Zeit hieß der Bischofssitz neben Phoinix auch Araden, ward also Phoinix auch mit ... Araden verbunden" (aaO. 432,40f.).

[12] *Kirsten*, Phoinix 432,11f. – „Phönix ist vermutlich identisch mit der heutigen Phineka-Bai westlich von Kap Muros. Diese ist heute zwar zum Ankern untauglich ..." (*Roloff* 361). Während die Mehrzahl der Exegeten bezüglich des Apg 27,12 genannten Winterhafens sich entweder für die Lutro-Bucht oder für die benachbarte Phineka-Bai entscheidet, bemerkt *Conzelmann* 153: „*Lk* [*Lukas*] könnte auch beide Buchten verwechselt haben."

Die Annahme, der Phoinix-Hafen von Apg 27,12 sei mit einem der drei mutmaßlichen Plätze an der Südküste Westkretas zu identifizieren (zweimal bei Lutro, einmal südlich Lappa), läßt sich nicht durch antike Funde stützen. An der Küste südlich von Lappa, wo anstelle des kretischen Hafenortes Phoinix 2 auch die Stadt Lammon (oder Lamon) vermutet wird, entdeckten die Archäologen zu ihrer „Verwunderung keine antiken Reste".[13] Und an der Lutro-Bucht reichen die Funde, entgegen allen anders lautenden Darstellungen,[14] nicht bis ins 1. Jh. n. Chr. zurück: „Die Ruinen von Phoinix ... gehören sämtlich der byzantinischen Zeit an (vielleicht noch später ist das von *Trevor-Battye* 212 erwähnte alte Fort). Daß in dieser Phoinix noch den alten Namen bewahrte (nicht den von Araden übernahm), ist unsicher. Denn Phoinix allein erscheint nur in der Bischofsliste des 2. Konzils von Nicaea, wo der Name nach *Gerola* II 47 nicht mit Sicherheit auf den kretischen Ort zu beziehen ist."[15]

Läßt sich an keinem der genannten Plätze ein mit Sicherheit bis ins 1. Jh. n. Chr. zurückreichender Hafenort nachweisen, so überkommen einen endgültig Zweifel an den bisherigen Fixierungen, wenn man die topographischen Angaben der Apg beachtet: Alle auf Kreta mit dem Hafen Phoinix identifizierten Buchten öffnen sich auch nicht annähernd nach Südwesten und Nordwesten, die Phineka-Bai vielmehr sichelartig nach Süden, die Lutro-Bucht trichterförmig nach Südosten und die von Lammon auf breiter Front nach Süden.[16]

Aus diesem Grund hat man die Angaben über die beiden Himmelsrichtungen Apg 27,12 völlig umgedeutet: „Der Port bei Phönix entsprach allen Anforderungen der Sicherheit, indem er ein ‚Hafen Kretas ist, der

---

[13] *Kirsten,* Phoinix 433,9f. – „Auch *Pendlebury* 25 weiß ... nichts von antiken Resten in dieser Gegend" (aaO. 434,38f.).

[14] *Kirsten,* Phoinix 432,14f. verweist z. B. auf „die von *Spratt* 254 und *De Sanctis* 522 nach ihrem Ziegelbau der spätantiken und frühchristlichen Zeit zugewiesenen Hausreste". *Spratt,* Travels and Researches in Crete; *De Sanctis,* Mon. Ant. XI (1901).

[15] *Kirsten,* Phoinix 433,29–42 unter Hinweis auf *Trevor-Battye,* Camping in Crete, 1913 und *Gerola,* Monumenti veneti nell' isola di Creta. „Die Übereinstimmung mit *Hierokles* und dem Not. dign. episc. schaltet *Gerola* als Argument dafür aus, denn (ebd. II 48) die Aussage des *Hierokles* und der von ihm abhängigen Not. IX kann nicht als Bezeugung kretischer kirchlicher Diözesen gelten" (aaO. 42–47).

[16] Vgl. die Seekarte 702 (Nisos Kriti, Westlicher Teil), hg. vom Deutschen Hydrographischen Institut, Hamburg 1968. – Die Buchten von Phineka, Lutro und Lammon sind keineswegs geschützter als die von Kaloi Limenes; somit entfällt bei Zugrundelegung der genannten Buchten das Motiv für den Ortswechsel!

unter dem Südwest- und Nordwestwind liegt'. Dies ist der Wortlaut der vielbesprochenen Stelle, wenn sie auch Deutungen erfahren hat, denen zum Teil kein Seehafen tauglich für den Zweck der Winterung entsprechen kann."[17] Mit dieser Aussage stellt *Balmer,* der maßgeblich für Lutro votiert, alles auf den Kopf, denn tatsächlich will man ja „den kretischen Hafen Phönix erreichen, der **nach** Südwesten und Nordwesten **offen** ist".[18] Zudem ist anzumerken, daß sogar *Balmers* eigenwillige Interpretation „unter dem Südwest- und dem Nordwestwind" nicht auf die Bucht von Lutro (Entsprechendes gilt für die Gestade von Phineka und Lammon) zutrifft: sie liegt nämlich unter dem West und Nord! – Ebenfalls unzutreffend kommentiert zum Beispiel die Zürcher Bibel die Himmelsrichtungsangaben: „Der Hafen Phönix ... blickt laut Apg 27,12 nach Südwesten und nach Nordwesten, das heißt, er gewährt von seinem Innern aus den Blick nach diesen Himmelsgegenden. In Wirklichkeit öffnet er sich gerade nach der entgegengesetzten Richtung. Doch die Reisenden haben den Hafen gar nicht besucht und konnten vom Hörensagen leicht eine falsche Vorstellung gewinnen."[19] Aber in Anbetracht der heftigen Diskussion (insbesondere zwischen Paulus und dem Kapitän sowie dem Schiffseigner), ob man noch nach Phoinix aufbrechen und dort überwintern sollte (Apg 27,9–13.21), muß doch allen Beteiligten zugebilligt werden, daß sie über den nächsten Etappenhafen relativ gut unterrichtet waren. Dafür spricht ja insbesondere die Angabe über die Öffnungen des Hafenbeckens: schließlich bietet die Apg keine Haupt-Himmelsrichtung (wie Nord, Ost, Süd oder West), sondern eine außergewöhnlich differenzierte (Südwest und Nordwest) und damit signifikante Angabe,

---

[17] *Balmer,* Romfahrt 325 f. – Vgl. *Breusing,* Nautik 163; *Brannigan,* Romfahrt 178: „Ein Nichtseemann würde einfach sagen: ‚mit Ausblick nach Osten'." Bereits *Smith,* St. Paul 49, behauptete über die Apg 27,12 genannte Bucht, daß sie „is not open to the south-west but to the north-east. ... Now this is exactly the description of Lutro, which looks or is open to the east".

[18] Zum selben Urteil gelangen *Roloff* 356 und *Weiser* 656. – „Man kann freilich fragen, ob κατὰ λίβα zuverlässig ist" (*Conzelmann* 152).

[19] Zürcher Bibel, Anhang zum NT, S. 32, Anm. 122. – Weil die Angaben der Apg zu Phoinix nicht auf die Südküste Westkretas passen, „ergaben sich so abweichende Ansichten, daß Phönix von einzelnen sogar an der Nordküste gesucht und geradezu dahin verlegt wurde" (*Balmer,* Romfahrt 319), namentlich in die nach Norden und Westen weit geöffnete Bucht von Gramvousa an der Nordwestspitze Kretas (vgl. Zürcher Bibel, Karte zu den Paulusreisen); in dieser – aufgrund des steilwandigen, felsigen Vorgebirges – verkehrsfeindlichen und dementsprechend unbevölkerten Gegend hatten die 276 Personen des Paulus-Schiffes sicherlich nicht den Winter verbringen wollen.

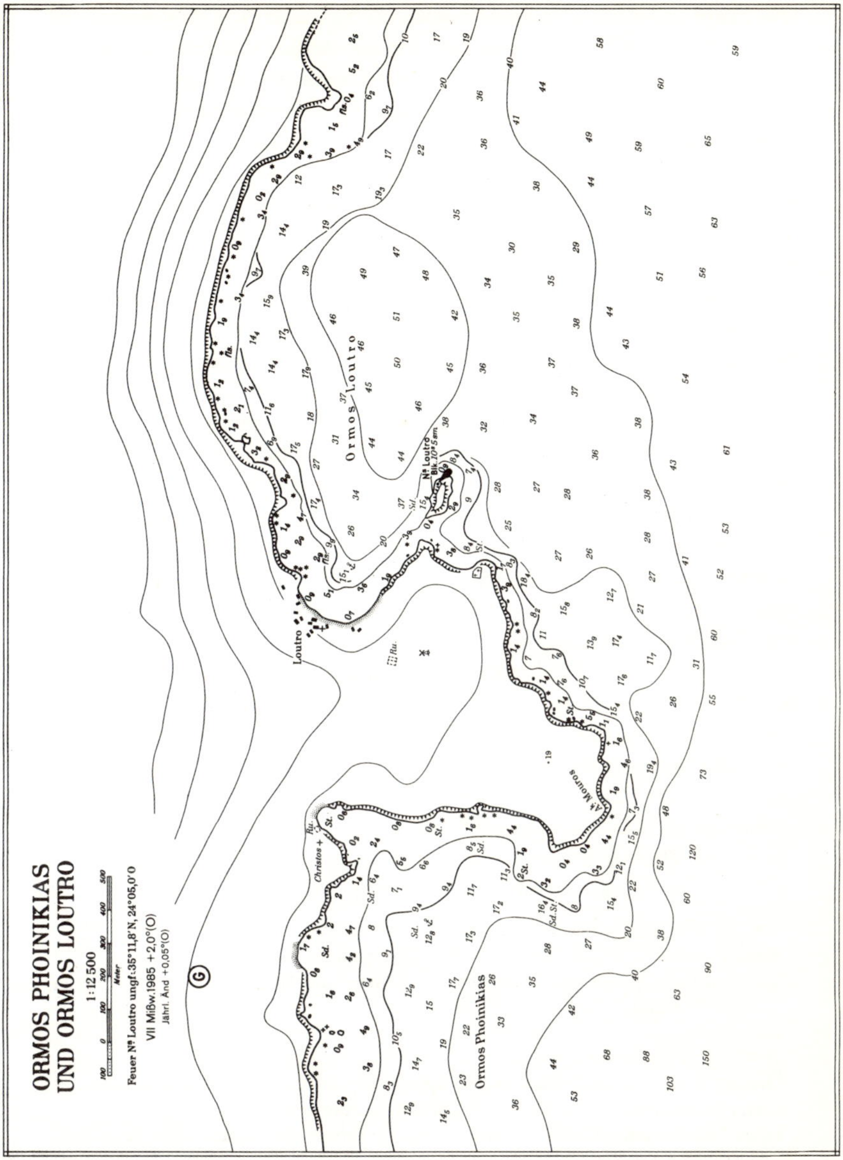

Abb. IV: Die Buchten von Phineka und Lutro
(Quelle: Seekarte 1093 G, hg. vom Dt. Hydrograph. Institut, Hamburg 1980)

die kaum auf die Unwissenheit oder gar Schlampigkeit des Autors der Apg (oder der seiner Informanten/Vorlage) zurückzuführen ist.
Die bei der Identifizierung des Phoinix-Hafens der Apg favorisierte Lutro-Bucht ist keine 200 m breit und lang. „Wenn auch noch so klein, sollen doch früher 15 oder 16 kleinere Rahefahrzeuge von Sphakia [Ortschaft bei Lutro] darin gewintert haben, indem sie je den Stern durch Landfesten nach der Südküste des Hafens hin sicherten.“[20] Seitdem *Balmer* im Jahre 1905 diese Zeilen zur Stützung der These, der Phoinix-Hafen sei die Lutro-Bucht, schrieb (ohne jedoch zu erklären, wie das große Getreidefrachtschiff, das nebst Paulus weitere 275 Personen mittransportierte, dort festmachte), wurde das Urteil meist unkritisch übernommen und der Hafen somit in der Literatur der Folgezeit zunehmend aufgewertet. Dementsprechend sagt *Kirsten,* Lutro sei „der einzige Hafen an der Südküste“ Kretas, „wo ein Boot nahezu bei jedem Wetter und in jeder Jahreszeit geschützt ankern kann“,[21] und laut *Meyer* ist gar „Lutro mit sehr guter Hafenbucht“ ausgestattet.[22] Angesichts der bogenförmigen, nach Südosten geöffneten Küstenlinie ist Lutro aber selbst für kretische Verhältnisse kein ‚sehr guter Hafen‘. Insbesondere dem im Winter gefürchteten Sturm Scirocco, der aus südöstlichen Richtungen weht, ist die Bucht fast schutzlos preisgegeben und dadurch dem tobenden Seegang ausgesetzt. Man erinnere sich an folgende Schilderung der Odyssee über einen Herbststurm an der Südküste Kretas: er „brachte die Schiffe bis Kreta, ... grad am Rande vor Gortyn im dunstigen Meere, wo der Südwind mächtige Wogen nach links hindrängt ans gebirgige Ufer“, und „der Seegang zerschellte die Schiffe an den Klippen“.[23] So berichtet *Haenchen* über die Lutro-Bucht zu Recht: „Bei Oststurm würden dort ankernde Schiffe zerschellen!“[24] Rätselhaft bleibt nur, daß *Haenchen* deswegen Phoinix in der benachbarten Phineka-Bai wiedererkennt, die mit ihrem weit gestreckten, sichelförmigen Gestade den Winden aus Süd und Südost samt der rauhen See völlig schutzlos ausgesetzt und „heut freilich zum Ankern untauglich“ ist.[25] – Die Buchten von Lutro und Phineka (wie auch das Gestade bei Lammon) sind also entgegen allen

---

[20] *Balmer,* Romfahrt 322. Das ist selbst Seglern unverständlich.
[21] *Kirsten,* Phoinix 433,26f. (er zitiert *Trevor-Battye,* aaO. 210).
[22] *Meyer,* Phoinix 800,52.
[23] *Hom.* Od. III 291–298.
[24] *Haenchen* 671, Anm. 1 der vorausgegangenen Seite 670.
[25] AaO.

anderslautenden Darstellungen[26] zum Überwintern völlig ungeeignet, und daher ist nicht anzunehmen, daß Eigentümer und Kapitän des Paulus-Schiffes Kretas „Gute Häfen (Καλοὶ λιμένες)"[27] verließen, um an einem schlechteren, ja geradezu gefährlicheren Gestade den rauhen Winter zu verbringen.

Nicht nur für das große Frachtschiff waren die benachbarten Buchten von Lutro und Phineka ungeeignet zum Überwintern, auch für die 276 Passagiere (Apg 27,38), deren Zahl die der Einwohner von diesem ‚Phoinix' übertraf! So klebt die Häuserzeile von Lutro zwischen dem Meer und dem steil abfallenden, 2453 m hohen Bergmassiv Pachnes auf einer schmalen Felsterrasse: „Über dem modernen Ort Lutro steigen die Felswände jäh auf. Daher ist die Verbindung mit dem Binnenland schwierig", und „von der Ruinenstätte Anopolis blickt man fast senkrecht hinunter nach Phoinix".[28] Selbst wenn also am besagten Gestade schon im 1. Jh. n. Chr. eine Siedlung existiert hätte (wogegen der archäologische Befund spricht), hätten die Passagiere dort weder ausreichende Unterkünfte noch genug Verpflegung vorgefunden. – Wenn ferner die Küstenfahrt von Kaloi Limenes nach Phoinix tatsächlich derart gefährlich werden konnte, daß fast die Hälfte der Besatzung und Passagiere gegen die Weiterfahrt votierte (Apg 27,12), dann stellt sich die Frage – ganz gleich, an welcher Stelle Kretas Phoinix lokalisiert wird –, warum die Widersacher nicht den sicheren Landweg dorthin bevorzugten?! Namentlich der verantwortliche Hauptmann der beiden kaiserlichen Zenturien[29] durfte angesichts dieser

---

[26] U. a. behauptet *Balmer*, Romfahrt 322, über Lutro, „daß in diesem Port sicher zu wintern ist". *Breusing*, Nautik 163, äußert sich über den Naturhafen vorsichtshalber im Imperfekt: „so bot er allerdings eine vortreffliche Winterlage". Dagegen bemerkt *Smith*, St. Paul 50, zu Recht, „that there are no ship harbours on the south side of Candia [Kreta]"; allerdings wurde auf der seinem Werk beigefügten Kretakarte (S. 57) die Lutro-Bucht zu einem nahezu geschlossenen Naturhafen geformt, dem das Eiland Lutronisi derart vorplaziert wurde, daß es nur je einen schmalen Zugang im Osten und Südosten läßt.

[27] „Καλοὶ λιμένες läßt sich mit ‚Gute Häfen' übersetzen" (*Schneider*, S. 389, Anm. 18). Sogar *Balmer*, Romfahrt 318, sagt über Kaloi Limenes: „woselbst der Boden sandig ist und guten Ankergrund abgibt, würden sie [die Schiffe] unter Lee gut gesichert liegen". Auch bei Sciroccowinden (aus südöstlichen Richtungen) würde das dortige Ankern für gut vertäute Schiffe „nicht gefährlich sein" (ebd.). Warum sollten die Seeleute dennoch zur Lutro-Bucht aufgebrochen sein, in der selbst fest verankerte Schiffe vom Scirocco losgerissen und beschädigt werden konnten?!

[28] *Kirsten*, Phoinix 432,27 ff. – Ebenso bemerkt *Smith*, St. Paul 53: „Anopolis is **above** Lutro."

[29] Das Gros der 276 Passagiere bestand aus Soldaten (Apg 27,1.31 f.38).

Alternative nicht den Seeweg riskieren. Also, auch wenn Eigentümer und Kapitän die Weiterfahrt ins nahe kretische Phoinix betrieben hätten, wären die Soldaten (und mit ihnen Paulus) marschiert – aber nicht zu jenem unbedeutenden Überwinterungshafen, sondern von Kaloi Limenes aus in die nur 15 km entfernte damalige kretische Hauptstadt und römische Garnison Gortyn,[30] die für die weit über zweihundert Männer während ihres mehrmonatigen Aufenthalts ausreichend Proviant und Quartiere bieten konnte.[31]

2. *Messenien*

Der Schlüssel für eine erfolgreiche Suche des Hafens Phoinix, der den Angaben der Apg vollauf entspricht, liegt in dem Ausdruck λιμὴν τῆς Κρήτης (Apg 27,12). Dieser genitivus qualitatis wird durch die gängige Übersetzung („Hafen auf Kreta") unnötig auf seine präpositionale Bedeutung „auf" reduziert; der Terminus kann nämlich auch einen „Hafen für Kreta" bezeichnen, das heißt, einen Hafen für den Seeverkehr von und

[30] Die Stadt Lasaia mit dem Hafen Kaloi Limenes lag am „südlichen Ausgangspunkt der Verkehrsstraße Knosos – Gortyn – Südküste" (*Bürchner,* Lasaia 883,38f.). „In römischer Zeit war Gortyn die Hauptstadt der Provinz Creta et Cyrene, daher großzügiger Ausbau. ... Die Ruinen von Gortyn, zumeist aus röm. Zeit, sind sehr ausgedehnt" (*Meyer,* Gortyn 855,45f. u. 56).

[31] Dagegen stellt u. a. *Brannigan,* Romfahrt 177f. mit seinen Ausführungen über Kaloi Limenes alles auf den Kopf, um die Weiterfahrt nach Phoinix zu motivieren: „Man hatte jetzt Aussicht, noch drei Monate hier in diesem verlorenen Eckchen Kretas bleiben zu müssen... Der heilige Paulus freilich hätte es vorgezogen, dazubleiben", denn „die Einsamkeit des Ortes fiel ihm nicht schwer". Deshalb beabsichtigten die Seeleute zum kretischen Hafenort an der Lutro-Bucht weiterzusegeln: „Noch dazu finden sich nördlich von diesem kleinen Seehafen die Ruinen von drei Städten, Araden, Anopolis und Phönix"; der Platz ist somit geeignet, „um über die Winterlangeweile hinwegzukommen". – Vom ohnehin nur kleinen Phönix und der Lutro-Bucht waren Araden und Anopolis ausschließlich durch einen strapaziösen Aufstieg zu erreichen; selbst noch heutzutage ist ein Ausflug von der kretischen Südküste nach Aradhena und Anopoli recht beschwerlich: vom Küstenflecken ᶜAijos Joánnis führt ein „sehr steiniger Weg nach Aradhena, das man nach etwa 1½ Stunden erreicht. ... Östlich von Aradhena muß erst eine Schlucht durchquert werden, dann gelangt man nach weiteren 2 Stunden nach Anopoli" (*Gallas,* Kreta 59). Dagegen war Kaloi Limenes als Hafen von Gortyn mit dieser einst blühenden Metropole (Hauptstadt der röm. Provinz ‚Creta et Cyrene') durch eine gute Straße verbunden (s. o., letzte Anm.).

nach Kreta! Grammatisch entspricht λιμὴν τῆς Κρήτης zum Beispiel dem deutschen Ausdruck Bremerhaven, wobei es sich um einen Hafen in der Stadt Bremen handeln kann, oder (entsprechend dem heutigen Ortsnamen) um einen Hafen, welcher zwar der Stadt Bremen dient, aber (sogar recht weit) außerhalb derselben liegt. – Für die Notwendigkeit, den fraglichen Terminus im letztgenannten Sinne zu interpretieren, sprechen weniger die unüberwindlichen Schwierigkeiten bei der Phoinix-Suche auf Kreta als vielmehr die Angaben der Apg: in Kaloi Limenes, nahe der südkretischen Stadt Lasaia (27,8), beratschlagten die Seeleute, ob es ihnen noch gelingen könnte, nach Phoinix zu segeln, um dort zu überwintern (27,12). Paulus gab zu bedenken, daß ein solcher Versuch angesichts der Jahreszeit bereits lebensgefährlich sei (27,10), und er warf später auf See der Mannschaft vor, dennoch „von Kreta aufgebrochen zu sein" (ἀνάγεσθαι ἀπὸ τῆς Κρήτης 27,21). Solche Worte erwecken ganz und gar nicht den Eindruck, als handele es sich bei der Reise nach Phoinix lediglich um eine Küstenfahrt von Kaloi Limenes (im mittleren Bereich der Südküste Kretas) nach einem etwas weiter westwärts befindlichen Hafen auf Kreta, sondern zwingen doch zu der Annahme, daß Phoinix eben nicht auf Kreta zu suchen ist. Dafür spricht zudem, daß trotz der Gefährlichkeit des beabsichtigten Ortswechsels der Landweg überhaupt nicht zur Debatte stand, folglich Phoinix von Kreta aus offenbar ausschließlich auf dem Seeweg zu erreichen war.

Da das Paulus-Schiff von Kreta aus mit WNW-Kurs in Richtung Italien laufen sollte (Apg 27,1) und für die Fahrt nach Phönix den aufkommenden Südwind (der später auf Ost drehte) nutzte (Apg 27,13f.), ist der gesuchte Etappenhafen nordwestlich von Kreta anzusetzen, also im Bereich der Südspitzen der Peloponnes.[1] Und tatsächlich ist ein λιμὴν Φοινικοῦς (Hafen Phoinikus)[2] dank der präzisen Angaben des *Pausanias* für die Südspitze Messeniens im 1. Jh. n. Chr. gesichert: von Osten kommend „springt Kap Akritas ins Meer vor, und vor ihm liegt eine

[1] Dazu paßt gut der Einwand von *Breusing,* Nautik 164, gegen das kretische Phoinix: „Dahin wäre man auch wohl ohne Südwind gelangt. Hatte man doch schon eine so weite Strecke gegen den Westwind zurückgelegt, man würde auch wohl noch die kurze überwunden haben."

[2] An der geringfügig unterschiedlichen Namensform Phoinikus – statt Phoinix – ist kein Anstoß zu nehmen; vergleichbar bezeichneten einige antike Autoren den Südostwind Phoinix (*Timosth.* bei *Agathem.* 1,2) auch als Phoinikias oder Phoenicias (*Plin.* 1,1), ohne daß die Identität des Windes in Frage gestellt wird (vgl. *Forbiger,* Geographie I 611,31 u. 616,42).

unbewohnte Insel Theganussa. Hinter dem Kap Akritas liegt der Hafen Phoinikus und dabei die Inseln Oinussai".[3]

Mit den drei nebeneinander befindlichen Hafenstädten Phoinikus, Methone (Modon) und Pylos (Navarino) bot die Südspitze Messeniens den 276 Personen des Paulus-Schiffes günstige Überwinterungsmöglichkeiten. Schon die „prähistorischen Verbindungen ... zur See auf der Linie Kreta – Apulien" stützten sich auf diese Hafenbecken,[4] und später führten die „alten Bahnen kretisch-mykenischer Kultur zur See an Messenien entlang zum Jonischen Meer".[5] Das änderte sich auch nicht während des Altertums und im Mittelalter (siehe unten), weil die beiden durch Inseln gedeckten Buchten von Navarino und Akritas sowie die zwischen ihnen eingebettete winzige Bucht von Methone die einzigen sicheren Naturhäfen der West- und Südküste der Peloponnes bilden. So wurden die Häfen der Südspitze Messeniens nicht nur stark vom Handelsverkehr frequentiert, sondern auch mehrmals heiß umkämpft. Im Jahre 425 v. Chr. errangen die Athener in der Bucht von Navarino den entscheidenden Seesieg über die Spartaner und nahmen den Rest des spartanischen Heeres auf der vorgelagerten Insel Sphakteria gefangen. Im Jahre 31 v. Chr. versenkte Agrippa im Hafenbecken von Methone die Flotte des mauretanischen Königs Bogudes; später diente dieser Hafen der Flotte Belisars als Stützpunkt, ebenso den Kreuzfahrern. Im späten Mittelalter (1204/17–1669) unterhielten die Venezianer an der Südspitze Messeniens die beiden Festungsstädte Navarino (Pylos in Messenien) und Modon (Methone), deren Häfen die einzigen Liegeplätze der christlichen Seefahrt zwischen den westgriechischen Inseln und Kreta bildeten und damit den wichtigsten Seestützpunkt zwischen dem italienischen Raum und der Levante. Aber noch in der Neuzeit schrieben diese Häfen Weltgeschichte: so vernichteten im Jahre 1827 die vereinigten englischen, französischen und russischen Kriegsflotten die in der Bucht von Navarino ankernde türkisch-ägyptische Armada; es war „das Ereignis, das die Unabhängigkeit Griechenlands entschied".[6] – Seit jeher also wurde der Seeweg von

---

[3] *Paus.* IV 34,12. – Phoinikus ist „nach *Curtius* ein Hafen zwischen Akritas, der Südspitze Messeniens, und Mothone"; das dortige Fischerdorf (heute: Phoinikous, Finikous) im innersten Winkel der tiefen Einbuchtung „gilt allgemein als die Stätte" des von *Pausanias* genannten Hafens. „Westlich vom Dorf auf einem Hügel am Meere hat *Valmin* Spuren der Besiedlung seit helladischer Zeit festgestellt." „In der Ebene östlich steht die Ruine eines römischen Bades" (*Bölte,* Phoinikus 383,54 ff.).

[4] *Philippson/Kirsten,* Landschaften III 410.

[5] AaO.

[6] AaO. 386.

Abb. V: Die Südspitze Messeniens

Italien nach Kreta (und damit zur gesamten Levante) von der Südspitze Messeniens aus beherrscht.[7] Die ja nur 7 km voneinander entfernten antiken Hafenstädte Phoinikus, Methone und Pylos bildeten für die von Kreta aus westwärts segelnden Schiffe stets die erste Etappe; und deshalb ist davon auszugehen, daß auch das von Kreta nach Italien verkehrende Paulus-Schiff Kurs auf die südmessenische Hafenstadt Phoinikus nahm. In der Nähe von diesem Phoinikus liegt Navarino mit seiner berühmten Bucht.[8] „Die Bai von Navarino, jetzt Bai von Pylos genannt, ist die

[7] So diente z.B. „vom 28. Mai bis 20. Juni 1645" die geräumige Bucht von Navarino „als Sammelplatz der türkischen Flotte, die Kreta eroberte" (*Meyer*, Pylos 2128,32ff.).

[8] An der Tatsache, daß die Bucht von Navarino nicht der Stadthafen von Phoinikus (Phoinix) war, sondern der Winterhafen aller südmessenischen Orte, ist kein Anstoß zu nehmen (vergleichbar galt bisher nicht das völlig freie Gestade der kretischen Phineka-Bai – an der Phoinix lokalisiert wird – als der vom Paulus-Schiff angestrebte Winterhafen, sondern die östlich von ihr befindliche Lutro-Bucht).

größte von Land umgebene Bucht der Westseite des Peloponnes, als Sammel- und Ruheplatz für große Flotten sehr geeignet und wegen der Lage nahe der stürmischen Südwestecke der Halbinsel von seestrategischer Wichtigkeit."[9] Die Bucht „hat annähernd die Form eines Kreissegmentes, 5 km lang von N nach S, 4 km größte Breite; sie verschmälert sich etwas nach Süden. Die Kreissehne bildet die lange schmale Insel Sphagia, Sphakteria d. A., welche die Bai gegen das offene Meer abgrenzt".[10] Die 4 km lange, maximal einen Kilometer breite und bis zu 157 m hohe Insel schottet die Bucht von Navarino im Westen fast vollständig ab. Somit weist diese südmessenische Hafenbucht, übereinstimmend mit dem Text der Apg, ausschließlich je eine Einfahrt im Südwesten und Nordwesten auf: „An beiden Enden der Insel führt je eine Einfahrt in die Bai; die nördliche,[11] der Sikia-Kanal, ist an der schmalsten Stelle nur 100 m breit... Dagegen besitzt der südliche Eingang der Bai die Breite von 1 km und bedeutende Tiefe. Dieser Eingang ist von S nach N gerichtet, so daß bei Südsturm die Wogen ins Innere der Bai eindringen; doch verlieren sie in deren nördlichem Teil ihre Kraft, weshalb die Schiffe im Winter in letzterem zu ankern pflegen."[12] Folglich dürfte die Kenntnis von diesem geschützten Naturhafen, in welchem aufgrund seiner Öffnungen nach Südwest und Nordwest die Schiffe selbst bei dem im Winter ausgesprochen stürmischen Scirocco (aus südlichen und südöstlichen Richtungen) sicher ankern können, dem Bericht Apg 27,12 zugrunde liegen.

Weil der Schiffseigner und der Kapitän noch vor dem Wintereinbruch zur Südspitze Messeniens segeln wollten, war im kretischen Hafen Kaloi Limenes die heftige Diskussion entbrannt. Bei einer solchen Passage mußte nämlich zunächst die wetterwendische, hafenlose Steilküste Westkretas umschifft werden, und anschließend war eine etwa 200 km lange Überquerung des offenen Meeres erforderlich.[13] Wie gefährlich die herbstliche Fahrt im Meeresraum zwischen den Südspitzen der Peloponnes und Westkreta für die antiken Seefahrer war, lehrt schon eindringlich *Homer:* „Aber die Wogen, die Strömung, der Nordwind warfen mich

---

[9] *Philippson/Kirsten,* Landschaften III 386.

[10] AaO. 387.

[11] Der Einfachheit halber wird von einer nördlichen und einer südlichen Einfahrt gesprochen; richtiger dagegen wäre die differenzierte Ausdrucksweise von Apg 27,12; Nordwest- und Südwesteinfahrt!

[12] *Philippson/Kirsten,* aaO.

[13] Nicht nur die offene kretische See, „selbst der messenische Golf [ist] heftigem Seegang ausgesetzt" (aaO. 410).

abseits, als um Maleia ich bog, und drängten mich weg von Kythera. Dann aber fuhr ich mit schrecklichen Winden neun volle Tage über das fischreiche Meer",[14] klagte der auf der Heimfahrt von Troja zu den westgriechischen Inseln befindliche Held Odysseus; und sein Kriegsgefährte, der weise Nestor, berichtete über die Fahrt des Menelaos zum heimatlichen Lakonischen Golf: „Als dann auch er auf dem weinroten Meer schnell auf geräumigen Schiffen ans steile Gebirge Maleias kam, da besann sich Zeus, der Seher ins Weite, und machte häßlich die Fahrt und verbreitete Wehen pfeifender Winde. Wogen schwollen, Ungetüme, als wären es Berge. Immerhin drang er hindurch und brachte die Schiffe bis Kreta, ... die Leute entkamen kaum der Vernichtung; die Schiffe zerschellten die mächtigen Wogen an den Klippen."[15] – Wenn also Paulus die Besatzung des alexandrinischen Schiffes eindringlich warnte, eine Fahrt von Südkreta in Richtung der südmessenischen Hafenstadt Phoinikus sei in Anbetracht der Jahreszeit bereits lebensgefährlich (Apg 27,10), dann war das weder ein der übertriebenen Vorsicht entsprungenes inkompetentes Urteil, noch – im Hinblick auf die folgenden Ereignisse – erstaunlich prophetisch,[16] sondern lediglich der Ausdruck einer gewissen literarischen Bildung.[17] Und falls Paulus die homerischen Epen nicht selbst gelesen haben sollte (zumindest der Autor der Apg kannte sie gut!),[18] so gab es schon damals die von *Strabon* geprägte Redewendung: „Du fährst um Maleia / Vergiß die Heimat!"[19] Es ist deshalb denkbar, daß der mit griechischer Kultur vertraute Apostel Paulus bezüglich des Seeraumes zwischen Kreta und der Südpeloponnes über mehr nautische Kompetenz verfügte als der römische Hauptmann Julius oder der ägyptische Schiffseigner und dessen Kapitän (Apg 27,6). – Es kommt freilich noch ein anderer Grund hinzu. Die unterschiedliche Beurteilung der Situation ist

---

[14] *Hom.* Od. IX 79–83. – Das Kap Maleia bildet das Vorgebirge der Südostspitze der Peloponnes; Kythera ist die ihr vorgelagerte größere Insel.

[15] *Hom.* Od. III 286–299. – Auch Agamemnon geriet kurze Zeit später am Kap Maleia in Seenot (aaO. IV 512–517).

[16] „*Lukas* will Paulus nicht als reiseerfahrenen Wetterkundigen preisen, sondern als einen mit prophetischer Voraussicht von Gott begabten Mann" (*Haenchen* 670,5). – Keineswegs ist der Ansicht *Conzelmanns* (151) zuzustimmen, die Episode Apg 27,9–11 weise inhaltliche Unstimmigkeiten auf (betreffs der Datierung s. II C 4) und sei daher eingeschoben.

[17] „Was *Homer* Od. IX 82–104. XXIII 311. dergestalt erzählt hatte, lebte unverändert fort bei Griechen und Römern" (*Jessen,* Lotophagen 2142,64 f.).

[18] Ihm diente zur Gestaltung des Irrfahrtberichts Apg 27 unzweifelhaft die Odyssee als Vorlage; vgl. *Haenchen* 677 mit Anm. 6; *Schneider* 359,99.

[19] *Strab.* VIII 6,20.

primär auf die unterschiedliche Interessenlage zurückzuführen: Während Paulus es nicht eilig hatte, nach Rom zu kommen (und womöglich gerade auf Kreta aus missionarischen Gründen noch gern länger verweilt hätte; siehe Tit 1,5),[20] standen der Schiffseigner und der Hauptmann unter Termindruck; der Schiffseigner mußte um jeden Preis noch vor dem Winter seine verderbliche Getreidefracht in Italien löschen,[21] und der verantwortliche Hauptmann der beiden kaiserlichen Zenturien ließ sich vom Schiffseigner und dessen Kapitän zum Aufbruch nach Phoinix überreden (Apg 27,11), nicht etwa, weil er die Aussagen des Paulus für unglaubwürdig hielt, sondern weil er an seinen Oberbefehlshaber in Rom dachte, der die fristgerechte Rückkehr der Truppen erwartete.[22] Vom südmessenischen Phoinikus (Phoinix) aus bestand nämlich die Hoffnung, die beiden Zenturien entlang des Gängelbandes der westgriechischen Küste mittels ungefährlicher Tagesfahrten (Kyllene/Nikopolis/Kerkyra/Apollonia/Brundisium) doch noch vor dem Winter nach Italien zu transportieren.[23] Dagegen hätte ein weiteres Verweilen auf Kreta definitiv ein mehrmonatiges Überwintern bedeutet und damit die Weiterreise erst im nächsten Frühjahr gestattet.[24]

---

[20] Obwohl Paulus als Gefangener reiste, war ihm Landgang und Kontakt mit Christen gestattet (Apg 27,3; 28,14ff.).

[21] „Die Fracht im Schiff mußte über Winter zu Grunde gehen“ (*Breusing,* Nautik 327). Jedoch war das Risiko für den Reeder gering, „hatte doch der Kaiser Claudius, um die Getreidezufuhr [nach Rom] zu befördern, den Kauffahrern sogar Ersatz für den Schaden geleistet, den sie auf ihren Reisen zur Winterzeit durch stürmisches Wetter erlitten“ (aaO. 162).

[22] „Andere Gründe, Schönhafen zu verlassen, waren ... für den Hauptmann die Ablieferung seiner Gefangenen“ (*Steinmann* 300).

[23] „Hauptmann, Schiffsherr und Schiffer hofften jetzt die Reise bis zum Endziele fortsetzen zu können“ (*Breusing,* Nautik 164). Dagegen *Haenchen* 670,7 (mit Bezug auf *Williams* 270): „Die Absicht ‚possibly to attempt to get to Italy‘ äußert niemand“, aber sie tritt bei der richtigen Identifizierung von Phoinix deutlich hervor!

[24] Schließlich „galt – wie zu *Hesiods* Zeit, so auch im späteren Alterthum – die See den ganzen Winter über für unannahbar, selbst eine kurze Fahrt quer über schmale Golfe für ein tollkühnes Unterfangen“ (*Neumann/Partsch,* Griechenland 122). Die Schiffahrt ruhte allgemein vom Frühunter- bis zum Frühaufgang des Sternbildes der Pleiaden (also ca. von Anfang November bis Mitte Mai); „wer ganz sicher gehen wollte, stellte schon im September, um das Herbstaequinoctium oder den Frühaufgang des Arktur die Fahrten ein“ (ebd. nebst mehreren antiken Literaturangaben). Also: „Für mehr als fünf Monate ruhte jedes Jahr das gesamte geschäftliche Leben der Handelshäfen“ (*Landström,* Schiff 189).

B. FAHRTROUTE

Mit aufkommenden νότος (Südwind) segelte das Paulus-Schiff an der Südküste Kretas entlang und wurde kurz darauf vom τυφωνικός (Wirbelsturm) namens εὐρακύλων (Nordost) ergriffen, der es zunächst am Eiland Κλαῦδα (Klauda)[1] vorbei in Richtung Σύρτις (Syrte)[2] trieb. Um letzteres zu verhindern, wurden die Segel gestrichen und das Schiff mit Tauwerk zusammengebunden,[3] ferner sollte durch das Auswerfen der Treibanker die Fahrt verlangsamt werden. In den folgenden Tagen steigerte sich das winterliche Unwetter (χειμάζω, χειμών), so daß der vom dunklen Gewölk erfüllte Himmel weder Sterne noch Sonne zeigte. Zum Leichtern des in Seenot treibenden Schiffes warfen die Seeleute einen großen Teil der Ladung – später den Rest: Apg 27,38 – sowie unbrauchbar gewordene und unnötige Geräte der Schiffsausrüstung über Bord (Apg 27,13–20).

1. Winde

a) Notos (νότος)

Um die genaue Richtung und Geschwindigkeit der Abdrift festzustellen, ist eine genaue Analyse der Winde notwendig. So ist zunächst die Frage zu stellen, welche Art von Südwind der in Apg 27,13 genannte νότος war. – „Für den heißen staubtragenden Scirocco – pestilens Africus – fehlte ein antiker Sondername“, weshalb er kurz als νότος bezeichnet wurde.[4]

[1] Die Identifizierung der kleinen Insel bereitet keine Schwierigkeiten; es handelt sich bei ihr um das heutige Gaudos (so schon bei *Plin.* IV 61 und *Mela* II 114), das mit einer maximalen Länge von 9 km und Breite von 5 km das weitaus größte Eiland im Seeraum südlich von Kreta ist. Es liegt, entsprechend der Angabe der Apg (ONO-Wind), westsüdwestlich von Kaloi Limenes in einer Entfernung von 65 km.

[2] Die große Einbuchtung an der Nordküste Afrikas (zwischen Tunesien und der Cyrenaica) namens Σύρτις (die alte Singularform Σύρτις bezeichnet die Kl. und Gr. Syrte) war „in der antiken Seefahrt gefürchtet wegen ihrer unberechenbaren Strömungen mit Gezeitencharakter und ihrer wandernden Sandbänke, die namentlich bei Stürmen den Schiffen gefährlich werden konnten“ (*Gärtner*, Syrtis 475,8ff.).

[3] Über die Apg 27,17 genannten Maßnahmen sagt *Breusing*, Nautik 170: „Im ganzen Berichte (Apg 27 u. 28) hat dieser Vers den Auslegern wohl die meiste Schwierigkeit gemacht“ (zu den Interpretationsmöglichkeiten s. *Conzelmann* 153). Dabei ist die Interpretation des Verses (das Streichen der Segel steht außer Frage) für die Fahrtroute relativ belanglos, da es sich um eine – wie auch immer geartete – Stabilisierung des Schiffsrumpfs handelt (*Breusing*, Nautik 170–184), die für die Abdrift unwesentlich ist.

[4] *Böker*, Notos 168,23ff.

„Außerdem kannte man einen sanften, unsteten, den Himmel aufheiternden, Λευκόνοτος [Weißer Notos] genannten, Wind nach der Winterwende und zur Zeit der Hundstage."[5] „Der von November bis März auftretende, wegen Richtungsunbeständigkeit gefürchtete Notos galt als regenbringend, stürmisch und sichthindernd."[6] Dieses ist der eigentliche, im Winterhalbjahr häufige Notos, der aus Südost, Süd und Südwest weht und meist in Sturm umschlägt.[7] So sagten die Griechen noch bis in die Neuzeit hinein, die Seefahrt sei einzustellen, wenn „man schon jungen Wein habe und der Südwind die herbstlichen Regen und hohen Seegang bringe".[8] – Offensichtlich glaubte oder hoffte der Kapitän des Paulus-Schiffes, daß es sich bei dem auffrischenden Südwind um den sanften Leukonotos und nicht um den gefährlichen, oft in Sturm umschlagenden Notos handelte.

b) Typhōnikos (τυφωνικός)

Der τυφωνικός (Apg 27,14), der – früher wie heute – meist personifiziert wird,[9] bezeichnet einen in meteorologischer Fachsprache Zyklone heißenden Wirbelsturm,[10] der ein „auf der N-Halbkugel entgegengesetzt (zum Uhrzeigersinn) umströmtes Tiefdruckgebiet mit geschlossenen Isobaren" ist.[11] Dabei wird „der horizontale Temperaturgegensatz, der die Energie für die Zyklone liefert, im Lauf von etwa 5 Tagen abgebaut, so daß sich das Tiefdruckgebiet auflöst".[12] – „Uebrigens berichten die Alten vom Wirbelwinde, dass er Alles, was ihm in den Weg komme, mit sich

[5] AaO. 9–13. – Die Hundstage dauern vom 24. Juli bis zum 23. August.
[6] AaO. 5–8.
[7] „Die Jahreszeit, in welcher das häufige Auftreten dieser stürmischen südlichen Winde die Schiffahrt gefährdet, währt von Anfang November bis in den März (*Theophr.* de ventis 2,10)" (*Neumann/Partsch,* Griechenland 113).
[8] AaO. 123.
[9] „Im Toben der Stürme (Typhon ist Vater der schlimmen Winde) ... manifestiert sich der Gott Typhon" (*Geisau,* Typhoeus/Typhon 1022,23 ff.). Vgl. ferner *Schille* 463 zu Apg 27,14: „ἔβαλεν intransitiv wird sonst nur von Personen gebraucht; der Sturm ist in der Vorstellung (wie heute noch die amerikanischen Tornados, die benannt werden) personifiziert verstanden, vgl. Luk 8,23".
[10] „Eine besondere Art des Windes ist der Wirbelwind (τυφῶν)" (*Forbiger,* Geographie I 606). – „ἄνεμος τυφωνικός = Wirbelsturm, Orkan" (*Schneider* 391,41).
[11] *Brockhaus,* Zyklone 389. Zyklone ziehen stets ostwärts (s. u. 2a).
[12] *Brockhaus,* Tiefdruckgebiet 48.

fortreisse, und sogar beladene Schiffe aus dem Meere in die Höhe hebe."[13] Im Spätherbst bilden sich über dem Mittelmeerraum, insbesondere „zwischen Nordafrika, Griechenland und Sicilien", kräftige Sturmtiefs mit der charakteristischen „cyclonalen Luftbewegung" aus,[14] die noch in der Neuzeit zu großartigen Schilderungen über das Toben der Elemente Anlaß gaben. „Eine Reihe alter Schriftsteller haben diese finsteren Wetterstürme aus Süd [Windrichtung auf der Vorderseite der Zyklone] mit nicht minder lebhaften Farben gemalt (*Hom.* Il. III,10; *Hesiod,* opera et dies 675; *Soph.* Antig. 335; *Arat.* Phaen. 290ff., 407ff.; *Stat.* Theb. I 350). Sie waren der Schrecken der Seefahrer nicht nur wegen ihrer ungestümen Gewalt, sondern auch wegen der dichten Wolkenhülle, die bei ihrem Wehen alle hohen Landmarken, ja oft jegliches Land herab bis in ganz niedriges Niveau zu verschleiern und zusammen mit dem peitschenden Regen und der Verdüsterung des Tageslichts die Orientierung unmöglich zu machen pflegte."[15] Diese zu Beginn des Winterhalbjahres namentlich im westgriechischen Meeresraum typische Großwetterlage ist das in der Apg beschriebene Unwetter (χειμάζω, χειμών) mit seinen gefährlichen Wirbelstürmen (27,14f.),[16] anhaltenden Regengüssen (28,2) und der extrem starken Wolkenbildung, die jegliche Orientierung am Stand der Sonne und Sterne vereitelt (27,20).

c) Eurakylōn (εὐρακύλων)

Das Wort εὐρακύλων (Apg 27,14)[17] scheint aus griechischen und römischen Windnamen εὖρος (Ostwind) und Aquilo zusammengesetzt.[18] Beide Namensteile sind zunächst für sich zu erörtern.

---

[13] *Forbiger,* Geographie I 607. Zumindest bei den Tornados genannten amerikanischen Wirbelstürmen kann das tatsächlich zutreffen.

[14] *Neumann/Partsch,* Griechenland 101.

[15] AaO. 112f.

[16] So wird z. B. über die größte der westgriechischen Inseln, Kephallenia, berichtet: „Auch zur Zeit der Tag- und Nacht-Gleichen wird ... [sie] oft von heftigen Wirbelstürmen heimgesucht" (*Wiebel,* Kephalonia 57). „Cephalonia is subject occasionally to severe storms, especially about the time of the equinox. Shortly before my visit ... there had been a hurricane of the nature of a cyclone, ... doing great damage" (*Ansted,* Islands 367).

[17] „Die Alten scheinen diesen Fallwind, der das Schiff des Apostels Paulus weit südwestwärts verschlug, Euryklydon genannt zu haben. Apostelgesch. 27,14. Die Handschriften: Εὐροκλύδων. Aber um einen Euros [also einen reinen

„Euros ist der älteste griechische Name des Ostwindes, bei *Homer* (Hauptstelle Od. V 295 f. 331 f.) einer der vier Kardinalwinde, die *Homer* allein kennt. Auch als die Windrose weiter ausgestaltet wurde, blieb Euros die generelle Bezeichnung der östlichen Winde, nicht nur bei Dichtern, ... sondern offenbar auch in der Praxis des täglichen Lebens; wenn nur die vier Kardinalwinde in Frage kommen, heißt der Ostwind Euros", und er hat sich auch bei den Römern „Heimatrecht verschafft".[19] Der Wind Aquilo ist weitgehend mit dem griechischen Boreas (NNO/NO) gleichzusetzen: im 3. Jh. v. Chr. „ging *Eratosthenes* wieder auf das achtstrichige Schema zurück, das sich dann lange behauptet hat. ... In dieser achtstrichigen Windrose ist vielfach der Boreas (aquilo) an die Stelle des aristotelischen Kaikias getreten und bezeichnet den Nordost. Den nämlichen Wind bezeichnet aquilo in der 24strichigen Rose des *Vitruv* (I 6,10), dem sich dann in der Richtung nach Osten unmittelbar der caecias anschliesst".[20] Der Aquilo, der „nach *Plin.* 2,47,47 aber auch zur Zeit der Hundstage und zu Anfang des Winters vom Untergang des Siebengestirns an weht, ... brachte in der Regel heitres Wetter, doch auch mitunter Regen (*Artist.* 1.1.), namentlich in Afrika (*Plin.* 2,47,48. *Macrob.* sat. 2,5). In Griechenland ... trieb er gewöhnlich Wolken zusammen ..., wovon man den Grund darin suchte, dass er nicht geradeaus wehe, sondern wie eine Art Wirbelwind (*Stob.* 1.p.672)".[21]
Mit dem Windnamen Euros wurde also zu römischer Zeit der Ost – mit geringfügig südlichem Einschlag –[22] bezeichnet, mit dem Aquilo der nach

Ostwind] handelt es sich offenbar nicht. Die Lesart des Etym. Magn. S. 772,31 Εὐροκλύδων wird vielleicht empfohlen durch die sinnverwandte und ganz analog gebildete Bezeichnung μεγαλοκύμων für den Südwind bei *Arist.* Probl. XXVI, 16" (*Neumann/Partsch*, Griechenland 106 mit Anm. 2). Vgl. *Smith*, St. Paul 119–125 u. 287–292, und *Breusing*, Nautik 165.

[18] Der Windname Eurakylon (εὐρακύλων) wird „von den ältesten und besten Handschriften, der Sinaitischen, der Vatikanischen und der Alexandrinischen, sowie von der Vulgata als Euroaquilo bezeugt" (*Breusing*, aaO.). – Vgl. *Schneider* 391,42. – „Euroaquilo" (*Böker*, Euros 450,1).

[19] *Rehm*, Euros 1311,50–63; 1312,23 f.

[20] *Häbler*, Boreas 721,4–17.

[21] *Forbiger*, Geographie I 612.– Diese Eigenart ist auch der Grund, „weshalb er ... bei *Pseudo-Arist.* de mundo c. 4,14. u. Stob. 1 p. 672 ἀνακαμψίπνοος genannt wird" (aaO. 612,33).

[22] „Nachdem Euros aufgehört hatte, die einzige Bezeichnung des Ostwinds zu sein, ist er in der Theorie stets der nächste südliche Seitenwind des Apeliotes, des reinen Ost, gewesen" (*Rehm*, Euros 1312,33–36).

Ostnordost tendierende[23] Nordost. Demnach ist der Euros-Aquilo (εὐρακύλων) theoretisch betrachtet ein Ostnordost, welcher scharf südlich des caecias genannten Ostnordost anzusetzen ist. Meines Erachtens soll der εὐρακύλων aber keine statische Windrichtung ausdrücken (sonst hätte man wohl einen nichtzusammengesetzten Windnamen gewählt), sondern einen dynamischen, sich von Nordost auf Ost drehenden Wind – entsprechend der Feststellung der Alten, daß der Aquilo „nicht geradeaus wehe, sondern wie eine Art Wirbelwind“ (s. o.).
Und auch dieser, sich von nördlichen Richtungen (weshalb Paulus anfangs fürchtete, zur nordafrikanischen Syrte abzudriften) auf Ost drehende εὐρακύλων ist im griechischen Seeraum ein für den Anfang des Winterhalbjahres typisches Wetterphänomen: „Schon den Beginn der Herbstregen pflegt solch ein kalter, die rasche Condensation des atmosphärischen Wasserdampfes bewirkender Nord- oder Nordostwind einzuleiten (vgl. *Apoll. Rhod.* II, 1098).“[24]

2. *Drift*

a) Westwärts

Üblicherweise rechnet man für das in Sturm und Seenot geratene Schiff mit einer starken westlichen Drift, weil Malta (das angebliche Μελίτη von Apg 28,1) genau westlich von Kreta liegt.[1] Tatsächlich aber ist mit einer nordwestlichen Drift zu rechnen, wie bald deutlich werden wird. Zunächst sind jedoch die Schwierigkeiten aufzuzeigen, die sich bei der herkömmlichen Annahme ergeben.
Die Karten der Bibeln und Kommentare zu Apg 27 – 28 lassen das Paulus-Schiff von Südkreta aus zum ca. 1000 km entfernten Malta in mehr oder

---

[23] „Dabei ist allerdings noch zu bedenken, dass die oben gebrauchte Bezeichnung Nordost nicht immer genau im Sinne der heutigen Meteorologie zu verstehen ist, da die im Altertume gebräuchliche Bezeichnung ‚vom sommerlichen Aufgange her‘ eigentlich mehr auf Ostnordost als auf reinen Nordost hinweist; denn die grösste Morgen- und Abendweite beträgt in Griechenland etwa 30, aber nicht 45°“ (*Häbler,* Boreas 721,29–38).

[24] *Neumann/Partsch,* Griechenland 104.

[1] Malta „liegt ca. 800 km westlich von Kreta; demnach muß sich der Wind inzwischen stark auf Ost gedreht haben“ (*Roloff* 363). – Wie das Zitat veranschaulicht, werden die Windangaben Apg 27 (und damit die Abdrift des Paulus-Schiffes) nicht wirklich analysiert, sondern von vornherein der Malta-Theorie angepaßt!

minder südwärts geschwungenen Bögen gelangen;[2] manche weisen einen unregelmäßigen Zickzack-Kurs aus,[3] andere gar eine Route mit großzügigen Schlaufen, wonach die tatsächlich zurückgelegte Strecke bis zu ca. 2000 km betragen hätte.[4] Unerklärt bleibt dabei, wie das in Seenot treibende Schiff auf derartige Kurse gelangte, noch wie sich der längere Seeweg (Zickzack- oder Bogenlinie)[5] mit der ohnehin schon bei geradem Wege angesichts der Umstände unglaubwürdig hohen Driftgeschwindigkeit (von beinahe 3 km/h)[6] verträgt. – Damit die weite und zügige Westfahrt nach Malta in nur 14 Tagen (Apg 27,27 – 28,1) vonstatten gehen konnte, werden beinahe sämtliche in Apg 27 genannten Winde und Witterungsangaben uminterpretiert oder teils gar unterschlagen: lediglich der zeitlich und lokal begrenzte Südwind (νότος), mit dem das Schiff zunächst die südkretische Küste entlangsegelte, bereitet wenig Schwierigkeiten; der Wirbelsturm (τυφωνικός) wird meist ganz übergangen[7] oder als Ausdruck des heftig stürmenden Ostnordost (εὐρακύλων) verstanden;[8] sodann erscheint der εὐρακύλων als reiner Ostwind („εὐροκλυδών

---

[2] Dazu drei Beispiele: in der Zürcher Bibel, Karte im Anhang, führt der Kurs von Klauda fast geradeaus nach Malta; bei *Haenchen,* lose Karte im Einband, berührt er den 34. Breitengrad (bei 22° östl. Länge); in der Luther-Bibel, Karte im Buchdeckel, reicht er gar südwärts des 34. Breitengrads (bei 20° östl. Länge).

[3] Vgl. *Pieper,* Atlas Orbis Christiani Antiqui, Karte 2: Itinera missionaria e Sacra Scriptura nota S. Pauli Apostoli.

[4] Vgl. die Karte zu den Paulusreisen bei *Giegel,* Paulus (= *Haenchen*). – Gegen derartige Kurse bemerkt *Brannigan,* Romfahrt 185, „daß das Schiff wegen der Zeitangabe des *Lukas* und der aus der Erfahrung bekannten Triftgeschwindigkeit keinen großen Umweg gemacht haben kann".

[5] Dementsprechend äußert *Haenchen* 666: „Die wirklichen Entfernungen waren also noch größer."

[6] Bis zur Landung auf Μελίτη „sind seit Klauda 324 Stunden verflossen. Rechnet man pro Stunde anderthalb Seemeilen für das Schiff, so kommt man auf 482 zurückgelegte Seemeilen, und die Entfernung Klauda – Malta beträgt 474 Seemeilen" (*Haenchen* 674,2). Vgl. dazu vorletzte Anm.! – Eine Seemeile beträgt 1852 Meter.

[7] Selbst *Haenchen* (vgl. 665 u. 671 f.) übergeht den Terminus τυφωνικός völlig! Und *Brannigan,* Romfahrt 180, spekuliert: „Das Wort τυφωνικός wird sich, ebenso wie im Deutschen das Wort orkanartig, nicht so sehr auf die Richtung" beziehen (das gilt es jedoch zu überprüfen, schließlich kann man auch bei einem herbstlichen Orkan über Deutschland etwas über dessen Windrichtung aussagen).

[8] So kommentiert z.B. *Schille* 463, der den Ausdruck τυφωνικός ebenfalls unterschlägt, den Vers Apg 27,14: „Man denkt" auch „an einen Wirbelsturm am Kap [Kap Matala, Südkreta]. Dies legt vor allem die Benennung des Windes nahe, die aus zwei Namen zusammengeflossen (εὖρος Ostsüdost und Aquilo Nordnordost)" ist. – Nein! Dies legt vor allem der Ausdruck τυφωνικός nahe!

= εὖρος, Ostwind, + κλυδών [sic], Wogenschwall")[9], der zudem zwei Wochen ununterbrochen gestürmt haben soll.[10] Ebenso werden die signifikanten Begriffe für das winterliche Unwetter (χειμάζω und χειμών Apg 27,18 u. 20), die als Bezeichnung der typischen Tiefdruckwetterlage etwas über die Windrichtungen (einschließlich ihrer Stärken und Beständigkeiten) auszusagen vermögen, lediglich mit dem unverbindlichen Wort „Sturm" übersetzt.[11] – Angesichts zahlreicher Ungereimtheiten zur angeblichen Fahrt des Paulus von Kreta nach Malta tröstet mancher Kommentator den unbefriedigten Leser mit dem wenig nützlichen Hinweis: „Der hellenistische Erzähler rechnet nicht mit seekundigen Lesern."[12]
Einer der eifrigsten Befürworter der Landung des Paulus auf Malta, der Schweizer *Hans Balmer*, bemühte sich um eine halbwegs plausible Darstellung der Irrfahrt des Paulus-Schiffes, denn als Nautiker konnte er von den meteorologischen Bedingungen nicht völlig absehen: „Ganz anders [als im Sommer] sind die Verhältnisse im Spätherbst, wenn sich eine Zyklone im östlichen Mittelmeer entwickelte und auf einige Zeit sowohl die Land- und Seebrisen als auch andere lokale Winde in ihren Wirbel hineinzog. Fassen wir jenen auf offenem Meere aus Nordost wehenden Sturmwind, den Euraquilo, als Teilerscheinung einer kräftig entwickelten Zyklone des Ostbeckens auf, so liegt, demselben den Rücken zugewendet, der Kern zur Linken nach Cyrenaika hin. Weiter im Norden des ägäischen Meeres nach Westen hin ist ebenfalls Nordost zu erwarten,

---

[9] *Haenchen* 671,2. Dennoch kommt er ebd. zu dem Schluß: „Da εὖρος eigentlich ‚Ostsüdostwind' und Aquilo ‚Nordwind' bedeuten, ist vielleicht ein Nordostwind gemeint." Und *Roloff* 362 resümiert über den Wind: „Sein Name, Euraquilo, ist eine griechisch-lateinische Mischbildung der hellenistischen Schiffersprache ..., die in sich widersprüchlich ist."

[10] Das wird zwar meist stillschweigend vorausgesetzt (siehe z. B. die Berechnungen für die Driftgeschwindigkeit), aber selten explizit erwähnt; dennoch geht die Annahme eines zweiwöchigen Sturmes aus den Kommentaren hervor, wie folgendes Beispiel bei *Haenchen* 679 zeigt: „Die Unwirklichkeit der Szene sieht man am leichtesten bei Vers 21–26. Paulus hält auf stampfendem Schiff im heulenden Sturm eine Rede." Daß der Sturm jedoch auch während der letzten Tage der Irrfahrt Apg 27,21–27 unvermindert anhielt, widerspricht angesichts der Dauer der Irrfahrt nicht nur jeder meteorologischen Erfahrung, sondern geht auch nicht explizit aus dem Text der Apg hervor!

[11] Z. B. *Haenchen* 665 (zu Vers 18 u. 20); ebenso übersetzt *Schneider* 392 die Worte ausschließlich mit „Sturm", fügt aber 392,60 hinzu: „χειμών ‚stürmisches Wetter', ‚Unwetter' wie Mt 16,3".

[12] *Schille* 464. – Der versierte Leser von Apg 27 ist jedoch nur deswegen unbefriedigt, weil in allen Bibelübersetzungen bei Apg 28,1 der unzutreffende Inselname „Malta" steht.

während die West- und Südweststürme über die Syrten hin im Saharagebiet gewütet haben werden."[13] Eine solche Lage des Tiefdruck-Kernes ist theoretisch durchaus denkbar, aber der Ostnordost (der zumindest im Seeraum Kretas bemerkbar war) läßt sich als Teilerscheinung einer Zyklone (deren Kern angeblich über der Cyrenaica lag) nur dann begreifen, wenn dieselbe relativ klein war (etwa 300 km Radius).[14] Damit läge jedoch der größte Teil der angeblichen Driftroute zwischen Kreta und Malta außerhalb des Wirkungskreises der (zudem ostwärts wandernden!) Zyklone. Insofern ist *Balmers* These schon in diesem Punkt anfechtbar.
Balmer argumentiert ferner äußerst unseriös, wenn er seine „kräftig entwickelte Zyklone" (s. o.) zu einem derart „großen länglich ovalen Wirbel"[15] deformiert, daß dessen Nordflanke ohne nennenswerte Biegung von Kreta bis zur Maltagruppe reicht; außerdem greift er auf den mächtigen Scirocco (Name der stürmischen Südwinde) zurück, dem er jedoch eigens für die Melitē-Malta-Theorie eine andere Richtung gibt und halbherzig (aber ‚beweiskräftiger') umbenennt, so daß er für Euraquilo „die genauere Bezeichnung Scirocco-Levante"[16] gewinnt. *Balmer* hat also die Süd-Nord gerichtete Hauptachse des Scirocco kurzerhand auf Ost-West gedreht und läßt den so gewonnenen Wind zwei volle Wochen ununterbrochen westwärts stürmen! Dieses Naturwunder[17] läßt er aber ausschließlich dem Apostel zuteil werden, denn, wenn es nicht um seine Malta-Theorie geht, weiß *Balmer* sehr wohl, daß „die heftigen Süd- und

---

[13] *Balmer,* Romfahrt 340.

[14] Die Ausdehnung eines Tiefdruckgebietes beträgt etwa 300 bis 3000 km; größere Gebilde werden als Tiefdruckzonen bezeichnet (die Zyklone ist eine spezielle Art Tiefdruckgebiet); s. *Brockhaus,* Tiefdruckgebiet 48. Auf der Nordhalbkugel wehen die Winde entgegengesetzt dem Uhrzeigersinn in das Tiefdruckgebiet hinein. *Balmer* muß bei seiner Annahme, der Kern des Tiefs habe südwestlich von Kreta nach der Cyrenaica hin gelegen, mit einem minimalen Umfang des Tiefs rechnen. Denn schon bei einem Radius von wenig mehr als 300 km würde die Zyklone auch den südgriechischen Raum überdecken und folglich könnte im Bereich Südkretas kein Nordostwind (εὐρακύλων) mehr herrschen, sondern es müßten ausschließlich Winde aus Südosten wehen (mit zunehmender Größe der Zyklone würden die Winde über Kreta weiter nach Süd drehen). Für die Malta-Theorie ließen sich die Windverhältnisse im Tiefdruckgebiet nur fruchtbar machen, wenn man den Kern südwestwärts in den libyschen Wüstenraum verlagern würde; jedoch widerspricht ein über die Sahara hinwegwanderndes regenreiches Sturmtief allen meteorologischen Erfahrungen.

[15] *Balmer,* Romfahrt 341.

[16] AaO. 338.

[17] Schon *Strab.* 25. C. bemerkte: „Tosende Stürme halten keine gerade Richtung ein."

Abb. VI:
Tiefdruckkern über der Cyrenaica (nach der Theorie *Balmers*).

Abb. VII:
Hypothetischer Tiefdruckkern über der Sahara (eine derartige, zudem stabile Wetterlage müßte herrschen, damit ein Schiff durch eine Zyklone von Kreta in Richtung Malta abdriften könnte).

Abb. VI u. VII: Schematische Darstellungen über Zyklone (Tiefdruckgebiete mit geschlossenen Isobaren) im zentralen Mittelmeerraum (die Pfeile zeigen die Richtungen der in eine Zyklone einströmenden Winde an).

Südostwinde (Scirocco) ... im September, Oktober und November häufig [sind], ... selten mehr als vier Tage [dauern] und ... meist im Stillen [enden]".[18] Nimmt man die Angaben über die Winde ernst, ergibt sich ein ganz anderes Bild als nach *Balmer;* denn im Winterhalbjahr „stehen das westliche und mittlere Mittelmeer unter dem Einfluß von Tiefdruckgebieten aus dem Atlantik. Dadurch kommt es gelegentlich zu warmen Südwinden (Schirokko) und kalten Nordwinden (Mistral, Bora)".[19] Bei den durch die Erdrotation ostwärts wandernden Tiefdruckgebieten strömen die Winde auf der Nordhalbkugel zyklonal (also gegen den Uhrzeigersinn) ein. Dies ist ein Naturgesetz und gilt ausnahmslos! Die Angaben der Apg werden nur dann schlüssig erklärt, wenn der Kern des Tiefdruckgebietes nicht so weit südlich anzunehmen ist, wie *Balmer* meint, sondern wenn der Kern einer Zyklone weiter nördlich lag und keineswegs ortsfest war, sondern über das sizilisch-jonische Meer in Richtung Osten hinweg zog. Nur dann nämlich kam das Schiff, auf dem Paulus reiste, zunächst in den Bereich östlicher Winde, die beim Durchzug der Zyklone über südöstliche und südliche Winde schließlich zu westlichen wurden.[20] Dann aber kann das in Seenot treibende Paulus-Schiff, das vom τυφωνικός (Typhōnikos) ergriffen wurde, gar nicht – wie auf den meisten Bibelkarten dargestellt (s. o.) – auf einer mehr oder minder südlich geschwungenen Bahn durchs Libysche Meer von Kreta westwärts gedriftet sein.

Nun stellt sich abschließend die Frage, ob das von der Zyklone erfaßte Schiff überhaupt durchs Jonische Meer nach Malta verschlagen worden sein kann. Schon eine flüchtige Würdigung der Fakten verdeutlicht, daß das treibende Schiff während des Zeitraums von 14 Tagen schwerlich den über 1000 km langen – weil notwendigerweise bogenförmigen – Seeweg zurückgelegt haben kann: es hatte bereits am ersten Tag die Segel gestrichen[21] und zur Verlangsamung der Fahrt einen Treibanker ausgeworfen

---

[18] *Balmer,* aaO. 396f. – Dementsprechend gesteht selbst *Brannigan,* Romfahrt 183: „Stürme im ostmittelländischen Meer ziehen sich nach moderner meteorologischer Statistik öfters bis auf den Zeitraum von drei oder vier Tagen hinaus, bisweilen sogar sieben Tagen."

[19] *Brockhaus,* Mittelmeer 317.

[20] S. u. I B 2 b bei Anm. 5.

[21] Den Befürwortern der Malta-Theorie ist die Vorstellung vom gänzlich abgetakelten Schiff mit ausgeworfenem Schleppgeschirr zu viel des Guten, und sie behaupten daher: „Mit dem Sturmsegel an dem schrägen kleinen Vormast (ἀρτεμών [sic]) und dem Treibanker konnte das Schiff Kurs halten" (*Haenchen* 673,3). Aber, so muß man fragen, Kurs halten wohin?

(Apg 27,17);[22] zudem ist die Oberflächenströmung im zentralen Mittelmeerraum ganzjährig mit 1,5 bis 2 Seemeilen (etwa 2,8 bis 3,7 km/h) gegenläufig,[23] das heißt, sie bewegt sich kontinuierlich von West nach Ost![24] – Entscheidender für die Beurteilung der Drift aber ist die Lebensdauer der mittelmeerischen Zyklone (denn sie allein lieferte dem Schiff die Fortbewegungsenergie), die höchstens sieben Tage beträgt (s. o.). Somit müßte das Schiff (selbst wenn das Sturmtief ortsfest war und eine Woche lang durchgehend gewütet hätte) statt der angenommenen knapp 3 km/h etwa doppelt so schnell (also annähernd 6 km/h)[25] Richtung Malta gedriftet sein. Endgültig scheitert die angebliche Maltafahrt aber an der Überlegung, daß Zyklone nicht stationär sind, sondern – mit teils erheblicher Geschwindigkeit – ostwärts wandern:[26] selbst wenn wir mit *Balmer* die für die postulierte Maltafahrt günstigste Lage des Tiefdruck-Kerns im Raum Cyrenaica/Sahara annehmen[27] und dadurch das südlich Kreta verkehrende Schiff an der Vorderseite der Zyklone in den Sog östlicher Winde

---

[22] „Unter dem Herniederlassen des Geschirrs verstehen die einen das Niederholen der schweren Großrahe, die anderen das Auswerfen von Schleppankern, um die Fahrt zu verlangsamen"; und mancher „vermutet einen Irrtum des *Lukas* an unserer Stelle" (*Steinmann* 302).

[23] Vgl. *Westermann*, Mittelmeer 361; der Salzgehalt „im östlichen Mittelmeer beträgt ... allgemein mehr als 38‰, im Levantinischen Meer sogar mehr als 39‰. Der hohe Salzgehalt resultiert aus dem Überwiegen der Verdunstung über den Niederschlag und die wenigen Zuflüsse. Das dadurch hervorgerufene Absinken des Meeresspiegels bewirkt auch das Oberflächengefälle vom Atlantik zum Europ. Mittelmeer und ruft den Oberflächenstrom als einen Kompensationsstrom hervor" (ebd.). Die ostwärts gerichtete Oberflächenströmung wird noch verstärkt, weil das schwere Mittelmeerwasser bei Gibraltar in den Atlantik (Salzgehalt 36 ‰) absinkt und somit eine ständige, westwärts gerichtete Unterflächenströmung existiert.

[24] Diesen Sachverhalt kann selbst *Brannigan,* Romfahrt 171, nicht leugnen: im zentralen Mittelmeerraum „läuft eine beständige Meeresströmung nach Osten zur syrischen Küste". Noch deutlicher äußert sich dazu *Wolf,* Reise 102, obwohl auch er ein Befürworter der Malta-Theorie ist: „doch kämpfte das Schiff des Paulus auf seinem Wege gegen die Zentralströmung".

[25] Zum Vergleich: Die Durchschnittsgeschwindigkeit eines unter vollen Segeln laufenden Frachtschiffes „bei günstigem Wind wird 5 Knoten = 9 km betragen haben" (*Haenchen* 669,2).

[26] „Die Situation wird noch verwickelter durch die Ortsveränderung der in jenen Regionen [speziell im ‚jonisch-sicilischen' Raum] auftretenden barometrischen Minima [Tiefdruckgebilde], welche allerdings in vielen Fällen Tage, ja Wochen lang sich nur unwesentlich verschieben, meist aber mit grosser Schnelligkeit vorwärts wandern" (*Neumann/Partsch,* Griechenland 103).

[27] *Balmer,* Romfahrt 340.

geraten wäre, dann hätte die Zyklone ja nicht volle zwei Wochen gewartet, bis das Schiff entlang ihrer Nordflanke bis nach Malta getrieben war, sondern (ganz davon zu schweigen, daß sie sich in dem genannten Zeitraum schon aufgelöst hätte) sie wäre inzwischen ostwärts weitergewandert, das heißt, bereits nach wenigen Tagen hätte sich das Schiff im Einflußbereich der Rückseite (Westseite) der sich fortbewegenden Zyklone und damit – nach *Balmers* Theorie! – im Sog der kühleren Nord- und Nordwestwinde befunden,[28] die das Schiff dann aber fern von Malta gehalten und allenfalls zur Cyrenaica hätten driften lassen!
Wie also die korrekte Analyse der Daten Apg 27 unter Berücksichtigung der nautischen und meteorologischen Fakten ergab, muß die angebliche Maltafahrt des Paulus als „Jägerlatein" bezeichnet werden.[29] Aber das ist kein Grund, die Flinte ins Korn zu werfen: dank der Naturgesetzlichkeit der Luftströme läßt sich die Abdrift des Paulus-Schiffes relativ exakt rekonstruieren – denn „die Winde **allein** sind seit *Hesiod* beständig geblieben".[30]

b) Nordwestwärts

„Auf der Ostseite des Depressionsfeldes [Tiefdruckgebietes] erreichen im Winter Südwestwinde auf Kreta und Südwinde über dem griechischen Festland eine ihnen sonst nicht eigene Häufigkeit. Den winterlichen Notos ... dankt Griechenland unzweifelhaft dem Auftreten zahlreicher barometrischer Depressionen an seiner Westseite, in der Adria und über dem jonisch-sicilischen Becken."[1] Er weht gewöhnlich auch „nach dem Subsolanus und vor dem Aquilo, und dann wieder nach diesem vom Ende der Hundstage bis zum Aufgange des Arcturus 11 Tage vor der Herbst-

[28] Aufgrund des zyklonalen Windfeldes dringt auf der Vorderseite (Ostseite) des Tiefdruck-Kerns warme Luft polwärts, auf der Rückseite kalte Luft äquatorwärts (vgl. *Brockhaus*, Tiefdruckgebiet 48).

[29] So Prof. *A. Suhl* (Neutestamentler in Münster) gegenüber dem Verf. Als Hobbysegler wehrte er sich gegen den vom Verf. anfangs gebrauchten Ausdruck ‚Seemannsgarn', der hier völlig unpassend sei, „denn nur ein Schreibtischtäter kann so argumentieren, aber **nie** ein Seemann"; daher sei allenfalls der Ausdruck „Jägerlatein" angebracht.

[30] Dieser vielzitierte Ausspruch (vgl. *Neumann/Partsch*, Griechenland 89) geht bereits auf *Fraas*, Klima 65, zurück.

[1] *Neumann/Partsch*, Griechenland 102.

nachtgleiche (*Plin.* 2, 47,47)".[2] So „ist der Notos des Winters ... der am reichsten Regen spendende Wind, der das finsterste Unwetter heraufführt".[3] Vor diesem Hintergrund wird verständlich, weshalb Paulus dem um Anfang Oktober (Apg 27,9) auffrischenden νότος (Notos) mißtraute und daher die Fahrt nach Phoinix als lebensgefährliches Abenteuer betrachtete. – Der dem Südwind folgende εὐρακύλων konnte als ein dynamischer von Nordost auf Ost drehender Wind analysiert werden,

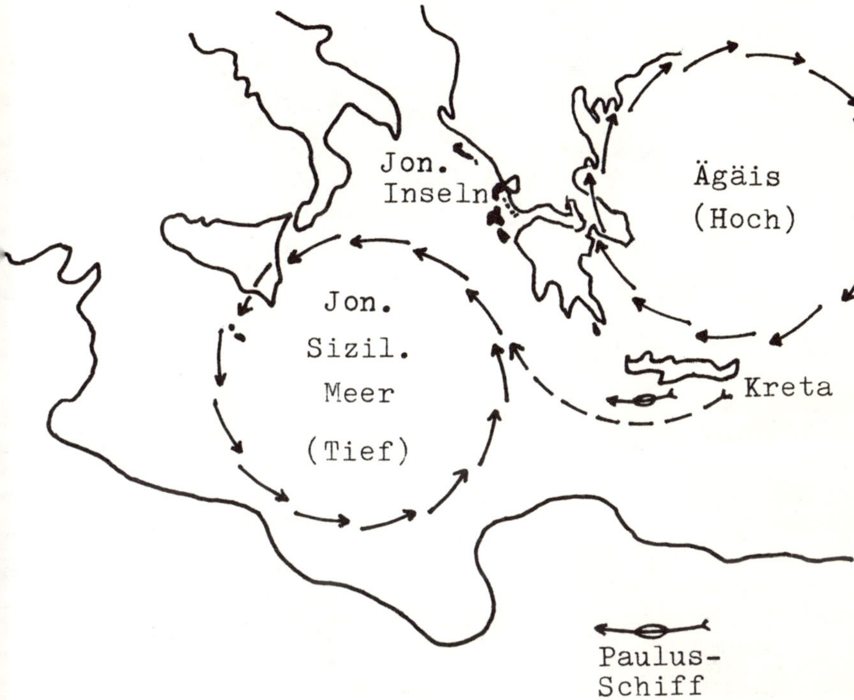

Abb. VIII: Grobe schematische Darstellung: Tiefdruckkern über dem Ionischen und Sizilischen Meer, Hochdruckkern über der Ägäis (von der Hochdruckzelle fließen die Winde antizyklonal in den zyklonalen Wirbel des Sturmtiefs ab; s. Pfeil: ← — — — —<).

---

[2] *Forbiger,* Geographie I 609. – Der Subsolanus ist ein Ostwind; die Hundstage dauern vom 24. Juli bis 23. August; der Arcturus ist das Sternbild des Bootes und dessen hellster Stern (von Frühling bis Herbst ist er am Abendhimmel sehr deutlich zu sehen).

[3] *Neumann/Partsch,* Griechenland 112.

Abb. IX: Satellitenbild einer ostwärts wandernden Zyklone (Aufnahme vom 7. November 1982): der Tiefdruckkern (a) hat die Küste Portugals erreicht, sein Wolkenwirbel (weiße Zonen) erfaßt bereits das gesamte westliche Mittelmeer bis Sizilien (Windrichtung: NNW); vom Balkanhoch (b) fließen über die Ägäis und Kreta hinweg Winde nach SW ab.
(Quelle: bild der wissenschaft/Meteorol. Inst. FU Berlin)

Abb. VIII u. IX: Typische herbstliche Zyklonalwitterungen im Mittelmeerraum.

der charakteristisch für die Zeit der beginnenden Herbststürme und -regen ist. So darf man über der Ägäis eine Hochdruckzelle annehmen, an deren Südflanke die antizyklonal (im Uhrzeigersinn) entlangströmenden Winde als Ostnordoststürme in die Vorderseite des von Westen nahenden Sturmtiefs abfließen. Durch den stürmischen εὐρακύλων gelangte das Paulus-Schiff zügig während des ersten Tages in den Seeraum westlich von Kreta und geriet dann zunehmend in die Gewalt des τυφωνικός (Typhōnikos), dessen Vorderseite im westgriechischen Raum als Scirocco[4] gefürchtet ist: „Der Verlauf solcher Sturmperioden ist – wie auf Korfu – in der Regel der, daß der Wind recht anhaltend aus SO und SSO weht, dann – mitunter nicht ohne einzelne Rückschritte – nach S und SW, endlich mit immer abnehmender Stärke nach W und NW herumgeht und erstirbt."[5] Während der wetterwendischen Jahreszeiten ist dieser Scirocco der „häufigste und gefährlichste Wind"[6] über Süd- und Westgriechenland, weil die Kerne der Sturmtiefs (speziell der Zyklone) über das sizilisch-jonische Meer und Kreta hinweg ostwärts ziehen.[7] Somit warnte namentlich der im westgriechischen Inselraum weilende Geograph *Partsch:* „Auf dem Festen vermag man bisweilen die Erregung des Meeres gar nicht recht zu beurteilen."[8] „Groß ist ... der Unterschied zwischen den geschützten und verkehrsreichen Binnenmeeren im Osten und dem

---

[4] Der „Schirokko, ital. Scirocco, ... weht auf der Vorderseite von wandernden Tiefdruckgebieten" (*Brockhaus,* Schirokko 198). – „An den Küsten des jonischen und adriatischen Meeres" versteht man unter dem Scirocco „den schwülen Regenwind, den gewöhnlichen Notos des östlichen Mittelmeergebietes", und nicht – wie sonst, z. B. auf Malta üblich – den „trockenen, sehr heissen Südwind, den echten Scirocco" (aaO. 114).

[5] *Partsch,* Kephallenia 35. „Die Gefahren dieser Südstürme werden vielfach noch gesteigert durch die Veränderlichkeit ihrer Richtung. Nicht überall dürfte der Gang der Windrichtung in den grossen Winterstürmen sich so regelmäßig vollziehen wie in Corfu, wo die meisten nach vorangegangenem Ost- oder Südost aus Südsüdost und Süd mit ziemlich beständiger Kraft wehen und allmählich erlöschen, wenn der Wind über Südwest und West herumgeht" (*Neumann/Partsch,* Griechenland 113).

[6] *Partsch,* Kephallenia 69.

[7] Dies spricht gegen *Balmer,* Romfahrt 340, der eine kleine Zyklone mit stationärem Kern über der Cyrenaica annimmt.

[8] *Partsch,* aaO. 35. – Vgl. z. B. den Bericht von *Vischer,* Griechenland 27ff., der 1857 auf einem Dampfschiff den westgriechischen Meeresraum zwischen Korfu und den Südspitzen der Peloponnes durchfuhr: dort „nahm der Wind wieder stark zu und bei stürmischer Nacht fuhren wir an ... Kephalonia vorbei", und da wir uns noch auf „der offenen See befanden, warf uns der Südwind wieder unbarmherzig umher. Auf dem Verdecke zu gehen oder zu stehen wurde eine große Kunst, und so setzte oder legte man sich auf den Boden".

‚Wildmeer' (Agriopelagos) im Westen der Inseln, dessen gewaltige, vom häufigen Süd- und Südwestwind aufgeregte Sturmwellen gegen die Südenden der Inseln schlagen."[9] – Infolge der sechs ineinander übergehenden Sciroccophasen (s. o.) wurde das Paulus-Schiff zweifellos tief ins Jonische Meer geschleudert.[10]

Paulus und seine Gefährten hatten aber noch Glück im Unglück, daß sie sich im nahezu inselleeren sizilisch-jonischen Meer bewegten, denn „in einem inselreichen Meer erhöht wiederholtes Umspringen des Windes für ein vom Unwetter überraschtes Schiff die Möglichkeit des Unterganges fast zur Gewissheit".[11] So gelangten sie ohne Hindernis durch den langsam von Ost und Südost über Süd nach Südwest drehenden Scirocco (für den ruhenden Raum dreht der Wind, weil die Zyklone weiterwandert) in die Nähe der westgriechischen Festlandküste, die durch ein langgestrecktes Inselband gedeckt wird. Diese Drift nordwärts wird zudem von einer kräftigen küstennahen Meeresströmung unterstützt,[12] die ihre Fortsetzung in der bedeutenden dalmatinischen Küstenströmung findet.[13] Unter Berücksichtigung der Naturgegebenheiten, also der Strömungen und insbesondere der Winde,[14] mußte das Schiff bis in den

[9] *Philippson/Kirsten,* Landschaften III 420.

[10] Vgl. *Brannigan,* Romfahrt 183f. zu Apg 27: „Daraus ergibt sich in unserem Fall eine resultierende Triftrichtung ungefähr nach WNW"; „die Abtrift nach Malta setzt aber eine Veränderung der Windrichtung voraus". Dagegen spricht *Balmer,* aaO. 380, ohne stichhaltige Begründung vom „unmöglichen Nordwest-Kurs, welcher ... dem dalmatischen Melite zuliebe gedacht wird". – Und wenn es sich nicht um die Melite-Malta-Theorie handelt, bemerkt sogar *Ramsay,* Paulus 260, über die Osthälfte des Mittelmeerraumes: „Selbst Segelschiffe der Neuzeit mit ihrem höheren Takelwerk sind ... nach Norden verschlagen worden."

[11] *Neumann/Partsch,* Griechenland 113.

[12] So konnten z. B. die antiken Segelschiffe die Einfahrt von Norden ins Binnenmeer von Korfu (zwischen der sichelförmigen Insel und der Festlandsküste von Epirus) „bei starkem Süd- oder Südostwind, welcher der stets bemerkbaren *Strömung im Nord-Kanal erhöhte Kraft gibt", nicht erzwingen (Partsch,* Korfu 69). – Bei den Inseln Kephallenia und Zakynthos beträgt sie ca. 2 km/h.

[13] „Eine beständige Meeresströmung verläuft längs der dalmatinischen Küste nach NW" (*Brockhaus,* Adria 77), welche die Adria „im Sommer bis zu 28 Grad" erwärmt und Dalmatien das „milde Klima" beschert (*Gnuva/Amode,* Süddalmatien 4). Sie schafft den Ausgleich für den oben (I B 2 a, Anm. 22) erwähnten Oberflächenstrom in Richtung Osten.

[14] *Wiebel,* Kephalonia 52, berichtet über die Meteorologie im westgriechischen Meeresraum während des Winterhalbjahres: „Die Winde dieser Jahreszeit fallen überwiegend zwischen S.S.W. und O.S.O.", und „an 50 Tagen fanden Regengüsse statt, begleitet von 28 Seestürmen meist aus Südwest" (aaO. 64,4).

jonisch-adriatischen Meeresraum gedriftet sein,[15] und dementsprechend berichtet Apg 27,27, Paulus habe sich nach zweiwöchiger Irrfahrt ἐν τῷ Ἀδρίᾳ („in der Adria"; der Adria-Begriff wird weiter unten behandelt) befunden! Letztere Angabe war und ist für viele der Grund zu der Annahme, die im Altertum ebenfalls Μελίτη (Melitē) heißende süddalmatische Insel Mljet sei als Landungsort des Paulus zu betrachten. Doch dagegen wandte sich insbesondere der für Malta plädierende *Balmer:* daß jener bis nach Mljet verschlagen wurde, „ohne vorher bei 200 Meilen Fahrt etwas von den jonischen Inseln zu sehen, wollen wir gar nicht weiter berühren".[16] Diesem treffenden Urteil *Balmers* stimme ich grundsätzlich zu, nicht jedoch seiner Folgerung, darum brauche man auf den jonischen (besser: westgriechischen)[17] Inselraum gar nicht einzugehen; gerade hier läßt sich nämlich der Strandungsort Μελίτη (Melitē) nachweisen!

Für den knapp 600 km langen Seeweg von Westkreta bis zum Zentrum der westgriechischen Inseln benötigt ein 14 Tage lang in Seenot treibendes Schiff eine durchschnittliche Leistung von etwa 40 Kilometern je 24 Stunden, also unter 2 km/h. Dieser Schnitt ist in Anbetracht der seemännischen Maßnahmen auf dem Paulus-Schiff (Streichen der Segel, Auswerfen der Treibanker) sehr viel realistischer als die Durchschnittsgeschwindigkeit der Malta-Theorie mit mindestens 3 km/h. Während bei der angeblichen Fahrt nach Malta das abgetakelte Schiff zwei Wochen lang ununterbrochen Tag für Tag große Etappen von 70 km (oder deutlich mehr bei bogenförmiger Drift) geradlinig durch die schwere See westwärts hätte stampfen müssen (durch welche Kraft, wenn die in Apg 27 ausdrücklich genannten Winde und die noch heute meßbare Strömung diesen Kurs nicht unterstützten?), erlaubt die erheblich kürzere Passage

[15] So bemerkt *Meinardus,* Illyrica 28, gegen die Paulus-Malta-Theorie: „There are numerous testimonies to those terrible storms which either drove other ships into the Adria or which sailors experienced while navigating in the Adria."

[16] *Balmer,* Romfahrt 452. – Was übrigens für die Beurteilung der Abdrift am wesentlichsten ist, die Winde und Strömungen, sind nicht die Hauptgründe (bzw. gar keine Gründe), die für Malta ins Feld geführt werden können (vgl. aaO. 447–462; *Breusing,* Nautik 190).

[17] Der Name Jonische Inseln (der nicht auf eine geographische, sondern einstige politische Zusammengehörigkeit der Eilande zurückgeht) bezeichnet das westgriechische Inselband einschließlich der zwischen der südöstlichen Peloponnes und Kreta befindlichen Inseln Kythera und Antikythera (nebst Eilanden). *Balmer* denkt jedoch nicht an den Seeraum um Kythera, sondern an die westgriechischen Inseln: „von Süden kommend, werden, abgesehen von Zante und Kephalonia, Korfu und die albanischen Gebirgszüge gesichtet" (aaO. 451).

zu den westgriechischen Inseln, mit einigen weniger hektischen Tagen bei abflauendem Sturm zu rechnen. Schließlich hat selbst der fürchterliche Scirocco, der das Schiff nordwestwärts verschlug, wohl höchstens eine Woche lang gewütet,[18] und in dieser ersten Hälfte der Irrfahrt dürfte das Schiff mindestens zwei Drittel der Strecke (ungefähr 400 km; knapp 60 km täglich)[19] zurückgelegt haben. In der zweiten Woche trieb es dann bei abflauendem, teils auffrischendem Wind dahin, konnte aber nicht einen selbsterwählten Kurs halten, weil die bis auf das Vorsegel[20] zerfetzte Takelage sowie die – wohl durch Sturm und Seegang geknickten – Masten längst über Bord gegangen waren (Apg 27,19). Die Seeleute dürften allenfalls „mit dem kleinen Vormastsegel am Artemon ... dem Schiff so viel Fahrt gegeben haben, daß es sich steuern ließ und nicht querlegte".[21]

Das Abflauen des Sturmes während der letzten Irrfahrtstage[22] bot dem Apostel die Möglichkeit, eine Rede an die 276 Passagiere zu halten, „als stünde er auf dem Areopag".[23] Mit festem Gottvertrauen forderte er alle zur Zuversicht auf und sprach zu ihnen: „Wir müssen aber auf eine Insel zutreiben" (Apg 27,23–26). – „Nicht als Meteorologe oder dank großer

---

[18] „Nach moderner Statistik ist kein Fall bekannt, wo im östlichen Teil des Mittelländischen Meeres ein Sturm über sieben Tage mit beständiger Gewalt gedauert hat" (*Brannigan*, Romfahrt 184); unter dem „östlichen Teil des Mittelländischen Meeres" versteht *Brannigan* auch den sizilisch-jonischen Meeresraum.

[19] Vgl. die Angaben *Brannigans*, aaO. 183, zum Seefahrtsbericht Apg 27: „Die Geschwindigkeit einer solchen Abtrift schätzt man aus Erfahrungsgründen auf etwa anderthalb Knoten oder zweieinhalb Kilometer in der Stunde."

[20] Es ist „so gut wie gewiß, daß man das kleine Vorsegel, den Artemon, als Sturmsegel stehen ließ, um das Schiff damit vor dem Winde zu halten und es steuern zu können" (*Breusing*, Nautik 167).

[21] *Haenchen* 672 in Anm. 4 von Seite 671.

[22] Der Bericht Apg 27,30–32 über den angeblichen Fluchtversuch einiger Seeleute mittels des kleinen Beiboots ist doch ein schlagender Beleg dafür, daß das Unwetter sich gelegt hat und der Seegang nicht mehr sehr hoch gewesen war.

[23] *Haenchen* 679. – „... der Autor hat keine wirkliche Vorstellung von der Lage: im Pfeifen des Sturms und auf dem stampfenden Schiff konnte Paulus keine Ansprache halten wie auf dem Areopag" (aaO. 673). Noch übertriebener zeichnet *Roloff* 362 die Lage: „Denn daß Paulus im Tosen des Sturms auf den von Brechern überrollten Schiff vor der von Seekrankheit geschwächten Besatzung eine Rede" hielt, „ist schwer vorstellbar". – Jedoch wird dieser, noch die zweite Hälfte der Irrfahrt anhaltende schwere Sturm lediglich der Malta-Theorie zuliebe von den Kommentatoren inszeniert; die Apg berichtet zumindest gegen Ende der Irrfahrt nicht von einem derartigen Inferno. So kommentiert *Steinmann* 303 zu Recht: „Die Rede des Paulus und überhaupt sein Auftreten hat nichts Befremdliches."

Reiseerfahrung (diese Strecke hatte er nie befahren!), sondern aus prophetischer Verbundenheit mit Gott" gelangte der Apostel Paulus nach Meinung der Kommentatoren zu der zutreffenden Prognose.[24] Aber diese, lediglich in bezug auf Malta fast einem Wunder gleichkommende Prophezeihung[25] ist weder wunderlich noch als fingierter Einschub des Autors der Apg zu werten; sie entsprang der Kombinationsgabe seines Helden. Denn abgesehen davon, daß Position und Kurs des Schiffes[26] aufgrund der Meeresfarbe[27] und der Gestirne[28] (zumindest die Sonne wurde zeitweilig wieder sichtbar) genauer zu bestimmen waren, konnten die Seeleute angesichts der Jahreszeit, der Stärke und Dauer sowie der charakteristischen Temperatur und Feuchtigkeit des Sturmes bemerken, daß es sich um den gefürchteten Scirocco handelte, der von Südost über Süd nach Südwest drehend (und in der genannten Reihenfolge an Stärke abnehmend) die Schiffe nordwestwärts verschlug, also bei längerer Dauer vom westkretischen Seeraum aus bis in die südliche Adria; zudem wußten sie, daß dem schwül-feuchten Scirocco ein aufklarender frischer (Nord-) Westwind zu folgen pflegt. – Aller Voraussicht nach mußte das Schiff deshalb auf die nordwestgriechische Festlandküste zugedriftet sein, und dieser ist bekanntlich eine lange Inselkette vorgelagert (von Nord nach Süd: Othonoi, Kerkyra, Sybotae, Paxoi, Leukas, Taphiae, Ithaka, Ke-

---

[24] *Haenchen* 679. Ebenso spricht u. a. *Roloff* 363 von einer „prophetischen Voraussage" und meint, es sei für den Autor der Apg selbstverständlich, „daß Paulus ... in prophetischer Vollmacht die Zukunft zu erkennen vermag" (aaO. 361).

[25] Paulus sagte: „‚wir werden auf eine Insel stoßen' – und dafür war die Chance ziemlich gleich Null" (*Haenchen* 674,1).

[26] Dem antiken Seefahrer war möglich, „daß er aus der Größe und Richtung des zurückgelegten Weges oder, wie wir sagen, aus Kurs und Distanz seinen Ort auf der See bestimmte. Was die Distanz betrifft, so mußte er sich zwar mit der Schätzung nach dem Augenmaß begnügen, brachte es darin aber zu einer gewissen Fertigkeit", berichtet *Breusing*, Nautik 159f., im Jahre 1886 und fügt hinzu: „Auch jetzt noch besitzt der Schiffer in dieser Schätzung oder, wie man sagt, Gissung eine auffallende Sicherheit, die den Nichtseemann in Erstaunen setzt."

[27] Bekannt ist, „dass einzelne Theile des Meeres von ihrer Farbe eigenthümliche Namen führten", so unterschieden die Alten namentlich die Meeresfarben schwärzlich, schwärzlich-grau, bläulich-grau, bläulich, veilchenblau, weinfarben und purpurn (*Forbiger*, Geographie I 583,61). So hat „die Bezeichnung ‚Ionisches Meer' nichts mit den kleinasiatischen Ioniern zu tun; ‚io' heißt vielmehr ‚veilchenblau'. Das ‚Ionische Meer' ist also das ‚Veilchenblaue Meer'. (Diese Bezeichnung kommt schon bei *Homer* vor.)" (*Burian*, Korfu 3).

[28] „Nach der Angabe von *Lukas* war der Himmel ἐπὶ πλείονας ἡμέρας bewölkt, viele Tage hindurch. Man hat dabei das Gefühl, daß damit nicht die ganze Zeit der Fahrt bezeichnet wird" (*Brannigan*, Romfahrt 184).

phallenia, Echinades, Zakynthos, Strophades).[29] Demnach war die Wahrscheinlichkeit ausgesprochen groß, daß die Passagiere des in Seenot treibenden Schiffes bald eine Insel sichten würden; und somit ist die Prophezeiung des Paulus durchaus nicht ungewöhnlich.[30]

c) Homerische Parallelen

Ein über das Mittelmeer hinwegwanderndes Sturmtief schleudert in Seenot geratene Schiffe vom kretischen Seeraum ins Jonische Meer, und so fand ich weder einen antiken noch einen mittelalterlichen oder neuzeitlichen Beleg, daß ein Schiff in solch einem Falle in die Nähe Maltas (einschließlich Siziliens oder Tunesiens) getrieben sei.[1] – Der gelegentliche

---

[29] *Davy,* Malta 33, zählt – abgesehen von zahlreichen unbewohnten Eilanden – immerhin 37 bewohnte Inseln namentlich auf, die der Westküste Griechenlands vorgelagert sind. – Dennoch behauptet z. B. *Breusing,* Nautik 188: „Paulus hat hier offenbar die Inseln zwischen Afrika und Sizilien im Auge." Sieht man jedoch von der mit der südtunesischen Küste verbundenen Insel Djerba sowie einigen winzigen Felseilanden ab, liegen zwischen der nordafrikanischen und sizilischen Küste lediglich wenige und dazu relativ kleine Inseln: Malta (246 qkm), die beiden miteinander verbundenen Kerkenna-Inseln (zusammen 180 qkm), Pantelleria (83 qkm), Gozo (67 qkm), Lampedusa (20 qkm), Linosa (10 qkm) und Comino (3 qkm). Alle zusammen verfügen also über 609 qkm Fläche; damit besitzen sie kaum mehr Fläche als die westgriechische Insel Korfu (593 qkm) und deutlich weniger als die westgriechische Insel Kephallenia (743 qkm).

[30] Dagegen erklärt sich z. B. *Breusing,* Nautik 187, als Befürworter der Malta-Theorie die Prophezeiung wie folgt: „Mit scharfem Auge hatte er in den wenigen Augenblicken, wo die Sonne oder ein Stern durch die dunklen Wolken brach, die Richtung des Windes beobachtet, er glaubte bemerkt zu haben, daß das Schiff nicht mehr südlich, sondern westlich, die afrikanische Küste entlang getrieben wurde, und dieser Glaube sollte ihm zur Gewißheit werden."

[1] Namentlich *Wolf,* Weg 36, glaubt, einen solchen Beleg gefunden zu haben: „*Herodot* berichtet, daß ein von Nordwind bei Kap Maleia verschlagenes Schiff, ohne zwischendurch Land zu sehen, in die Kleine Syrte (an den Tritonsee) verschlagen wurde." Diese Interpretation ist aber nicht stichhaltig, denn den Namen „Tritonsee" (*Herodot* spricht vom Tritonsee, nicht von der Kleinen Syrte) trugen mehrere Seen in Nordafrika, insbesondere der heutige Salzsee Chott Djerid in Südtunesien (150 km westlich der Kleinen Syrte) und eine inzwischen nicht mehr zu identifizierende Meereslagune in der Cyrenaica (s. *Le Glay,* Triton 969,53–970,22). Wenn *Herodot* IV 178 berichtet, daß ein bei Kap Maleia verschlagenes Schiff durch den anhaltenden Nordwind zum Tritonsee gelangte (der ebd. zudem als Siedlungsraum der Griechen ausgewiesen wird), so muß man doch an den Tritonsee der Cyrenaica denken und nicht an den in Südtunesien, zumal *Herodot* IV 179 fortfährt, daß diesen See auch die Argo erreicht habe (der Tritonsee der Argonautensage lag unbestritten in der Cyrenaica; vgl. *Apoll. Rhod.* IV 149)!

Verweis auf die Lotophagenfahrt des Odysseus ist dabei ganz unangebracht: einerseits berufen sich einige Interpreten bei der Identifizierung Maltas mit dem Μελίτη (Melitē) der Apg auf die Irrfahrt des Odysseus vom westkretischen Seeraum (Maleia/Kythera) zum angeblich an der Kleinen Syrte gelegenen Lotophagenland,[2] andererseits wird behauptet, das Lotophagenland müsse im Raum der Kleinen Syrte zu suchen sein, da Paulus bekanntlich von Kreta nach Malta eine ähnliche Fahrtroute absolviert habe.[3] Hier stützen sich die Fehlinterpretationen offenbar gegenseitig und wechselweise. Dabei ist die Lotophagenfahrt des Odysseus sichtlich von ganz anderer Art (insbesondere Windrichtung und Dauer betreffend!)[4] als die Irrfahrt des Paulus nach Melitē.

Wie gezeigt wurde, befand sich das Paulus-Schiff auf dem Weg von Kreta zur geschützten südmessenischen Hafenbucht von Pylos (nahe Phoinikus), wurde aber von einer herbstlichen Zyklone überrascht, geriet in Seenot und driftete schließlich auf die westgriechischen Inseln (das sind vor allem Kerkyra,[5] Leukas, Kephallenia, Ithaka und Zakynthos) zu. Und für diesen Fall bietet *Homer* eindrucksvolle Parallelen: im 13.

---

[2] Daher verwechselt z. B. *Blanke,* Paulus 33, die Fahrtdauer des Paulus von Kreta nach Malta mit der des Odysseus von Maleia zum Lotophagenland.

[3] U. a. *Wolf,* Reise 35f., über die Fahrten des Odysseus: „Daß es tatsächlich möglich ist, aus den griechischen Gewässern nach Malta vertrieben zu werden, bezeugt *Lukas,* der in der Apostelgeschichte erzählt, wie Paulus, auf dem Weg nach Rom von Kreta kommend, auf das den Seeleuten unbekannte Malta verschlagen wurde"; und aaO. 102: „Die Größenordnung der Geschwindigkeit, mit der ein Schiff in diesen Breiten tagelang von ungünstigen Winden über das Meer gejagt werden kann, zeigt uns aber die bereits erwähnte Geschichte des Apostels Paulus. Dieser wurde unter ähnlichen Verhältnissen wie der homerische Odysseus in 13½ Tagen über 500 Seemeilen weit von Kreta nach Malta verschlagen."

[4] Odysseus wurde vom Nordwind überrascht und war nur neun Tage unterwegs, auch geriet sein Schiff nicht in Seenot und steuerte unbeschädigt eine Festlandsküste an (*Hom.* Od. IX 79–83). – Manche Interpreten (z. B. *Wolf,* Reise 103) ziehen anstatt der Lotophagenfahrt die Aiolosfahrt des Odysseus als Vergleich für die angebliche Maltafahrt des Paulus heran (weil sie Malta bzw. das benachbarte Gozo für das homerische Aiolia halten). Aber auch die Fahrt des Odysseus vom kephallenischen Inselraum zur schwimmenden Insel Aiolia (*Hom.* Od. X 46–55) ist von ganz anderer Art als die des Paulus von Kreta nach Melitē.

[5] Kerkyra (Korkyra) ist der griech. Name für diejenige Insel, die auf ital. Korfu (Corfu) heißt. Aufgrund der langen venezianischen Herrschaft über die westgriechischen Inseln sind heutzutage sowohl ital. als auch griech. Namensformen in Gebrauch (dabei sind manche Inseln, wie Korfu, unter ihrem ital. Namen bekannter, andere, wie Leukas und Zakynthos, die auf ital. Santa Maura und Zante hießen, unter ihrem griech.).

Gesang der Odyssee berichtet der soeben heimgekehrte Kephallenenkönig Odysseus, er habe auf Kreta[6] einem phönizischen Schiffseigner gegen Bezahlung „den Auftrag gegeben, Richtung auf Pylos zu nehmen und mich mitzubefördern als Fahrgast. ... Kräftige Winde indessen drängten sie ab von dem Ziele; ... dann aber fuhren wir irr und nachts erst kamen wir hierher".[7] Bei diesem Bericht handelt es sich zwar um eine sogenannte Lügengeschichte; da der heimgekehrte Odysseus aber unerkannt bleiben wollte und einer höchst kompetenten Person (der Göttin Athene!) dies erzählte, mußte die Geschichte sehr plausibel erscheinen, wie auch die Variante, die Odysseus dem klugen und reiseerfahrenen Eumaios erzählte: auf der Fahrt von Phönizien nach Libyen „lief das Schiff dann mitten im Meer und bei schönem, wehenden Nordwind an Kreta vorbei, bis Zeus auf ihre Vernichtung sann. Denn als wir Kreta schon hinter uns hatten, kein anderes Land mehr, nichts als Wasser und Himmel den Blicken sich zeigte, da ließ nun über dem Schiffsraum der Kronide dunkles Gewölk sich ballen. Finsternis sank auf die Wogen hernieder", und das Schiff geriet derart in Seenot, daß es aus den Fugen ging. An Wrackteile geklammert „schwamm ich neun volle Tage, die zehnte finstere Nacht wars, da erst rollte die mächtige Flut mich ans Land der Thesproter".[8]

Um so wenig Mißtrauen wie möglich zu erregen, beschreiben diese ‚Lügengeschichten' des listigen Königs Odysseus keine unüblichen Ereignisse, sondern gerade den Regelfall.[9] Demzufolge wurden im Herbst

---

[6] *Hom.* Od. XIII 256.

[7] AaO. 272–278.

[8] AaO. XIV 299–315. – Die Thesproter waren ein nordwestgriechisches Küstenvolk zwischen den Inseln Kerkyra und Leukas.

[9] Dies belegen u. a. folgende Beispiele, die der Verf. bei *Meinardus,* Illyrica 27ff., fand: in den Jahren 314 v. Chr. bzw. 255 v. Chr. driftete sowohl das Schiff des Acrotatus als auch das des Xanthippus durch Stürme und Strömungen weit nordwärts, bis in den Norden des Jonischen Meeres ab (*Diodorus Siculus,* op. cit. XIX, cap. LXX; XXIII, cap. XVI); im 2. Jh. n. Chr. wurde Mnesippus während einer Seereise von Italien nach Athen im zentralen Mittelmeerbecken von einem fürchterlichen Unwetter überrascht und sein Schiff zur Insel Zakynthos (südliche Nachbarinsel von Kephallenia) verschlagen (*Lucian,* Toxaris or friendship, cap. XIX). Als um 550 n. Chr. Artabantes mit seiner Flotte auf Kephallenia weilte, hörte er, daß Liberius nach Sizilien segelte; daraufhin durchquerte er das Jonische Meer westwärts und geriet kurz vor der Küste Kalabriens in einen schweren Sturm, der die Schiffe zurück, nach Osten verschlug. Während die Meerzahl der Schiffe vor der Peloponnes strandeten, gelangte das Schiff des Artabantes zur νῆσος („Insel") Melite (*Procopius,* De Bello Gothico, VII, cap. XL). Bei diesem Melite dürfte es sich weder um Malta noch um Mljet handeln, sondern offensichtlich um die νῆσος (Halbinsel) von Apg 28,1. Hierzu s. u. II.

relativ viele Schiffe, die von Kreta aus westwärts liefen (meist zum südmessenischen Etappenhafen Pylos), durch südliche Stürme[10] zum westgriechischen Inselraum verschlagen. So wird man auch im dritten Homerischen Hymnus fündig, der von der Fahrt des berühmten Apollon-Schiffes berichtet: das „eilende Schiff voll edler, zahlreicher Männer, Kreter sind es aus Knossos", fuhr „hin zum sandigen Pylos, und sie suchten Handelsgeschäfte mit den Menschen in Pylos zu treiben". Aber es „hielt von hinten her ein kräftiger Südwind das schnelle Schiff in Bewegung", wodurch „das trefflich gezimmerte Schiff nicht mehr dem Steuer gehorchte und seinen Weg vorbei an der fetten Insel des Pelops [die Peloponnes] nahm"; so erschienen bald, „im Nebel verschwommen, Ithakas steiles Gebirge ... und das wälderreiche Zakynthos".[11] Jedoch mit der Hilfe des Gottes Apollon strandete das Schiff nicht auf den westgriechischen Inseln, sondern lief unbeschadet in den Golf von Korinth ein.

Der Autor von Apg 27 war von dem homerischen Vorbild offenbar derart beeindruckt, daß er bei der Abfassung der Irrfahrts- und Schiffbruchsepisode literarische Wendungen und nautische Termini (wie das Abhauen der Taue, das Stranden und Festsetzen des Schiffes) der Odyssee entnahm.[12]

---

[10] *Homer,* der allein die vier Kardinalwinde kennt, hebt als besonders tobend den Süd (notos) – auch in Verbindung mit dem Ost (euros) oder West (zephyros) – hervor: „Unruhig ward die Versammlung, wie schwellende Wogen des Meeres auf der ikarischen Flut, von den Winden des Ostens und Südens aufgerührt, die den Wolken des Vaters Zeus sich entstürzen" (Il. II 144ff.). „Also sprach er; da schrien die Argeier laut: wie die Fluten brausen am felsigen Strand, gepeitscht vom nahenden Süd gegen das ragende Riff" (aaO. 394ff.). – „Schwierig sind doch die nächtlichen Winde, sind Mörder der Schiffe! Wo entränne da einer dem jähen Verderben, erhebt sich plötzlich ein Sturmwind, sei es vom Süden, vom tobenden Westen? Die ja sind es! Sie kümmern sich nicht um die herrschenden Götter, reißen vor allem die Schiffe in Trümmer" (Od. XII 286–289).

[11] *Hom.* h. III 392–429.

[12] Vgl. Apg 27,32 u. 27,41 mit *Hom.* Od. X 127 u. IX 546. Siehe dazu u. a. *Smith,* St. Paul 91, *Haenchen* 677 mit Anmerkung 6; ferner *Schneider* 359,99 und *Weiser* 659f. – Außerdem scheint der Verf. der Apg literarische Konzeptionen *Homers* übernommen zu haben; so sagt *Ramsay,* Paulus 69, über die Fragen, die der römische Beamte dem Paulus im Saale des Procurators stellt: „Den Typus dieser Fragen finden wir in denen des Cyklopen an Ulysses (Odyssee IX, 252)." „Schon in der Ilias ist Θάρρει mit der Rettung aus Todesgefahr verbunden (4,184), und oft (z.B. Odys. 8,197; 9,381 – homer. Dionysoshymnus Nr. V) handelt es sich um einen göttlichen Zuspruch" (*Pokorny,* Romfahrt 240). Und somit stellt *Pokorny,* Romfahrt 234, über Apg 27 zu Recht fest: „Den Anfang dieser Tradition kann man in der Odyssee sehen."

II. Die Insel Melitē

Während der Romfahrt strandete das zwischen Kreta und Süditalien in Seenot treibende Paulus-Schiff auf einer νῆσος (‚Insel', Apg 27,27 – 28,6).

A. GEOGRAPHIE

Die νῆσος trug den Namen Μελίτη (Melitē, Apg 28,1), lag ἐν τῷ Ἀδρίᾳ (in der Adria, Apg 27,27) und zwar, wegen des auf der νῆσος überwinternden alexandrinischen Schiffes, mit dem die Reise fortgesetzt wurde, offenbar am Seeweg von Alexandria (Ägypten) nach Syrakus (Sizilien) (Apg 28,11–12).

1. Inselname

Im Altertum trug die Insel Malta die Namen Μελῖτα und Μελίτη, „andere Namensformen sind Melete bzw. Meleta", die arabischen Quellen bieten mâlitah.[1] Aber auch die süddalmatische Insel Mljet hieß Μελίτη (auch Μέλετα, Melada, Malata).[2] Wegen ihrer antiken Namen wurde sowohl die Insel Malta als auch die Insel Mljet für das Μελίτη der Apg gehalten.[3] – Der Name Μελίτη ist aber darüber hinaus mehrfach mit dem westgriechischen Inselraum verbunden,[4] und zwar besonders in der Argonautensage: „Dann aber steuerten sie entlang der Insel Kerkyra ... Die Schiffer sahen das Eiland schwarz von Wäldern dem Meere entsteigen; darum wird auch Kerkyra Melainē, die Schwarze, geheißen. Über den frischen Wind erfreut nun fuhren sie weiter erst an Melitē (Μελίτη), dann

---

[1] *Weiss,* Melite 543,9–21.

[2] *Fluss,* Melite 547,41–44.

[3] *Balmer,* Romfahrt 447. Da er glaubte, im zentralen Mittelmeerraum hätten ausschließlich zwei νῆσοι („Inseln"), eben Mljet und Malta, den antiken Namen Μελίτη getragen, argumentiert er wie folgt: „Jenes entspricht uns nicht, es gibt nur zwei, folglich ist es dieses" (aaO. 459).

[4] Μελίτη hieß eine Meereslagune bei Oiniadai am Golf von Patras (*Strab.* X 459), ferner die mythische Gemahlin des Königs Aigeus von Elis (NW-Peloponnes) (Schol. *Eur.* Med. 673) und die Geliebte des Herakles im Lande der Phaiaken (*Apoll. Rhod.* IV 538ff.), das die Menschen des Altertums in der nordwestgriechischen Insel Kerkyra erblickten (*Geisau,* Scherie 7,19f.). Zudem gab es auf Kerkyra einen Μελιτήιον ὄρος (Melitéischen Berg).

am steilen Kerossos [bisher unidentifiziert] vorüber."[5] Dieses Melitē wird – vermutlich auch schon von *Apollonius* –[6] mit der süddalmatischen Insel

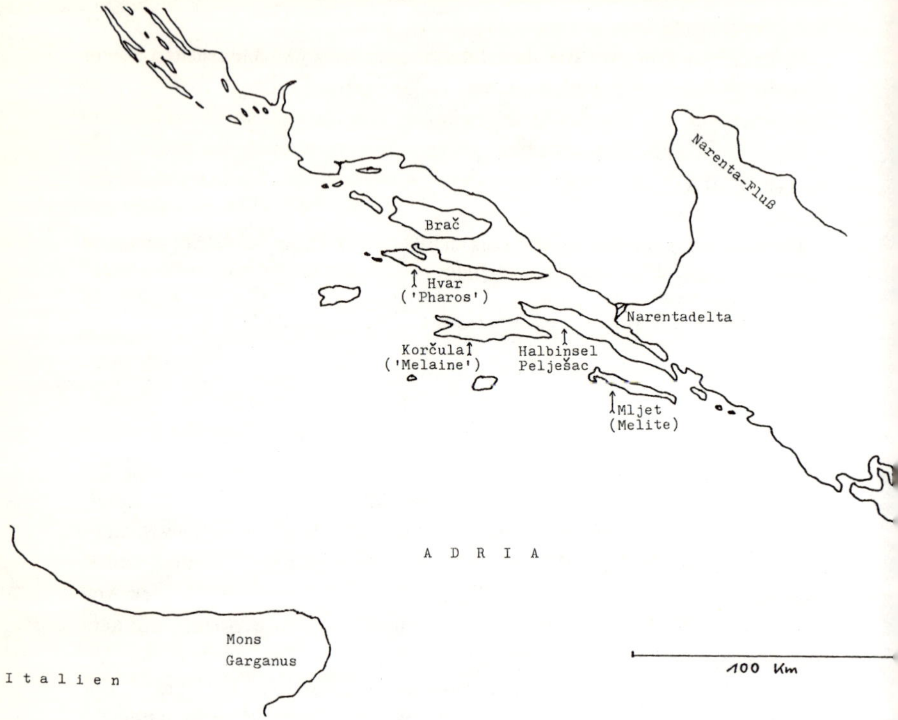

Abb. X: Der süddalmatische Inselraum

[5] *Apoll. Rhod.* IV 566–573. – Kerkyra-Melainē, bzw. nur Kerkyra (IV 366), ist nicht mit der nordwestgriechischen Insel Kerkyra/Korkyra (heute: Korfu) zu verwechseln, die *Apollonios Rhodios* ausschließlich bei ihren alten Namen Makris oder Drepano nennt!

[6] Die Argonautensage geht auf die vorhomerische Zeit zurück (vgl. *Hom.* Od. XII 69–72) und wurde anhand alter Quellen von *Apollonios Rhodios* im 3. Jh. v. Chr. rekonstruiert bzw. neu gestaltet; er läßt „die Fahrt der Argonauten in kontinuierlicher Zeitvorstellung in geographisch faßbarem Raum ablaufen und gerät nur in B. 4 in Märchenbereich" (*Herter,* Apollonios 450,26 f.). So erscheint Kerkyra-Melainē mit Melitē zwischen den Liburnischen Inseln (vor Süddalmatien) einerseits und dem unbekannten Kerossos, der Kalypso-Insel und den Keraunischen Bergen (letztere bilden die Festlandküste von Nord-Epirus) andererseits, weshalb man bei *Apollonios* „mit lächelndem Staunen die nebelhaften Ansichten über den Nordwesten" Griechenlands liest (*Scheffer,* Argonauten XII).

Mljet gleichgesetzt, bezog sich jedoch, wie im folgenden zu zeigen ist, auf einen Teil der stark gegliederten westgriechischen Insel Kephallenia! Zur Begründung dieser Behauptung ist zunächst der Blick auf die drei großen süddalmatischen Inseln Hvar (289 qkm), Kurzola (273 qkm) und Mljet (98 qkm) zu werfen, welche als die nahe beieinandergelegenen alten Inseln Pharos, Melainē und Melitē gelten. Ausgangspunkt dieser Fixierung ist ausschließlich die durchweg spekulative Vermutung, am Narentadelta (Flußmündung in Süddalmatien) habe sich bereits im 6. Jh. v. Chr. die parische Faktorei Anchiale befunden.[7] Aufgrund der Niederlassung der Parier – so wurde weiter gefolgert – könnte die 25 km nordwestlich des Narentadeltas liegende Insel Hvar den Namen Paros (Πάϱος) getragen haben, und das Wort ähnelt auffallend dem Inselnamen Pharos (Φάϱος).[8] Ferner lag nahe Pharos eine Insel namens Melainē (auch: Melaena), in deren Nachbarschaft sich wiederum die Insel Melitē befand, wie aus den antiken Quellen hervorgeht.[9] So wurden die beiden Inseln Melainē (Melaena) und Melitē in den südlich und südöstlich von Hvar (‚Pharos') befindlichen Inseln Kurzola und Mljet erblickt. Die Identifizierungen stützen sich also lediglich auf die oben genannte Hypothese und die von ihr ausgehende Kette vager Folgerungen. Dabei ist bereits die Hypothese nicht nur kühn, sondern unhaltbar (selbst wenn man die Formel Πάϱος = Φάϱος für philologisch unanstößig hält), denn „die Parier selbst bezeichneten sich offiziell in ihren Inschriften als Πάϱιοι";[10] demnach hätte die Insel – gesetzt den Fall, die Parier hätten im Raum des Narentadeltas gesiedelt[11] und die vorgelagerte Insel sei auch nach ihnen benannt worden – allenfalls Πάϱιος (Parios) beziehungsweise Φάϱιος (Pharios) geheißen. – Die 15 km weiter südlich von Hvar (‚Pharos') liegende Insel Kurzola,

[7] „Vermutlich im Mündungsgebiet der Narenta lag damals die parische Faktorei Anchiale" (*Polaschek,* Pharos 1860,45 f.). Jedoch war die vorgelagerte Insel Hvar erst „seit 285/84 (*Diod.* 15,13,4) parische Kolonie (*Ephor.* FGrH 70 f.89. *Eratosth.* b. Sch. *Apoll. Rhod.* 4,1215. *Skym.* 426. *Strab.* 7,315)" (*Radke,* Pharos 717,1 f.).

[8] „Ob wirklich eine dialektische Umformung des Namens der Mutterkolonie Paros zugrundeliegt, ausgehend etwa von den niederen Bevölkerungsschichten, denen die Kolonisten angehörten, wäre noch zu untersuchen" (*Polaschek,* Pharos 1861,66–1862,3).

[9] *Skymn.* 426 ff.; *Strab.* VI 315; *Skyl.* 23; *Apoll. Rhod.* IV 570 f.

[10] *Polaschek,* Pharos 1861,55 f. unter Berufung auf IG XII 5,109–111; 114; 121; 122.

[11] „Die alte Angabe, dass Jonier von Paros an dieser Colonie teilgenommen haben, scheint nur ein Schluss aus der Namensähnlichkeit zu sein" (*Kiepert,* Geographie 359,1); vgl. o. Anm. 7.

das angebliche Melainē (Melaena), „die Schwarze", soll ihren antiken Namen neuzeitlichen Interpretationen zufolge wegen ihrer dunklen, verkarsteten Bergrücken führen.[12] Jedoch heißt es in der Argonautensage ausdrücklich, die Insel (Kerkyra-) Melainē verdanke ihren Namen den schwarzen Waldbeständen.[13] Und ein Wald erscheint schwarz, wenn er, anstelle heller Laubgehölze, insbesondere dunkle Tannen (und/oder Fichten) aufweist (vergleiche den deutschen Gebirgsnamen Schwarzwald).[14] Aber derartige Wälder hat die südadriatische Insel Kurzola (das angebliche Melainē/Melaena) aufgrund ihrer geringen Höhe (maximal 568 m) im Zusammenhang mit ihrer südlichen geographischen Lage (43. Breitengrad) nie besessen,[15] denn die natürliche Waldgrenze der Tanne reicht im südillyrisch-griechischen Raum selten unter 1000 m Höhe (keinesfalls unter 700 m Höhe)[16] herab.[17] – Als einzige Insel[18] im südadriatisch-jonischen Meeresraum besaß die bis zu 1628 m hohe Insel Kephallenia ausgedehnte, schwarze Tannenwälder.[19] Bestätigt wird dieses zwingende naturwissenschaftliche Argument auch durch eine Notiz des römischen Gelehrten *Plinius,* wonach Melaena (Melainē) der Nebenname der Insel

---

[12] *Gnuva/Amode,* Süddalmatien 5 u. 32.

[13] *Apoll. Rhod.* IV 570f.

[14] Der deutsche Schwarzwald wird ab etwa 500 m an aufwärts überwiegend von geschlossenen Tannen- und Fichtenwäldern bedeckt (vgl. *Brockhaus,* Schwarzwald 341f.).

[15] Es ist auch falsch, wenn namentlich *Wiebel,* Kephalonia 24,1 (gestützt auf *Goracuchi,* Adria 88), behauptet, es trage „die Insel Curzola noch einen Hochwald von Fichten", denn die klimatischen Verhältnisse des Mittelmeerraumes sind für die Fichte noch erheblich ungünstiger als für die Tanne (s. u. Anm. 17), und so steht z. B. „längst fest, daß es in Griechenland niemals eine Fichte gegeben hat" (*Steier,* Tanne 2218,25f.).

[16] *Philippson/Kirsten,* Landschaften II 148.

[17] „Die Tanne ist die einzige Nadelholzart, die in Griechenland einen geschlossenen Waldbestand bildet ... und kann nur auf den höchsten Gebirgen des Landes von 1000 m an aufwärts, wo Feuchtigkeit und kühle Temperatur ihr die notwendigen Lebensbedingungen bieten, gedeihen" (*Steier,* Tanne 2216,31–39).

[18] Ausgenommen sind die Festlandshalbinseln Peljesac (961 m) und Leukas (1158 m) in Süddalmatien und Westgriechenland.

[19] „Vor allen andern zeichnet sich Kephalonia in dieser Hinsicht aus" (*Wiebel,* Kephalonia 24). So gelangte *Liebetrut,* Inseln 274, zu dem „schwarzbewaldeten" Bergzug Kephallenias; dieser ist „mit dichter malerischer Waldung bedeckt, wie ich diesseits [südlich] der steyerschen Berge keines gesehen". „Die Täuschung, sich in einem Tannenwald der Alpen ... versetzt zu sehen, war um so grösser, als auch die übrige Vegetation dieselbe unterstützte" (*Unger,* Griechenland 56), und so „hatte der unvergleichliche Naturgenuss im Waldesdunkel unsere Seele ... in die heimatlichen Wälder des Nordens versetzt" (aaO. 59).

Kephallenia sei![20] Bis in die Neuzeit hinein wird das den gesamten westgriechischen Inselraum beherrschende Gebirgsmassiv Kephallenias aufgrund seiner schwarzen Wälder „Schwarzer Berg",[21] „Black Mountain"[22] oder „Monte Nero"[23] genannt, und dieser häufig erwähnte „Schwarzwald"[24] war weltberühmt,[25] da er „als einzige Erscheinung dieser Art von weit und breit her in die Augen springt".[26]

Da also Kephallenia zweifellos die Insel Melainē (Melaena) ist, taugt sie als Ausgangspunkt zur Bestimmung der anderen, nahegelegenen „Inseln"

---

[20] *Plin.* nat. IV 54 (*Palmerius* IV 24 bestätigt die Angabe des *Plinius* mit dem Hinweis, die von *Homer* Od. XIV 97 genannte und zum Kephallenenreich gehörende ἤπειρος μέλαινα beziehe sich auf Südkephallenia). – Noch im 19. Jh. trug die aus tiefem Tannenwald bestehende Urwaldgegend des mächtigen kephallenischen Bergmassivs Aenos den Namen „Melanitsa" (*Partsch,* Kephallenia 92), und so hatte u. a. auch noch der Botaniker *Unger,* Griechenland 58, hier „Gelegenheit, Strecken des dichtesten Bestandes, des tiefsten Waldesdunkels zu betreten".

[21] U. a. *Pückler-Muskau,* Bildersaal 507: „der schwarze Berg, der wie eine schroffe Wand zwischen Himmel und Erde steht, und das Auge nichts mehr als seine dunklen Riesenschatten ... gewahren läßt". Der Anblick, wie „der schwarze Riesenberg der Insel majestätisch emporsteigt, ist prachtvoll" (aaO. 474).

[22] Z. B. erschien *Giffard,* Islands 40, „the black mountain of Cephalonia" in seiner „dark majesty". Und *Holland,* Travels 50, erblickte „the great ridge called the Black Mountain". Ferner berichtet *Ansted,* Islands 278: „the whole range of the Cephalonian coast lay stretched out before us. It looked black."

[23] U. a. *Heldreich,* Céphalonie 14. Der Aenos wird „von einem prächtigen dunklen Hoch-Wald bedeckt, welcher ihm den Namen Monte Nero (Black mountain) verschafft hat" (*Wiebel,* Kephalonia 25). „Die Höhen gegen den Monte Nero sind wieder kohlschwarz mit Waldung bedeckt" (*Liebetrut,* Inseln 350).

[24] *Bellaire,* Inseln 158 f., berichtet, der Aenos von Kephallenia sei mit „Tannen und Eichen bewachsen, die zusammen ein Gehölz bilden, das man den schwarzen Wald oder Schwarzwald nennt". U. a. spricht auch *Sauveur,* Griechenland 199, vom „schwarzen Wald". Andere sagen, der Wald würde Südkephallenia „mit schwarzer Farbe überziehen" (*Pückler-Muskau,* Bildersaal 479) und/oder sprechen von „schwarzblau gefärbten Bergen" (aaO. 501).

[25] „Schon im Altertum muß der Tannenwald Kephallenias weiten Ruf gehabt haben" (*Partsch,* Kephallenia 92), wovon die Münzzeichen der kephallenischen Hafenstadt Pronnoi (Tannenzapfen) und insbesondere die auf dem waldigen Aenosgipfel gelegene, einst im ganzen Altertum bekannte Kultstätte des Zeus-Aenesios (vgl. *Strab.* X 2,15 u. Schol. *Apoll. Rhod.* II 297) Zeugnis ablegen. Und der Ruhm blieb dem Bergwald bis in die Neuzeit erhalten: „Als ein Kephallene, Marinos Metaxa, dem ersten Napoleon vorgestellt wurde, richtete sich dessen erste Frage auf den berühmten Wald des Großen Berges" (*Partsch,* aaO. 91).

[26] *Mousson,* Cefalonien 44. – Aufgrund dieses auffallenden Phänomens lautet der Species-Name aller Tannen des südlichen Balkanraumes „Abies cephalonica" (vgl. *Unger,* Griechenland 65; *Wiebel,* Kephalonia 25).

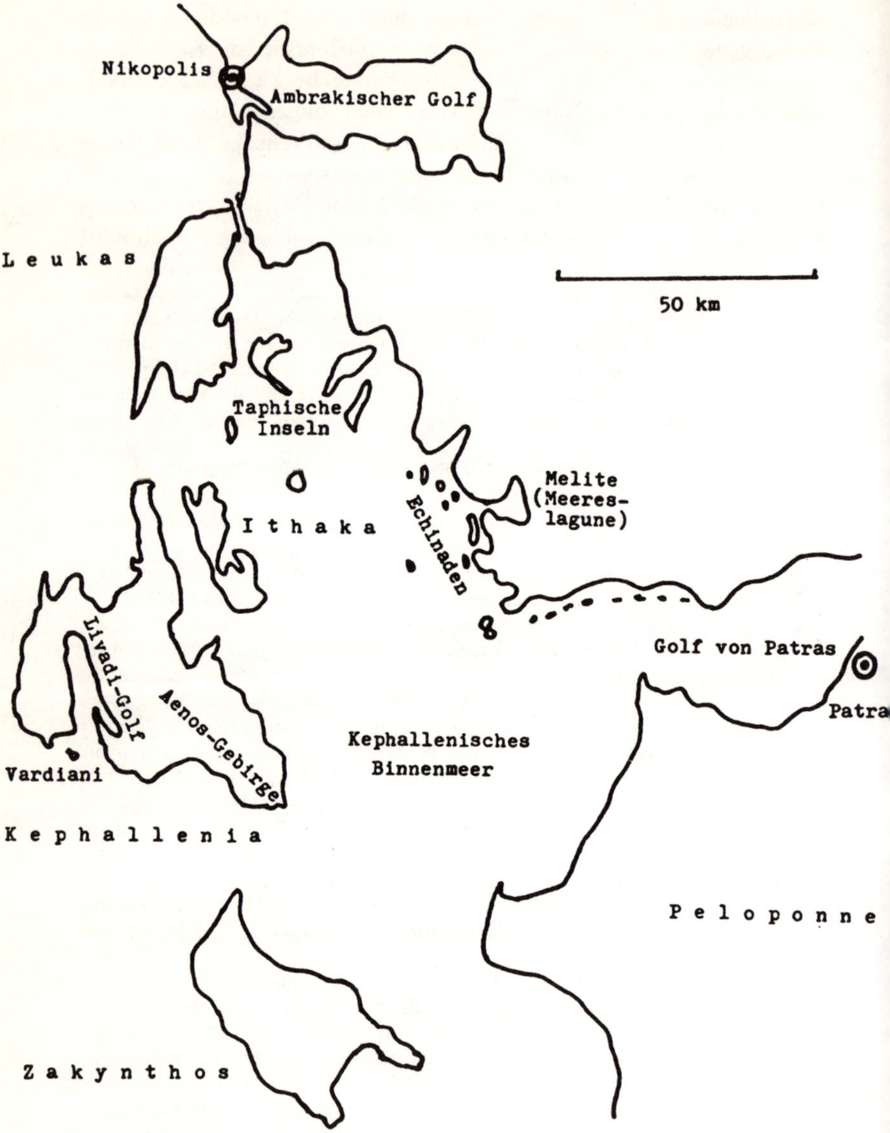

Abb. XI: Der westgriechische Inselbogen

Pharos und Melitē, die sich somit ebenfalls nicht im süddalmatischen Raum befinden, sondern im kephallenischen Inselbogen, der sich als Hauptstück der westgriechischen Inselkette vor dem Doppelgolf Patras/Korinth konvex erstreckt. – Der Insel Kephallenia ist im Westen das Eiland Vardiani (italienisch: Guardiani, „Wächter") vorgelagert, in der schon *Kiepert,* „gewiß mit Recht",[27] die von *Ptolemaios* und *Plinius* genannte Insel Letoa oder Letoia („die Glänzende")[28] erkannte. Auf dem 36 m hohen Hügel des Eilands, der heute einen von den Engländern im 19. Jh. erbauten Leuchtturm trägt, loderten schon im Altertum mächtige, von den nahen Aenoswäldern gespeiste Leuchtfeuer, die tief in das inselleere Jonische Meer hineinstrahlten, um den Seefahrern den Weg aus der Wasserwüste nach Kephallenia (Melainē, Melaena), dem westlichen Eckpfeiler Griechenlands, zu weisen. Und dort, im Westen des kephallenischen Herrschaftsraumes, flackerten die Leuchtfeuer bereits zu jener frühhistorischen Zeit, in welcher der Kephallenenkönig Odysseus vom sizilianischen Raum kommend (von der Insel Aiolia)[29] auf dem kürzesten Seeweg nonstop heimkehrte: „nach stetigem Segeln tauchten am zehnten Tage schon die Gefilde der Heimat auf. Nahe sahen wir schon die Leute, die brennende Feuer bedienten".[30] – Zweifellos lag also das westgriechische Pharos vor der Insel Kephallenia, und mit Melainē (Melaena) und Pharos gehörte ursprünglich auch das Melitē der Argonautensage in den kephallenischen Inselraum.[31]

Der Name Μελίτη (Melitē), dem anscheinend eine semitische Wurzel zugrunde liegt,[32] weist auf eine Niederlassung der Phönizier hin.[33] Schon *Homer* berichtet, daß die phönizischen Schiffe bei ihren Fahrten von Syrakus (dem alten Ortygia) nach Sidon einen Zwischenstopp bei den Kephallenen einlegten,[34] deren Hauptinsel seit jeher „well placed for trade

---

[27] *Partsch,* Kephallenia 79,2 (mit Bezug auf *Kiepert,* Atlas XIII).

[28] *Ptol.* III 13,9; *Plin.* nat. IV 12,55.

[29] Es „verlegte bereits *Hesiodos* die Irrfahrten des Odysseus nach Sizilien und Italien, und *Antiochos von Syrakus* identifizierte Aiolia mit den Aeolischen (Liparischen) Inseln, *Pausanias* 10,11,3" (*Geisau,* Aiolia 180,4–7).

[30] *Hom.* Od. X 28ff. – Vgl. dazu *Oppermann,* Leuchtturm/Pharos 590,40f.

[31] So behauptet bereits *Vaudoncourt,* Islands 396, in seinen Ausführungen zum kephallenischen Inselraum: „the island of Antoliko, at a later period called Melite, ...".

[32] Vgl. *Weiss,* Melite 543,21f.

[33] Speziell für den kephallenisch-akarnanischen Raum erbrachte diesen Nachweis bezüglich der drei Insel- und Ortsnamen Melite, Karnos und Marathos bereits *Oberhummer,* Phönizier.

[34] *Hom.* Od. XV 404–484; XIII 272–279. – Vgl. *Oberhummer,* Phönizier 6: „Südlich von Akarnanien treffen wir Phönizier auf Kephallenia und Ithaka."

and conquest“ war.[35] „Vermutlich haben die Phönizier auch den Wert der prächtigen Ainoswaldungen für ihren Schiffbau sehr bald kennengelernt und dieselben praktisch auszunützen verstanden.“[36] Bei der Suche nach der phönizischen Niederlassung – und damit nach Melitē – im kephallenischen Inselraum führt ein kurzer Blick auf die Topographie Westkephallenias weiter. Der von Süd nach Nord 17 km lange und schlauchförmige Livadi-Golf, dem das Leuchtfeuereiland Vardiani („Pharos“) vorgelagert ist, zerlegt die Insel Kephallenia in zwei ungleiche Teile: die kleinere Paliki-Halbinsel im Westen und den großen Inselrumpf mit dem südwärts ansitzenden Aenosmassiv im Osten. Vom Livadi-Golf zweigt die längliche, gut 4 km lange, von Nordnordwest nach Südsüdost gerichtete Bucht von Argostoli ab. Diese geschützte und etwa 8 qkm umfassende Bucht bildet „den herrlichsten Naturhafen Kephallenias, einen der schönsten des ganzen Mittelmeerraumes“,[37] und diente zu allen Zeiten den bedeutendsten Seemächten[38] als Kriegs- und Handelshafen, weil er, wie kein anderer Hafen Griechenlands, weit ins Jonische Meer vortritt. Angesichts der einstigen geostrategischen Bedeutung der Bucht von Argostoli und der in ihrer Nähe gemachten archäologischen Funde[39] sowie der nicht zu verkennenden Tatsache, daß die Phönizier bevorzugt auf Landzungen siedelten,[40] ist nun die Folgerung zwingend, daß die phönizische Niederlassung namens Melitē[41] auf der Landzunge von Argostoli

---

[35] *Ansted,* Islands 294.

[36] *Biedermann,* Kephallenia 16,4. – Anzumerken ist, daß Tannenholz während des gesamten Altertums das begehrteste Schiffsbaumaterial war und die Zeder lediglich als ‚Ersatzstoff‘ diente (vgl. *Steier,* Tanne 2222,21 f.).

[37] *Partsch,* Kephallenia 79.

[38] Die Bucht diente namentlich der korinthischen, athenischen, römischen, byzantinischen, normannischen, venezianischen, spanischen, türkischen, französischen, russischen, britischen und auch der kaiserlich-deutschen Kriegsflotte als Stützpunkt (*Partsch,* Kephallenia 40–50; 80).

[39] Aus dem sizilischen Raum und dem Osten stammende spätmykenische Grabbeigaben (insbesondere aus den Kuppelgräbern der Ebene von Krane an der Bucht von Argostoli), die auf den weiter nördlich gelegenen Inseln Leukas und Korfu fehlen, legen den Schluß nahe, daß der phönizische Seehandel nach Süditalien sich auf die Bucht von Argostoli stützte (vgl. *Philippson/Kirsten,* Landschaften II 420; *Kalligas,* Kephallonia 417). Und *Unger,* Griechenland 45, berichtet über das Fundament der an der Bucht von Argostoli gelegenen antiken Stadt Krane: „Diese Form des Mauerwerkes findet sich als Unterbau aller phönizischen Städte und Castelle, wie z. B. in Gebel (Byblos).“

[40] Vgl. *Thuk.* VI 2,6.

[41] Bereits *Goekoop,* Itahque 29, hatte an der Südwestküste Kephallenias einen „port de Mélissarata“ (= Melissa/Melitta/Melita/Melitē) vermutet, der „pendant la thalassocratie mycénienne un point de débarquement important“ gewesen sei.

(auf dem Terrain der heutigen Inselhauptstadt) zu suchen ist. Und somit dürfte die über 4 km lange und 1–2 km breite Landzunge von Argostoli (welche die gleichnamige Bucht vom Livadi-Golf scheidet) die in der Argonautensage genannte νῆσος[42] Μελίτη (Melitē) gewesen sein, zumal dieses alte Heldenepos ohnehin schon mit jener kephallenischen Bucht in Verbindung gebracht wird.[43] – Für die Richtigkeit der Identifizierung spricht zum Beispiel die Notiz des antiken Seefahrers und Geographen *Skylax,* wonach Melitē nur 20 Stadien (knapp 4 km) von Kerkyra-Melainē entfernt liege.[44] Während die süddalmatischen Inseln Mljet (‚Melitē') und Kurzola (das angebliche Kerkyra-Melainē) gut 20 km (also weit über 100 Stadien) voneinander entfernt liegen und daher der Aussage des *Skylax* überhaupt nicht entsprechen, liegt die Landzunge von Argostoli (Melitē) tatsächlich nur wenige Kilometer vom Westfuß des halbinselartigen Aenosmassivs (Melainē, Melaena) entfernt, das schwarzbewaldet den gesamten kephallenischen Inselraum mächtig beherrscht; zudem ist die etwa 10 qkm große Landzunge, mit Ausnahme winziger Felseilande, die einzige νῆσος[45], die sich in derartiger Nähe vom dunklen Aenosmassiv befindet.

---

[42] Wie schon in den einführenden Bemerkungen hingewiesen, bedeutet νῆσος nicht ausschließlich Insel im Sinne von Vollinsel, sondern auch Halbinsel oder Landzunge. So behauptet z. B. *Euripides,* Phoenissae 204, daß die Phönizier auf νῆσοι leben (Φοινίσσας ἀπὸ νάσου), womit selbstverständlich keine Vollinseln gemeint sind, sondern halbinselartige Landzungen (vgl. Thesaurus VI 1500 C 15 ff.). Laut *Liddell/Scott,* Supplement 104, heißt νῆσος auch „promontory" (= Vorgebirge, Landzunge) (gestützt auf Hdn. Gr. ap. *Stephanos Byzantios* s. v. Φάσηλις, EM 75.1.). Vgl. die Aussage des Geophysikers *Mousson,* Cefalonien 78, derzufolge die Landzunge von Argostoli ein „Vorgebirge" sei.

[43] „The Argonautes, under Jason, their leader, touched at the island of Cephalonia. It was the port of Cranii [Krane] at the extreme end of the harbour, that he anchored. ... Cranii was frequented continually by vessels from Argos, whence arose the name of Argostoli; from this circumstance, being a Greek word that signifies ‚fleet of Argos'. But other historians, seeking further back, say it derived the name from the vessel of the Argonautes, which was called Argos" (*Kendrick,* Islands 111 f.). Ebenso äußert sich namentlich *Müller,* Griechenland 155 f.; wenn z. B. *Unger,* Griechenland 45, behauptet, „Argostoli, die Hauptstadt von Cephalonia, ist, ungeachtet der Name auf ein altes Ereignis hinweist, dennoch neuerer Entstehung", so vermag das die oben genannten Ausführungen nicht zu entkräften, weil die Ende des 17. Jh. entstandene kephallenische Hauptstadt den Namen des dortigen Küstenfleckens übernahm (vgl. *Partsch,* Kephallenia 85).

[44] *Skyl.* 23.

[45] „Wie bekannt, so ist erst unter dem englischen Regiment die Stadt Argostoli mit dem gegenüberliegenden Gestade der Bucht durch eine beinahe eine englische

Festzuhalten bleibt, daß zumindest das Μελίτη (Melitē) der Argonautensage sich nicht auf das süddalmatische Mljet bezog, sondern auf die Landzunge von Argostoli, insbesondere weil das nahe bei Melitē gelegene Kerkyra-Melainē (das *Plinius* sinngemäß als Melaena bezeichnet) zweifellos die Insel Kephallenia war und das süddalmatische Kurzola aufgrund seiner Morphologie und der damit zusammenhängenden geobotanischen Beschaffenheit nicht Melainē gewesen sein kann. Es soll hier aber nicht bestritten werden, daß bereits mehrere antike Autoren unter Pharos, Melainē und Melitē die drei großen süddalmatischen Inseln Hvar, Kurzola und Mljet verstanden,[46] aber die Namen wurden meines Erachtens erst nachträglich auf den genannten Archipel übertragen und bezeichneten ursprünglich Teile des kephallenischen Inselbogens.[47] – Eine ähnliche Namensübertragung fand noch zu Beginn der Neuzeit statt. So hieß zum Beispiel eine östlich von Kephallenia gelegene, der südkarnanischen Küste vorgelagerte Insel, die durch Anschwemmungen des Flusses Acheloos inzwischen landfest geworden ist (der jetzige 434 m hohe Berg Kutsilarēs), Kutzolarioi beziehungsweise Kurzola, nach der die winzige Inselgruppe der Echinaden (bevor sie in der Neuzeit ihren antiken Namen zurückerhielt) als Kurzolarische Inseln bezeichnet wurden.[48] Heute trägt den Namen Kurzola (Korčula) bemerkenswerterweise jene erheblich

---

Meile lange niedere Bogenbrücke in Verbindung gesetzt und dadurch die Communication mit dem eigentlichen Festlande der Insel außerordentlich erleichtert worden" (*Unger,* Griechenland 37). In solchen Worten kommt der ursprüngliche Inselcharakter der Landzunge von Argostoli, die durch ihren felsigen Höhenzug (aufgrund dessen *Mousson,* Cefalonien 78, die Landzunge als „Vorgebirge" bezeichnet) und das Sumpfgebiet Kutavos vom Inselrumpf Kephallenias verkehrsfeindlich abgesondert wird, deutlich zum Ausdruck.

[46] Einige antike Angaben über die Inseln Pharos, Melainē und Melitē erscheinen lediglich deshalb als unvereinbar miteinander, weil Autoren verschiedener Zeitstellung zusammentreffen (vgl. *Polaschek,* Pharos 10–30) und die einen sich auf den kephallenischen Inselraum, die anderen bereits auf die süddalmatischen Inseln beziehen. Die Formulierung von *Skylax* 23, der bezüglich der süddalmatischen Insel von νέος Φάρος (Neu-Pharos) spricht (aber nicht im Gegensatz zum ägypt. Eiland Pharos, sondern zum kephall.), sollte den Sachverhalt transparenter gestalten und nicht – wie geschehen – noch mehr Verwirrung stiften.

[47] Daher rechnet *Agathem.* 23 neben Issa, Pharus und Corcyra-Melaena die Insel Melitē zu den ἐπισημότεραι („die berühmteren"). Diese berühmten Inseln waren doch die von *Homer* besungenen westgriechischen (Ithaka, Zakynthos, Taphos usw.), weshalb man im Altertum z. B. von Τάφος ἐπισημότατος (dem sehr berühmten Taphos) (s. *Gemoll,* Wörterbuch 315) sprach.

[48] *Soustal,* Kephallēnia 190.

weiter nördlich liegende große süddalmatische Insel,[49] die man fälschlich für das alte Melainē hält!

2. *Adria*

Im Altertum bezeichnete man die Meere des zentralen Mittelmeerraumes von Nord nach Süd wie folgt: zwischen der Apenninen- und der Balkanhalbinsel erstreckte sich die Adria,[1] zwischen Kalabrien[2] und Epirus das Jonische Meer,[3] zwischen Sizilien und der Peloponnes das Sikelische (Sizilische) Meer;[4] weiter südlich schloß sich bis zur nordafrikanischen Küste das Libysche Meer[5] mit der Syrte[6] an. Grob gesagt, bildete die

---

[49] Die Insel hieß zuvor Karkar; so merkt noch *Forbiger,* Geographie III 561, über diese süddalmatische Insel an: „jetzt Curzola, bei den Salvoniern aber noch immer Karkar".

[1] Im Altertum blieb man sich stets „der klaren Gliederung der Adria in zwei Becken bewusst", das innere reichte von Venetien bis zum Mons Garganus (dem sog. ‚Sporn' am ‚Stiefel' Italiens), das äußere bis zur Straße von Hydruntum (Otranto) und mehr oder minder weit darüber hinaus (*Partsch,* Adria 418,20–29).

[2] Während im Altertum die östliche Halbinsel Italiens (der sog. ‚Stiefelabsatz', in welchem die Landschaft Apulien ausläuft) den Namen Calabria trug (vgl. *Putzger,* Weltatlas 22), versteht man heutzutage unter dem Landschaftsnamen Kalabrien die auf Sizilien zulaufende Südhalbinsel Italiens (sie hieß im Altertum Brutii). – Der Verf. benutzt den Namen Kalabrien im heutigen Sinn.

[3] Die Südgrenze des Jonischen Meeres reichte in süditalienischen Raum lediglich bis ca. 50 km nördlich der Südspitze Kalabriens, denn der südwärts folgende „Σικελικὸς πέλαγος (Sizilische Meer) erstreckt sich östlich Siziliens und Italiens zwischen den Punkten Lokroi Epizephyrioi (südkalabrische Hafenstadt) und Pachynos (Südspitze Siziliens) nach Osten bis zu den ἄκρα ([West-]Spitzen) Kretas" (*Ziegler,* Sicilia 2471,39–42). Vgl. *Treidler,* Meer 86–89.

[4] Die Längsachse des Sizilischen Meeres verlief anscheinend aufgrund einer Fehlorientierung der Alten nicht äquatorial (vgl. letzte Anm.), sondern leicht WNW nach OSO geneigt, ebenso die Südgrenze des sich im Norden anschließenden Jonischen Meeres.

[5] Das langgestreckte Libysche Meer reicht von der Sizilischen Straße (zwischen Sizilien und Nordtunesien) bzw. der Maltagruppe aus weit nach Osten und bezeichnet so auch den Meeresraum zwischen Kreta und Nordostafrika; das „Libycum mare" erscheint als der gesamte Meeresraum vor der ganzen Nordküste Libyens (Nordafrikas) u. a. bei *Plin.* nat. V 1; *Mela* I 21 u. II 119; *Solin.* 24,2.

[6] Der Name Σύρτις (Syrte) bezeichnet nicht nur die Große Syrte (zwischen der Cyrenaica und Tripolitanien), sondern auch die gesamte Einbuchtung an der Nordküste Afrikas, also Große und Kleine Syrte einschließlich des sich dazwischen erstreckenden tripolitanischen Meeresraumes und südliche Randbereiche des Libyschen Meeres (vgl. *Treidler,* Syrtis 40–45).

Südgrenze der Adria der 40., die des Jonischen Meeres der 38. und die des Sizilischen Meeres der 36. Grad nördlicher Breite.[7] Die südwestlich der Ostküste Siziliens gelegene Maltagruppe ist nicht dem Sizilischen,[8] sondern dem Libyschen Meer zuzurechnen,[9] genau genommen sogar der Syrte.[10] Somit war Malta „in jeder Beziehung ein rings meerbespültes Stück Afrika“ und wurde daher von antiken Autoren auch als „Melita africana“ bezeichnet.[11] – Während des Altertums waren die Grenzen zwischen den Meeren fließend, insbesondere die Südgrenze der Adria. Sie reichte jedoch – im italienischen Raum – nie weiter nach Süden als bis zur Südspitze Kalabriens.[12] Zwar schloß der Begriff Adria das Jonische Meer zeitweilig mit ein,[13] aber das Jonische Meer reichte im Gegensatz zum heutigen Sprachgebrauch nicht südwärts bis zum Libyschen Meer, sondern erstreckte sich lediglich „zwischen dem Adriatischen und dem Sikelischen Meer“.[14] Und wenn bei einigen antiken Autoren der Begriff des Jonischen Meeres einen Großteil des Sizilischen Meeres mit einzu-

---

[7] Die Grenzen verliefen aber nicht äquatorial wie die Breitengrade, sondern deutlich WNW–OSO geneigt; s. o. 4. Anm.

[8] Die Maltagruppe (bestehend aus den Inseln Malta, Gozo, Comino, Cominotto und Fifla) erstreckt sich zwischen 35°47′ und 36°5′ nördlicher Breite und 14°11′ und 14°35′ östlicher Länge von Greenwich, ca. 100 km südwestlich von Kap Pachynos (Sizilien), das die Südwestecke des Sizilischen Meeres markiert; zudem befand sich Malta in den Augen der Alten eher noch ein Stück weiter westlich, weil nach ihrer Vorstellung das Kap Pachynos nicht die Süd(-ost)-, sondern die Ostspitze Siziliens bildete und damit erheblich weiter (nord-)östlich von Malta zum Liegen kam (vgl. *Strab.* VI 265; *Plin.* nat. III 87).

[9] *Ovid* fast. III 568 nennt das Meer um Malta das „Libysche“, das über die Maltagruppe hinaus westwärts bis zum sardinischen Meer reichte. Den Westzipfel des Libyschen Meeres, der sich zwischen Tunesien und Sizilien erstreckt (ihm ist bereits die Maltagruppe zuzurechnen), nannten die Römer auch mare Africum (vgl. *Ziegler,* Sicilia 2471,14ff.).

[10] „Unter der Σύρτις dürfte man ... nicht die eine oder die andere Bucht von Gabes oder Sidra [Kleine und Große Syrte] verstanden haben, sondern den gesamten Einschnitt des Mittelmeeres südlich einer von Kyrene bis zum Prom. Mercurii bei Carthago gezogenen Linie“ (*Treidler,* Syrtis 1802,40–45). Nach dieser Definition gehört Malta bereits zur (Kleinen) Syrte, denn die Insel kommt südlich (die Nachbarinsel Gozo auf) der genannten Linie zum Liegen.

[11] *Balmer,* Romfahrt 437. – „Die nach Ansicht älterer Geographen zu Afrika gehörige Insel wird entsprechend einem Beschluß des englischen Parlaments seit dem 19. Jh. allgemein zu Europa gerechnet“ (*Egger,* Malta 48).

[12] Das gilt auch für *Paus.* V 25,3. – Vgl. *Treidler,* Meer 91.

[13] Vgl. *Partsch,* Adria 418,9–14. Bei *Strab.* II 123 u. VII 137 erscheint das Jonische Meer als ein Teil der Adria.

[14] *Bürchner,* Ionisches Meer 1896,10f.

schließen scheint,[15] bedeutet das nicht zwangsläufig, daß der Begriff Adria dies ebenfalls tat. Mit der teilweisen Einbeziehung des Sizilischen Meeres aufgrund unkorrekter geographischer Angaben[16] kam es dann „zu einer mißbräuchlichen Erweiterung des Begriffs Adria",[17] aber die südwärts fortschreitende Anwendung des Begriffs auch auf das Libysche Meer erfolgte erst in christlicher Zeit[18] und zu Beginn des Mittelalters.[19] – Sowohl nach dem antiken als auch nach dem modernen Sprachgebrauch führte der vermeintliche Seeweg des Paulus von Südkreta nach Malta durch das Libysche Meer, den Raum der Syrte streifend.[20] Bei dieser Route befand sich das Schiff aber zu keiner Zeit im Sizilischen[21] oder gar

---

[15] Zum Jonischen Meer rechnete man „zu Zeiten auch das Sikelische Meer" (aaO. 22f.).

[16] „*Ptolemaios, Plinius, Mela, Pausanias* spiegeln doch ältere, in dieser Hinsicht ganz unkorrekte geographische Quellen wider" (*Ziegler*, Sicilia 2471,35ff.). – Trotzdem veranlassen uns die Angaben der genannten Autoren nicht, das 100 km – bzw. nach der Vorstellung der Alten noch weiter – südwestlich der Südostspitze Siziliens im Libyschen Meer (bzw. in der Syrte) befindliche Malta als zur Adria gehörig zu betrachten.

[17] *Partsch*, Adria 418,35f. – Bezüglich der Interpretation des Adria-Begriffs vgl. die gegensätzlichen Darstellungen von *Smith*, St. Paul 126–131, und *Meinardus*, Illyrica 25–28.

[18] „Auf Grund einer seit Anfang der christlichen Zeitrechnung herrschenden Auffassung (vgl. Act. Apostol. 27,27) reichte statt des Libyschen Meeres das Sizilische bzw. Adriatische Meer bis an die Küste Tripolitaniens heran (*Oros.* hist. 44; *Nonn. Dionys.* 298)" (*Treidler*, Syrtis 1809,48–55). „So bezeichnet *Procop.* Vand. I 14 Malta als Grenze zwischen dem Tyrrhenischen und dem (um das ionische Meer vergrößerten) Adriatischen Meer, und die weite Ausdehnung des adriatischen Namens nach Süden mag auch die Verwechslung der Insel mit der gleichnamigen (h. Mljet-Meleda) an der dalmatinischen Küste erleichtert haben, eine Verwechslung, die insbesondere in der Frage, ob die anläßlich des Schiffbruches des Apostels Paulus 60 n. Chr. Acta apost. 27 genannte Insel Malta oder Mljet war, eine Rolle spielt" (*Weiss*, Melite 543,42–53).

[19] „An der Schwelle des Mittelalters schritt diese Begriffserweiterung vielleicht noch etwas fort" (*Partsch*, Adria 418,42ff.), jedoch dehnte sich der Meeresname Adria nur südostwärts, hin zum südgriechischen Seeraum aus (vgl. *Jord.* Rom. 223). „Im fünften Jahrhundert erstreckte sich ‚die Adria' bis zur Küste von Kyrene; und Seefahrer des Mittelalters unterschieden als adriatisches Meer die ganze östliche Hälfte des mittelländischen Meeres vom ägäischen Meer" (*Ramsay*, Paulus 273).

[20] Vgl. Apg 27,17; vgl. ferner die gängigen (Bibel-)Karten zu den Reisen des Apostels Paulus.

[21] Das Schiff befand sich nach der herrschenden Malta-Theorie auch nie im Osten des Sizilischen Meeres, dessen Südostecke bis zu den ἄκρα Westkretas reichte. Paulus wurde anfangs nämlich vom Wind εὐρακύλων von der Insel Klauda (südwestlich Kreta) südwestwärts durch das Libysche Meer in Richtung Syrte abgedrängt (Apg 27,15–17).

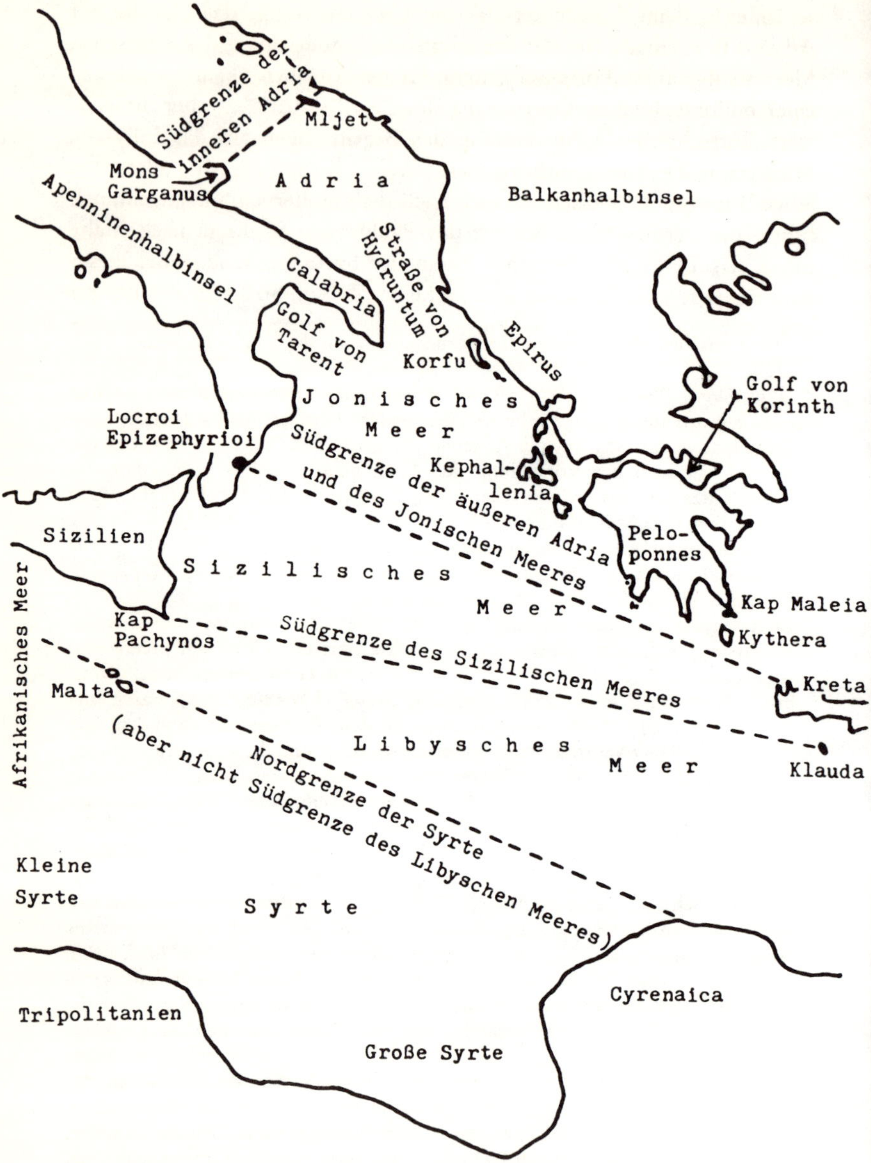

Abb. XII: Grenzen der Meere im zentralen Mittelmeerbecken während des Altertums

im Jonischen Meer und damit in der Adria! Es ist somit nicht nur die gängige Behauptung falsch, Malta läge nach dem Sprachgebrauch der Alten in der Adria,[22] sondern auch die Interpretation der vorsichtiger argumentierenden Befürworter des Paulus-Aufenthaltes auf Malta, derzufolge das Schiff auf seiner Fahrt von Südkreta nach Malta die südliche Adria etwas durchquert oder gestreift habe;[23] – schließlich befand sich das Schiff laut Apg 27,27 nach vierzehntägiger Irrfahrt, kurz bevor es an der Küste von Melitē strandete, ausdrücklich ἐν τῷ Ἀδρίᾳ (**in** der Adria).

Da es nicht sinnvoll ist, dem Verfasser der Apg von vornherein zu unterstellen, er gebrauche den Terminus Adria falsch oder zumindest sehr eigenwillig beziehungsweise einzigartig,[24] ist es angebracht, die Entwicklungsgeschichte dieses Meeresnamens hier kurz darzulegen: der Name Adria kommt von der einst bedeutenden Etruskerstadt Atria an der Pomündung und bezeichnete ursprünglich den dortigen Küstenraum. „Erst seit dem Aufschwung der syrakusanischen Colonien an den Ufern Italiens und Illyriens gewann der Name Adria eine weiter nach Süden

---

[22] Siehe z.B. den Kommentar der Zürcher Bibel (Anhang S. 32, Nr. 128) zum Thema Adria. – Selbst *Ptolemaios*, auf dessen unkorrekten Adria-Begriff die Befürworter der Malta-Theorie mit Vorliebe verweisen (u.a. *Roloff* 363; *Breusing*, Nautik 189), rechnet die Insel ausdrücklich zu Afrika (*Ptol.* IV 3,13) und legt sie damit ins Libysche bzw. Afrikanische Meer! Bedenkt man zudem, daß *Ptolemaios* das adriatische Meer im Osten Siziliens ansetzt und daß die Alten durchweg die tatsächliche Ostseite Siziliens zur Nordost- oder gar Nordnordostseite verdrehten (s.o. Anm. 8; vgl. ferner *Ziegler*, Sicilia 2468,34–68), dann bezeichnet das Wort Adria auch bei *Ptolemaios* III 4,1 lediglich den nördlichen Bereich des Sizilischen Meeres oder das Jonische Meer (vgl. *Plin.* nat. III 88).

[23] Namentlich *Balmer*, Romfahrt 380f. – Hier muß noch auf *Balmers* täuschende Verwendung des Begriffs „Adria im engern Sinne“ (ebd.) hingewiesen werden, worunter er das Adriatische Meer (= die ganze Adria und das Jonische Meer) verstanden wissen will, im Gegensatz zur unausgesprochenen ‚Adria im weitern Sinne‘, womit offenbar das sich südwärts anschließende Sizilische und Libysche Meer gemeint sein soll (das Paulus auf der Fahrt von Kreta nach Malta durchquert hätte). Jedoch bezeichnet der Ausdruck „Adria im engern Sinne“ (*Partsch*, Adria 418,28) bei korrekter Anwendung noch nicht einmal den gesamten adriatischen Meerbusen von Venetien bis zur Straße von Otranto, sondern höchstens das Becken zwischen Venetien und dem Garganus (aaO. 24–29).

[24] Letzteres unterstellt namentlich *Balmer*, Romfahrt 379. – Und *Ramsay*, Paulus 273, spekuliert über den Adria-Begriff: „so ist auch hier *Lukas*' Ausdrucksweise die des Lebens [?] und der Unterhaltung, nicht die der Literatur“; mir ist – im Gegensatz zu *Ramsay* – die Umgangssprache der Alten Griechen noch nicht zu Ohren gekommen, und daher kann sich meine Ausführung zum Adria-Begriff leider ausschließlich auf das geschriebene Wort (= Literatur) stützen.

greifende Bedeutung. Man erstreckte ihn bald bis zum Mons Garganus, bald bis zur Straße von Hydruntum [Otranto]. Aber auch im letzteren Falle blieb man sich bisweilen der klaren Gliederung der Adria in zwei Becken bewusst in der Weise, dass man das innere bis zum Garganus die Adria im engern Sinne, das äussere das Ionische Meer nannte (*Strab.* II 123. VII 137). Diese Anschauung, welche das ionische Meer zu einem Teile der Adria herabdrückte, führte dann, als der Name des ionischen Meeres auf das sicilische Meer im Westen Griechenlands übertragen wurde (dies geschieht zuerst bei *Mela* II 37. 48. 110. 115. 117; *Plin.* III 100. IV 9) zu einer missbräuchlichen Erweiterung des Begriffs Adria, welcher nun oft auch den Tarentinischen Golf, das sicilische Meer, den Korinthischen Golf" mit einbezieht.[25] – Sieht man nun von den wenigen nicht eindeutig zu interpretierenden und offensichtlich grob fehlerhaften antiken Zeugnissen ab, bleibt die Ausdehnung des Begriffs Adria auf das Jonische Meer und den Osten des Sizilischen Meeres beschränkt.[26] Und im Gegensatz zum heutigen Sprachgebrauch bildete das Jonische Meer nach der Vorstellung der Alten lediglich „einen Teil des Meeres zwischen der Ostküste Italiens und der Westküste von Epeiros und Griechenland, in dem die Mehrzahl der sog. Ionischen Inseln liegt".[27] Nach korrektem antiken Sprachgebrauch, den man dem Verfasser der Apg zugestehen muß, waren also die westgriechischen Inseln die einzigen Adria-Inseln südlich der Straße von Hydruntum (Otranto) und damit auch die einzigen der bereits am Mons Garganus (dem ‚Sporn' am ‚Stiefel' Italiens) beginnenden „äußeren Adria"![28]

---

[25] *Partsch*, Adria 418,16–39 (nebst weiteren antiken Literaturangaben).

[26] Das ist auch bei *Pausanias* der Fall; *Paus.* V 25,3 bezieht sich nur auf den äußersten Norden des Sizilischen Meeres (dessen Nordgrenze die südkalabrische Hafenstadt Locroi Epizephyrii, 50 km NO von Rhegium markierte), VIII 54,3 dagegen auf den peloponnesischen Raum mit dem Osten des Sizilischen Meeres. – Die einzigen antiken Belege, mit denen man bisher die These, Malta liege in den Augen der Alten in der Adria, glaubte stützen zu können, sind Apg 27,27, *Jos.* vit. 3,15 und *Oros.* I 2,90 (vgl. *Partsch*, Adria 418,40 ff.). Jedoch beziehen sich auch diese drei Belege keineswegs auf den Seeraum um Malta, sondern auf den Bereich des heutigen Jonischen Meeres!

[27] *Bürchner*, Ionisches Meer 1896,15–18 (der Name Jonische Inseln beruht auf einer neuzeitlichen staatlichen, nicht geographischen Zusammengehörigkeit und bezeichnet die westgriechischen Inseln einschließlich Kythera mit Antikythera).

[28] Dementsprechend versteht z. B. *Dümmler*, Aphrodite 2751,55 ff., unter dem Terminus „Adriatische Inseln" namentlich die westgriechischen Inseln; und *Wiebel*, Kephalonia 7, faßt die adriatischen und Jonischen Inseln als eine Inselkette auf: „In der Gruppe der Jonischen Inseln, welche zugleich den südlichen Abschluss der so ausgezeichneten Inselreihen längs der Dalmatischen, Albani-

3. Seeweg Ägypten/Sizilien

Da nach Apg 28,11 bei der „Insel" Melitē ein Schiff aus Alexandria (Ägypten) überwinterte, das sich auf der Fahrt nach Syrakus (Sizilien) befand, darf gefolgert werden, daß Melitē vom antiken Seeweg Ägypten/Sizilien berührt wurde. – Der kürzeste Seeweg von Alexandria nach Malta und weiter nach Syrakus führt zunächst entlang der überwiegend wüsten und hafenarmen nordafrikanischen Küste,[1] dann, die verkehrsfeindliche Syrte[2] meidend und weiterhin die Richtung Westnordwest haltend, von der Cyrenaica direkt nach Malta. Um aber bei der etwa 700 km langen Etappe übers offene Libysche Meer den Weg aus der insellosen Wasserwüste zu der flachen (maximal 258 m hohen), aus der Sicht des von Ostsüdost nahenden Seefahrers nur 14 km breiten Maltagruppe zu finden, bedurfte es einer unglaublich exakten Navigation und einer Risikobereitschaft, die für den Eigentümer eines plumpen Frachtschiffs auszuschließen ist. Und, so muß man fragen, warum hielt das Schiff nicht gleich von der Cyrenaica kommend auf die genausoweit entfernte, erheblich breitere und dank des 3268 m hohen Vulkans Ätna gut von weitem sichtbare Ostküste Siziliens zu, an der sich sein Bestimmungshafen Syrakus befand? Den nicht ungefährlichen Umweg über Malta und das unnütze Überwintern dort hätte sich der Schiffseigner ersparen können.[3]
Die auf der Ägypten-Italien-Route verkehrenden antiken Schiffe segelten

---

schen und Griechischen Küste bilden ..." – Abschließend sei ausdrücklich hervorgehoben, daß nicht nur die nördliche Gruppe der westgriechischen Inseln (Kerkyra, Paxoi, Othonoi) nach dem Sprachgebrauch der Alten „in der Adria" lag, sondern auch der kephallenische Inselbogen (Kephallenia, Zakynthos, Leukas, Ithaka); so betrachtet z. B. *Ovid* (fast. IV 501) den Doppelgolf von Patras/Korinth als einen Teil der Adria, und *Prokopios* (Bella VII 40) berichtet, daß das Meer, das Artabantes auf seiner Fahrt von Kephallenia nach Kalabrien durchquerte, Adria hieß.

[1] „Die Schwierigkeit, von Alexandria der afrikanischen Küste entlang nach Westen zu segeln, illustriert z. B. *Synesius von Cyrene*, Ep. 4" (*Schneider* 388).

[2] Die Syrte, deren Durchfahrung einen großen Umweg darstellen würde, besitzt gefährliche Strömungen, Wattenmeere und Sandbänke (vgl. *Gärtner*, Syrtis), weshalb die in Apg 27,17 zum Ausdruck kommende Furcht gerechtfertigt ist.

[3] Daher nehmen selbst die Befürworter der Malta-Theorie an, daß der Schiffseigner und Kapitän nicht den Kurs über Malta gewählt hatte, sondern durch einen Sturm ebenfalls (wie das Paulus-Schiff) dorthin verschlagen wurde und überwintern mußte (vgl. *Balmer*, Romfahrt 460; *Breusing*, Nautik 190). Das ist insbesondere angesichts der geringen Ausdehnung der Maltagruppe ein merkwürdiger – weil doppelter – Zufall, der zudem mit keinem Wort erwähnt wird; außerdem blieb dieses Schiff samt Fracht ja auch unversehrt.

tatsächlich nicht entlang der Cyrenaica und der Maltagruppe, sondern durch den griechischen Seeraum, wofür auch Apg 27,5f. ein unverfängliches Zeugnis bietet.[4] Zur Geschichte dieser Seewege liegen nur ansatzhafte Studien vor.[5] Als sicher kann aber gelten, daß der Seeweg von der Levante nach Sizilien über den kephallenischen Inselraum führte. Für die direkte Etappe von Sizilien nach Kephallenia bietet bereits die Odyssee zwei Beispiele,[6] und dafür spricht auch der archäologische Befund.[7] Zwar schlug in den Jahren 427 und 415 v. Chr. die athenische Kriegsflotte auf der Fahrt nach Sizilien den weit nördlich ausgelegten Bogen über ihren seemächtigen Verbündeten Kerkyra (Korfu),[8] „aber man würde von der Seefahrt der Alten sich eine zu geringschätzige Vorstellung bilden, wenn man annehmen wollte, auch die viel tüchtigern einzelnen Kauffahrer hätten für die Verbindung zwischen Sizilien und Griechenland noch gegen Ende des 5. Jh. v. Chr. diese weite Küstenfahrt dem geraden Wege quer durch die Weite des Sizilischen Meeres vorgezogen. Selbst wenn

---

[4] Es ist „unnötig und inkorrekt anzunehmen – wie es oft geschieht –, daß das alexandrinische Schiff aus seinem Kurs verschlagen gewesen wäre. Das Schiff war auf seinem planmäßigen, gewohnten Kurs“ (*Ramsay,* Paulus 261); dafür sprechen auch andere antike Zeugnisse.

[5] *Philippson/Kirsten,* Landschaften II 420,2.

[6] *Homer* berichtet in der Odyssee von einem phönizischen Handelsschiff, das von Ortygia (dem alten Syrakus) (XV 404) wohl über Elis, Pylos und Kreta (XIII 256–257 u. 272–275) nach Sidon (XV 424–431) verkehrte und dabei nach der tagelangen Direktüberquerung des offenen Meeres die Hauptinsel der Kephallenen erreichte, wo es einen Zwischenstopp einlegte (XV 472–484). Auch der Kephallenenkönig Odysseus kehrte vom tyrrhenischen Raum (Aiolia; Aiolische bzw. Liparische Inseln) aus nonstop und direkt in seine Heimat zurück (X 1–30). Offenbar beabsichtigte der Taphierfürst Mentes, das Meer in Gegenrichtung, also vom kephallenischen Inselraum nach Kalabrien (zur Kupferbergbaustadt Temesa), zügig direkt zu überqueren (I 179–184).

[7] Aus den insbesondere in den spätmykenischen Kuppelgräbern der kephallenischen Ebene von Krane gefundenen Bronzewaffen, Schmuckstücken und Siegeln, die aus dem sizilianischen Raum stammen, folgert u. a. *Kalligas,* Kephalonia 417: „Vermutlich haben die im Süden gelegenen Inseln [Kephallenia, Ithaka und Zakynthos] davon profitiert, daß sie an einer Wasserstraße lagen, die von der peloponnesischen Westküste, zum Beispiel von Pylos aus, nach Süditalien und Sizilien führte.“ Und „bis jetzt haben noch keine nennenswerten Funde der mykenischen Kultur auf Kerkyra den Beweis geliefert, daß die Insel, wie sicher Kephallenia, bereits in jener Zeit ein Stützpunkt des Handels gewesen sei, wie sie es in historischer Zeit war“ (*Philippson/Kirsten,* Landschaften II 420).

[8] Vgl. *Putzger,* Weltatlas 13. – Daraus wird häufig gefolgert, auch der zivile Seeverkehr sei über Kerkyra nach Sizilien gelaufen. Aber diese Route war ausschließlich das Ergebnis bündnis- und militärstrategischer Erwägungen (vgl. z. B. die Fahrt des Xerxes nach Athen! aaO. 12,1).

Thukydides nicht ausdrücklich die Benutzung dieses geraden Seeweges bezeugte, würden wir ihn als selbstverständlich voraussetzen müssen“[9]; und auch „der zur Zeit der Olympischen Spiele sich außergewöhnlich belebende Verkehr zwischen Sizilien und der Alpheiosmündung [Flußmündung bei Olympia im Nordwesten der Peloponnes] schlug gewiß die kürzeste Linie ein, ohne des Gängelbandes der Inselküsten zu sehr zu achten“.[10] Ferner „ist nicht zu verkennen, daß für diese kürzeste Verbindung zwischen Korinth und seiner blühendsten Kolonie Syrakus Kephallenias westlichster Hafen, Pale, den vorteilhaftesten Stützpunkt bot“.[11] – Auch in den Augen der Römer „liegt Kephallenia vor dem Golf von Korinth in Richtung auf das Sizilische Meer“[12] und bildete damit einen Brückenkopf für ihre Fahrten in die Levante: während des Punischen Krieges hat „Libyrtos, Sohn des Petraios, den Gesandten der Aetoler auf ihrer Reise nach Rom in der Nähe der Insel Kephallenia aufgelauert und sie abgefangen“,[13] im Jahr 207 v. Chr. überquerten von den Römern verfolgte Schiffe des in Unteritalien gescheiterten Feldherrn Hannibal das Sizilische Meer auf dem kürzesten Weg, um Zuflucht in Akarnanien (Küstenlandschaft östlich von Kephallenia) zu finden,[14] und schließlich floh 36 v. Chr. Sextus Pompeius, des großen Pompeius Sohn, nach seiner Niederlage bei Messana (Hafenstadt an der Nordostspitze Siziliens) mit 17 Schiffen über Kephallenia nach Kleinasien.[15] – „Die Römer benutzten Kephallenia nach seiner Einnahme [189 v. Chr.] als Flottenstützpunkt in weiteren Kriegen“,[16] weil die Insel insbesondere den Seeweg von Sizilien zur Levante beherrschte und zudem in der Bucht von Argostoli einen

---

[9] *Partsch,* Kephallenia 40; er verweist ebd. Anm. 2 auf die Aussage des Nikias (*Thuk.* VI 13,1), die gerade Seefahrt des Alkibiades von Thurii nach Kyllene (*Thuk.* VI 61,6 u. 88,10) und das von Demosthenes bei Pheia (Elis) überraschte korinthische Schiff, welches von dort aus geradewegs nach Sizilien segeln sollte (*Thuk.* VII 31,1); ferner hatte das athenische Geschwader, welches in den peloponnesischen Gewässern kreuzte, um eine Truppenzufuhr nach Syrakus zu verhindern (*Thuk.* VII 17,1), „offenbar hauptsächlich diese kürzeste Verbindung des Peloponnes mit Sizilien zu überwachen“ (*Partsch* ebd.).

[10] Ebd.

[11] Ebd. – Die Münzzeichen dieser am Livadi-Golf befindlichen Stadt tragen den Pegasos und das Koppa, also die Zeichen Korinths (*Biedermann,* Kephallenia 67f.); auch stellten die Paleer von Kephallenia den Korinthern vier Schiffe für den Kampf gegen die abgefallene Kolonie Kerkyra (*Thuk.* I 27).

[12] *Pol.* V 3.

[13] *Pol.* XXI 26.

[14] *Philippson/Kirsten,* Landschaften II 559.

[15] *Biedermann,* Kephallenia 40.

[16] *Philippson/Kirsten,* Landschaften II 524.

vortrefflichen Naturhafen besitzt. „In der Regel können die Schiffe, welche in diesem Hafen Anker werfen, bei jeglichem Winde sich durchaus sicher fühlen. Dazu kommt die Geräumigkeit des Hafens, welcher weit über die bescheidenen Bedürfnisse des örtlichen Handelsverkehrs hinausgeht und neben ihm auch stattlichen Kriegsgeschwadern überreichlich Spielraum gönnt."[17] Aber der große Vorteil dieses geostrategisch wichtigen Naturhafens lag nicht einzig in seinem hohen Maß an „Sicherheit bei stets ungetrübter Ruhe seines Wasserspiegels, sondern auch in der Fülle kräftiger Süßwasser-Quellen",[18] die sich an seinem Ufer ergießen. Aufgrund ihrer beinahe einzigartigen topographischen Ausstattung ist die Bucht von Argostoli vorzüglich zum Überwintern geeignet,[19] vor allem für diejenigen Schiffe, die sich – wie es die Apg für Melitē verlangt – auf der Fahrt von Alexandria nach Syrakus befanden. In jeder Hinsicht ist es also viel wahrscheinlicher, daß Kephallenia der Etappenhafen war, als ausgerechnet das denkbar ungünstig gelegene Malta!

---

[17] *Partsch,* Kephallenia 79.

[18] Ebd. – Vgl. *Wiebel,* Kephalonia 79.

[19] Die Bucht öffnet sich in Richtung NNW zum Livadi-Golf hin und ist somit vor den gefährlichen Winterstürmen aus Süden (Scirocco) geschützt.

B. TOPOGRAPHIE

Die Insel besitzt einen κόλπος (Meerbusen, Apg 27,39) mit einem τόπος διθάλασσος (Landzunge, Apg 27,41), vor dem sich eine als Ankergrund taugliche Flachsee (Apg 27,28f.) erstreckt.

1. Flachsee

Als die Seeleute des Paulus-Schiffes Land gesichtet hatten, brachten sie zwei Lotungen nieder, die mit etwa 36 und 27 Metern[1] Tiefe auf eine der Insel vorgelagerte Flachsee hinweisen (Apg 27,28). – Die Nordostküste Maltas fällt dafür viel zu schnell ab.[2] Da zwischen den beiden kurz aufeinander folgenden Tiefenlotungen von 36 und 27 Metern eine der Schiffsbewegung entsprechende (Minimal-)Strecke liegt, müßte das Schiff an der maltesischen Küste in der Zwischenzeit gestrandet sein.[3] Vor Malta also „konnten die Seeleute keine Vermutung von der nahen Küste haben,

[1] „Die 1. Lotung ergibt 20 Faden, rund 36 m Tiefe, die 2. nur etwa 27 m“ (*Haenchen* 675; ebenso u. a. *Roloff* 363); andere bieten geringfügig abweichende Daten, denn „die Orgyia enthielt 4 Ellen, 6 Fuß und war 1/100 des Stadion. Die Norm schwankt gemäß dem jeweils zugrunde liegenden Fuß- bzw. Ellenmaß zwischen 1,78 und 2,10 m“ (*Chantraine*, Orgyia 340,1–5).

[2] „Die Linien von 20 und 15 Faden Tiefe rücken an der Nordostküste mehrfach ganz nahe zusammen. ... Von einem Punkt im Norden der St. Georgs-Bai bis nach Salina hin liegt die 20-Faden-Linie ungefähr vier Kabel bis eine halbe Seemeile von der Küste ab. Bei der St. Pauls-Bai macht sie eine leichte Ausbiegung nach Südwesten“ (*Balmer*, Romfahrt 388), d. h., sie nähert sich hier der Nordküste Maltas bis auf etwa 600 m. – Zum Verständnis des Zitats: 1 Faden = 1,829 m; 1 Kabel = 185,2 m; 1 Seemeile = 1852 m. – Vgl. Seekarte Nr. 311 (Malta und Ghawdex/Gozo, hg. vom Deutschen Hydrographischen Institut, Hamburg 1985.

[3] Wenn die Seefahrer, weil sie in Landnähe kamen (Apg 27,27), direkt auf die Steilküste im Bereich der St. Pauls-Bai zugefahren wären, hätte ihr Schiff bereits an den Felsen zerschellen müssen, bevor die zweite Lotung überhaupt niedergebracht werden konnte; schließlich gehen selbst die Befürworter der Malta-Theorie davon aus, daß zwischen den beiden Lotungen aufgrund der Lotungstechnik ein minimaler Zeitraum von ca. 10 bis 15 Minuten verstrichen sei, in welchem sich das Schiff um mindestens einen Kilometer weiterbewegt habe (*Balmer*, Romfahrt 390). – Mit dieser Entfernungsangabe sind die Befürworter der Malta-Theorie zu Opfern ihrer unglaublich hohen Driftgeschwindigkeit geworden (die für die Überwindung der Strecke von Kreta nach Malta innerhalb des Zeitraums von 14 Tagen nötig ist) und stehen damit im Gegensatz zu Apg 27,28, wo es ausdrücklich heißt, das zwischen den beiden Lotungen nur eine kurze Strecke zurückgelegt worden sei (βραχὺ δὲ διαστήσαντες)!

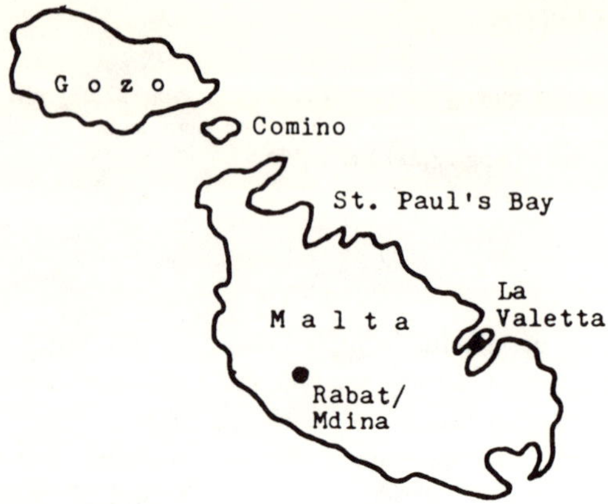

Abb. XIII: Die Maltagruppe

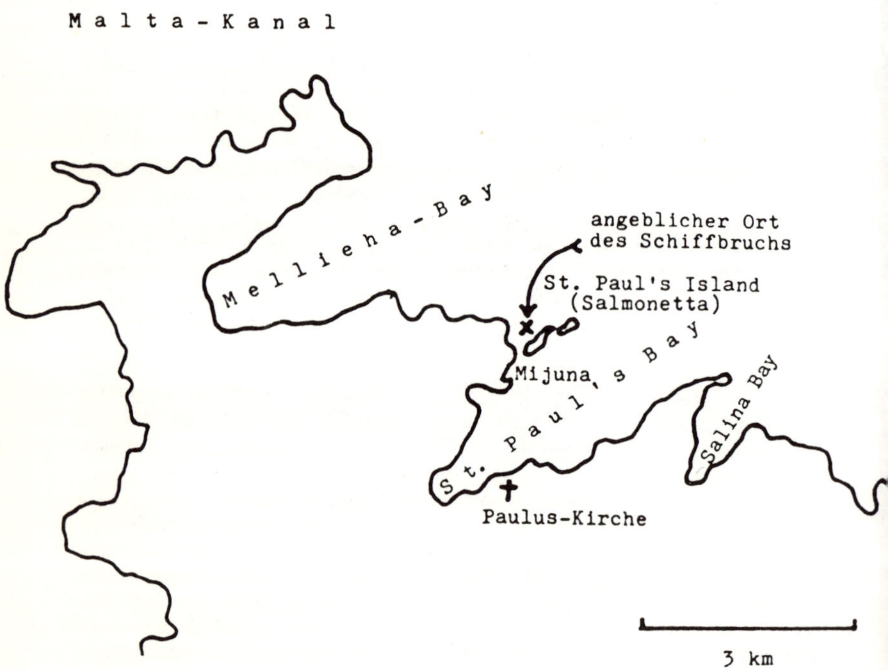

Abb. XIV: Der Nordwesten Maltas

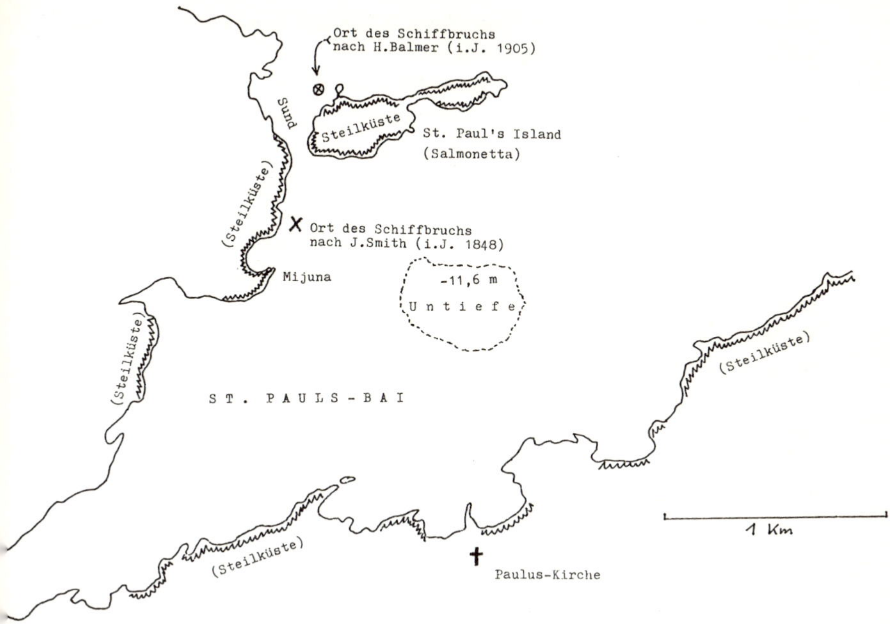

Abb. XV: Die St. Pauls-Bai

bevor sie loteten" (vgl. Apg 27,27),[4] weil sie ja sonst sofort im stumpfen Winkel – also direkt – auf die Küste Maltas zugefahren wären und nicht die Insel westwärts segelnd passiert hätten: „Wie leicht ersichtlich, führt gerade hier die kunstreich zurechtgelegte Route in ihrer Anwendung auf den speziellen Fall zu keinem brauchbaren Ergebnis, ja vielmehr zu Widersprüchen mit den Tatsachen."[5] Deswegen, und „weil zu viele grobe Schätzungen mit in den Kauf genommen werden müssen",[6] läßt sich der genaue nächtliche Ankerplatz des Paulus-Schiffes vor der – angeblich – maltesischen Küste nicht ermitteln. Am folgenden Morgen soll das Schiff auf den winzigen Sund zwischen dem Eiland Salmonetta[7] und der Nord-

[4] *Balmer,* Romfahrt 396.

[5] AaO. 395. Daher tröstet sich z. B. *Conzelmann* 154 mit dem Hinweis: „Die Zahl ist ja literarisch – *Lk* [*Lukas*] ist schwerlich beim Loten dabeigestanden."

[6] *Balmer,* Romfahrt 396.

[7] Das SSW–NNO ca. 500 m lange und ca. 200 m breite Felseiland Salmonetta (auch Salmonetto, Selmunett, Salmone, Selmoon und Gzeier genannt) heißt heute St. Paul. „Das von Salvator Berg hier gesetzte Paulusdenkmal stammt erst aus dem Jahre 1845" (*Heutger,* Paulus 87).

westküste Maltas zugefahren sein. Als der Kapitän aber bemerkte, daß er auf einen Sund zusteuerte, ließ er angeblich den Kurs sofort von Süd nach Nordost ändern und das Schiff am Felsgestade des Eilandes zerschellen.[8] Wenn sich das Schiff derzeit im Maltakanal befunden hätte, wäre eine solche Reaktion des Steuermanns noch zu verstehen, weil sich das Meer wieder öffnete. Jedoch angesichts des nur 70 m breiten Sundes, durch den der Blick des aus nördlicher Richtung nahenden Seefahrers ja nicht wieder ins grenzenlose Meer schweifte, sondern allseits (!) und in nächster Nähe von der Küstenlinie Maltas gefangen wurde, wäre die plötzliche Kursänderung hier vollkommen unverständlich.[9] Und gesetzt den Fall, die Seeleute befürchteten tatsächlich, bei der Nord-Süd-Durchquerung des Sundes wieder ins offene Meer zu treiben, dann ist es völlig absurd, daß sie denselben nach dem Schiffbruch (am Gestade des Eilands) sogar schwimmend durchquerten (vgl. Apg 27,41 – 28,2), anstatt auf dem Eiland auf Hilfe zu warten.[10] Somit wollen dic Angaben der Apg zu Malta nicht passen.

Dem kephallenischen Melitē ist nun aber eine der Angabe Apg 27,28 genau entsprechende Flachsee (samt Riffen Apg 27,29) vorgelagert. Dabei ist zunächst festzustellen, daß sämtliche westgriechischen Inseln ausgesprochen steil ins Jonische Meer abfallen, auch Kephallenia: „Die 200-m-Tiefenlinie hält sich an der Westküste der Halbinsel Paliki in einem Abstand von weniger als 2 km, ja berührt einige Kaps fast unmittelbar; in 8 km Entfernung sind 1400 m gelotet; in 15 km Abstand ist mit 2500 m der Grund nicht erreicht."[11] Auch „in Kephallenias Uferbildung überwiegt weitaus die Form der Steilküste, die mit scharfgeschnittenen Umris-

---

8 „Es erwies sich jedoch bald, daß man es nicht mit einer Bucht zu tun hatte, sondern mit einer kleinen Meeresstraße... Sofort wurde der Kurs geändert und das Schiff an den nächsten Strand gebracht", an die Felsküste von St. Paul (*Blanke*, Paulus 33f.).

9 „Wenn ein Schiff hier im Sturm an den Riffen bzw. an den Selmunet-Inselchen, zerschellt, ist es ausgeschlossen, daß eine Besatzung – noch dazu ohne Rettungsboot – von 276 Köpfen ohne einen Mann Verlust über die St. Paul's Bay davonkommt" (*Heutger*, Paulus 87).

10 Von einer Abholung (bzw. dem Übersetzen) mittels Schiffen weiß die Apg nichts zu berichten, und dergleichen wird von den Befürwortern der Malta-Theorie auch nicht unterstellt; denn sonst hätte man die Schiffbrüchigen sicherlich nicht am unwirtlichen Gestade der St. Pauls-Bai abgesetzt, wo sie sich Reisig für ein wärmendes Feuer suchen mußten (Apg 28,2f.), sondern sie gleich an einen günstigeren Ort gebracht.

11 *Philippson/Kirsten*, Landschaften II 506. Etwa 25 km südwestlich von Kephallenia erreicht das Jonische Meer eine Tiefe von 3720 m (s. Seekarte Nr. 568, hg. vom Deutschen Hydrographischen Institut, Hamburg 1986).

sen in tiefe Gewässer sich eintaucht, ohne daß zwischen Land und Meer eine Übergangszone von Untiefen, Klippen und Inselvorposten sich einschaltet. Eine Hebung um 30 m würde die Umrisse dieses Ländchens im W, N und O kaum merklich verändern. Eine *Ausnahme* von dieser scharfen Begrenzung des Felsensockels der Insel macht außer der Südostspitze nur noch *der westliche Teil der Südküste*. Hier liegt vor dem Ufer der Landschaften Paliki und Livatho und dem zwischen beiden sich öffnenden Eingang des Livadi-Golfes ein Kranz von Inseln und Untiefen. Er beginnt an der Südspitze Palikis, wo das Meer mit dem ‚Schaukelstein' (Kunopetra) spielt. Die nach Südost gestreckte Richtung dieses Vorgebirges weist über Gewässer, deren Untiefen (–6 und –5 m) bei bewegter See durch eine Krone weißer Brandung sich verraten, hinüber nach der von gefährlichen Bänken umgürteten Insel Vardiani. Ihr hohes Leuchtfeuer (34 m) bezeichnet den westlichen Torpfeiler der 4 km breiten Einfahrt in den Vorhof des Livadi-Busens. Den östlichen bildet, aus seichten Ufergewässern emportauchend, das Eiland H. Nikolaos (63 m) vor dem Ufer von Livatho. Wie diese Felsscholle wird auch ... die kleinere Danisti als Merkzeichen untiefen Wassers von den Küstenfahrern gemieden. Diese ganze Inselreihe bezeichnet vielleicht den Zug einer ehemaligen Uferlinie, die wieder zur Geltung käme, wenn die Insel um 30 m dem Meere entstiege".[12] – In diesem mehr als 20 qkm umfassenden, zum Jonischen Meer hin weit geöffneten „Vorhof des Livadi-Busens" (s. o.) wurde das Paulus-Schiff durch südliche Winde getrieben; und somit sind auf diese ausgedehnte Flachsee, die zu einer trockenen Landschaft würde, wenn Kephallenia „um 30 Meter dem Meere entstiege" (s. o.), die Lotungsdaten der Apg von etwa 36 und 27 m Tiefe ausgezeichnet anzuwenden.[13]

2. *Meerbusen*

Am frühen Morgen, nachdem das Schiff während der Nacht in der Flachsee vor Anker lag, sichteten die Seeleute einen Meerbusen (Apg 27,39). – Zwar besitzt Malta sowohl in den beiden bis 3,5 km langen

---

[12] *Partsch,* Kephallenia 79.

[13] *Philippson/Kirsten,* Landschaften II 504, der jene Flachsee als äußeren Teil des Livadi-Golfs betrachtet (daher gibt er dessen Länge mit 17 km an [*Partsch,* Kephallenia 79, der den „Vorhof des Livadi-Busens" getrennt rechnet, mit 13 km]): „Dieser seltsame Golf Livadi ist in seiner äußeren Hälfte 30–25 m tief" (!). Vgl. die Angaben der Seekarte Nr. 658 des Deutschen Hydrograph. Instituts, Hamburg 1986.

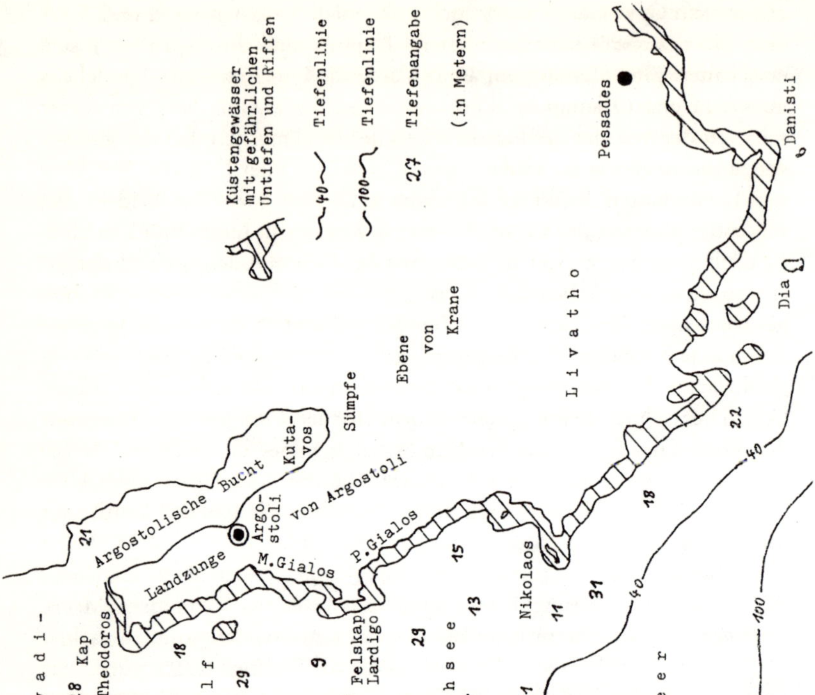

Abb. XVI: Der Meeresraum im Südwesten Kephallenias
(Quelle: Seekarte Nr. 568, hg. vom Deutschen Hydrographischen Institut, Hamburg 1986)

Hafenbuchten von La Valetta im Nordosten der Insel als auch in der 4,8 qkm umfassenden Marsa-Scirocco-Bucht im Bereich der Südostküste eine große, weitgehend umschlossene Bucht, also einen Meerbusen (κόλπος), aber die trichterförmige nach Nordosten geöffnete, etwa 2,5 km lange St. Pauls-Bai[1] sowie die sich nordwestlich anschließende und etwas größere Mellieha-Bai (beide im Nordwesten Maltas), zwischen denen am unmittelbar vorgelagerten Eiland Salmonetta (St. Paul) der Schiffbruch des Apostels lokalisiert wird, werden der Bezeichnung Meerbusen (= Golf, κόλπος) kaum gerecht (es sind Baien). Zudem hält mancher „diese Lokalisierung für unzutreffend, weil der Name ‚Paulus-Bucht' erst spät aufgekommen, die Fahrt in sie zu schwierig und die Rettung in ihr kaum möglich gewesen sei".[2]

Anderes gilt für Kephallenia: deren westliche „Halbinsel Paliki wird auf ihrer Ostseite von dem Rumpfe der Insel getrennt durch den auffallenden Golf von Livadi, der von S her, hinter den Inselchen H. Nikolaos und Vardiani (Letoia d. A.; diese mit Leuchtturm) sich öffnet und als ein 17 km langer Schlauch nach NzW in das Land sich hineinerstreckt. Mit Ausnahme des weiteren Eingangs hat der Golf nur 3½–2 km Breite".[3] Den schon in der Antike als κόλπος bezeichneten Livadi-Golf,[4] welchen *Partsch* auf der Karte[5] und im Text[6] gleichbedeutend als „Livadi-Busen" bezeichnet, weisen neuere Kephallenia-Karten zunehmend als Argostoli-

---

[1] „Als Ankerplatz haben Nautiker wie *Balmer* die St. Pauls-Bai festgestellt" (*Steinmann* 304 unter Verweis auf *Balmer*, Romfahrt 382–415). Die Lokalisierung der Ereignisse Apg 27,27–44 im Raum der St. Pauls-Bai geht jedoch insbesondere auf *Smith*, St. Paul 88–107, zurück: „und einer der größten Dienste, der je dem Studium des Neuen Testaments erwiesen worden ist, ist *James Smith'* Beweis, daß alle diese Umstände in der Paulus-Bucht zusammentrafen. Mit der Hinzufügung, die *Emslie Smith* beigetragen hat, wird die Sache vollständig und unanfechtbar" (*Ramsay*, Paulus 281).

[2] *Weiser* 666. „Die Fahrrinne in diese Bucht an gefährlichen Riffen vorbei ist bei Sturm für Fremde keinesfalls zu finden" (*Heutger*, Paulus 87). – Manche Exegeten glauben bezüglich Apg 27 – 28, „daß Lukas eine mit Elementen des antiken Romans durchsetzte … literarische Seefahrts- und Schiffbruchsschilderung verwendet habe" (*Weiser* 659), und aufgrund dieser „Sicht über die Entstehung und die literarische Gattung des luk Textes erübrigt sich die Frage, in welcher Bucht Maltas die Strandung wirklich geschah und wo Paulus an Land ging" (*Weiser* 665).

[3] *Philippson/Kirsten*, Landschaften II 504.

[4] So spricht *Strab.* X 2,15 davon, daß Κράνιοί τε καὶ Παλεῖς (Krane u. Pale) nahe den Engen ἐν τῷ κόλπῳ (in dem Busen / der Bucht) liegen.

[5] *Partsch*, Kephallenia (Karte von Kephallenia und Ithaka im Maßstab 1 : 100 000; im Einband hinten).

[6] AaO. 79.

schen Meerbusen (Κόλπος Ἀργοστολίου) aus,[7] wodurch die sinnvolle Differenzierung zwischen dem Süd–Nord gerichteten Livadi-Golf und der ihm Nordnordwest–Südsüdost angeschlossenen Bucht von Argostoli verwischt wird. Keine Insel im zentralen Mittelmeerraum (also weder Sizilien, noch eine der dalmatischen, westgriechischen, liparischen oder maltesischen Inseln) und nur wenige im gesamten Mittelmeerraum (namentlich Lesbos und Limnos) besitzen einen ähnlich langgestreckten und geschlossenen Meerbusen wie Kephallenia mit dem Livadi-Golf. – Von den zahlreichen Buchten und Kücheneinschnitten der stark gegliederten Insel Kephallenia ist einzig dem riesigen Livadi-Golf eine breite Flachsee vorgelagert, und damit ist er der gesuchte κόλπος, in dessen Nähe Paulus nach vierzehntägiger Irrfahrt gelangt war.

3. Landzunge

Laut Apg 27,39ff. hielt das Schiff, nachdem es in der Flachsee geankert hatte, auf den meerseits flach abfallenden Strand (αἰγιαλός) einer Landzunge (τόπος διθάλασσος) zu, die sich im Bereich des Meerbusens (κόλπος) erstreckt. – Der Nordzipfel Maltas, das etwa 3 km lange und 1,3 km breite Land zwischen der Mellieha-Bai und dem Maltakanal, könnte als Landzunge bezeichnet werden. Deshalb – und auch wegen der Lotungsdaten –[1] würden die Befürworter der Malta-Theorie lieber hier als an der St. Pauls-Bai den Schiffbruch des Paulus ansetzen: „Vor allem ... fällt die 1½ Meilen tiefe und eine Meile weite Mellieha-Bai, die nordwestlichste, auf. Sie besitzt einen sandigen Strand an ihrem Ende, und es liegen viele Punkte mit 15 Faden Tiefe in der Öffnung und außerhalb so, daß sie zwar einigen Anforderungen genügt, andern aber nicht entspricht, daher verworfen werden muß."[2] Andererseits kann sich die Annahme, Paulus sei vor der St. Pauls-Bai gestrandet, nicht auf die

---

[7] U. a.: *Nikolatos,* Touristikos Chartes Kephallēnias.

[1] Im Bereich des etwa 5 km breiten Malta-Kanals (zwischen Malta und Gozo; in ihm liegt das knapp 3 qkm große Comino) erstreckt sich – im Gegensatz zum übrigen Küstenbereich der Maltagruppe – eine ausgedehnte Flachsee, die aber mit ca. 100–200 m Tiefe den Angaben Apg 27,28f. keineswegs entspricht. Aufgrund der Flachsee meint *Balmer,* Romfahrt 397: „Das Fahrzeug befand sich im südlichen Teil des Malta-Kanals und wurde nun südwestlich der Küste zugetrieben."

[2] *Balmer,* Romfahrt 390; z. B. „wüßten wir nicht zu erklären, wieso der reiche Publius das Land hier herum in seinen Besitz gebracht hätte" (aaO. 391).

erforderliche Landzunge stützen, weil erstens die breite, nur mäßig ausgebildete Halbinsel zwischen der St. Pauls-Bai und der Mellieha-Bai keine Landzunge ist und zweitens ihre Küstenlinie aus einer schroffen Felswand besteht,[3] auf die der Schiffseigner und der Kapitän sicherlich nicht zugesteuert hätten und es auch nicht haben: Apg 27,40 spricht nämlich keineswegs von einer unzugänglichen Felsküste, sondern von einem flachen Strand.[4] – So kommen die Befürworter der Malta-Theorie mit der gängigen Bedeutung des Begriffs τόπος διθάλασσος (Landzunge) nicht zurecht und ringen deshalb um andere Interpretationen, wie „Kanal“, „Sund“, „Kleine Meerstraße“,[5] „Zwei-Meere-Stelle“, „Außengrund“,[6] „Sandbank“[7] und „Bank aus weichem Ton“.[8] Für letzteres plädiert u. a. *Haenchen:* als die Seeleute auf den Strand der Insel zusteuern, „gerät das Schiff auf einen τόπος διθάλασσος, eine Untiefe; *Breusing* 205 denkt, wohl mit Recht, an eine Bank aus weichem Ton in der St. Pauls-Bucht. Sie liegt heut freilich 6 m unter Wasser, zur Zeit des Paulus aber wohl nur etwa 4 m. Rechts und links davon ist das Wasser

---

[3] Diese Küsten steigen jäh, ca. 200 Fuß und mehr (1 engl. Fuß = 30,5 cm) empor; s. den Ausschnitt der engl. Admiralitätskarte bei *Balmer,* Romfahrt 389 u. 392 f. „Überdies fehlt ein Strand“ (*Heutger,* Paulus 87).

[4] „αἰγιαλός: ein flacher Strand“ (*Haenchen* 677); „hier: der für das Vorhaben geeignete flache Strand“ (*Schneider* 397,127).

[5] *Brannigan,* Romfahrt 186, plädiert für „eine kleine Meerstraße (τόπος διθάλασσος – zwischen zwei Seen)“, wobei er (wie *Smith,* St. Paul 102: „a place of two seas“, „a place where two seas meet“) unter den beiden Seen die St. Pauls-Bai und das offene Meer versteht. Zwar spricht auch *Heutger,* Paulus 87, von „zwei Seen“, „denn nur so muß der eigenartige Ausdruck διθάλασσος stringent erklärt werden“, aber er versteht (in seiner neuen und dünnen Hypothese über den Ort des Schiffbruchs des Paulus) unter den beiden Seen die Mellieha-Bai und einen küstennahen Binnensee, der – inzwischen ausgetrocknet – noch heute im Winter als Salzsee in Erscheinung trete.

[6] *Breusing,* Nautik 202, versucht, gestützt auf eine Angabe *Strabons* I 1,5 (der spricht jedoch lediglich von einem πέλαγος διθάλασσον), zu folgern, der τόπος διθάλασσος sei ein „Außengrund“: „Ich habe das Wort Außengrund als das bezeichnendste gewählt, weil wir darunter nicht eine mit dem Lande zusammenhängende Sandbank, sondern eine davon getrennte Untiefe verstehen“ (ebd.).

[7] U. a. *Weiser* 658 u. 665; *Roloff* 357: „eine dem Strand vorgelagerte Sandbank“. Zu dieser Interpretation bemerkte jedoch schon *Brannigan,* Romfahrt 186, angesichts der St. Pauls-Bai: „Heute ist aber keine Sandbank festzustellen!“

[8] „Sie besteht aus weichem Thon, und so erklärt es sich, daß sie durch die von jedem in die Bucht stehenden heftigen Ostwinde hervorgerufenen Strömungen schon teilweise verspült ist und noch immer verspült werden wird“ (*Breusing,* Nautik 205).

tiefer".[9] Aber selbst wenn diese untermeerische Bank aus weichem Ton in der St. Pauls-Bai zu Zeiten des Apostels noch an einer Stelle bis auf –4 m (heute –12 m und mehr) emporragte (die Annahme ist jedoch geologisch ungerechtfertigt)[10], so besaß das hölzerne, kiellose und zudem völlig entladene Frachtschiff (vgl. Apg 27,18–19 u. 38) sicherlich nicht den Tiefgang, um bei ihr aufzulaufen![11] Daher halten manche nautisch versierte Befürworter der Malta-Theorie diese Interpretation für nicht sinnvoll und suchen nach einer anderen Erklärung, wobei sie – namentlich *Balmer* – lediglich von διθάλασσος sprechen, das sie mit Worten wie „doppelmeerig", „Sund" und „Kanal" übersetzen[12] und dabei an den 70 m breiten Sund zwischen Malta und dem Eiland Salmonetta (St. Paul) denken.[13] Da jedoch selbst die Meeresstraße zwischen Malta und Gozo keineswegs zwei Meere trennt, ist besonders die Übersetzung von τόπος διθάλασσος mit „doppelmeerig", „Zwei-Meere-Stelle", „Kanal" und dergleichen angesichts des winzigen Sundes, den noch nicht einmal die Küsten-Schifffahrt benötigt, völlig unpassend, ganz zu schweigen von der philologischen Vergewaltigung des Terminus τόπος διθάλασσος. Dennoch argumentiert namentlich *Balmer* bemerkenswert virtuos und offensiv: „Der Ausdruck doppelmeerig, umschrieben: ‚wo zwei Seen sich treffen', ist, sofern wir an eine Meerenge oder an einen Sund denken, richtig. Er fand

---

[9] *Haenchen* 677. Ähnliches behauptet *Ramsay,* Paulus 280: „Es erstreckt sich von Salmonetta zum Festland eine Schlammbank, das natürliche Ergebnis der Ablagerungen in der See, die dort im Schutze der Insel ruhiger ist. Das war buchstäblich ‚ein Ufer zwischen den beiden Meeren'." – Beide Behauptungen sind falsch; s. Anm. 10 u. 11.

[10] Es gibt keinen Anlaß zu der Annahme, der Meeresboden vor der Nordküste Maltas habe sich in den vergangenen 2000 Jahren derart geändert; so lehnt selbst der für Malta plädierende *Brannigan,* Romfahrt 185, die These von der Sandbank oder dem Außengrund ab, und er fügt hinzu: wir haben auch „keinen Grund anzunehmen, daß die Tiefen, die von den Alexandrinern gefunden wurden, heutzutage anders sind".

[11] Die Bank/Untiefe liegt **ohne Ausnahme** erheblich tiefer; die flachste Stelle beträgt –11,6 m (vgl. die Seekarte Nr. 311, hg. vom Deutschen Hydrographischen Institut, Hamburg 1985). – Zum Vergleich: der den Bedürfnissen der modernen Seeschiffahrt genügende Nord-Ostsee-Kanal besitzt bei einer Wasserspiegelbreite von 102,5 Metern nur 11 m Tiefe.

[12] *Balmer,* Romfahrt 413ff. – Beinahe alle anderen Kommentatoren und Übersetzer, die den τόπος διθάλασσος für eine Wasserstraße oder dergleichen halten, begründen ihre Ansicht zumindest nicht philologisch!

[13] „*Balmer* faßt (nach *Smith* 143) den τόπος διθάλασσος als einen Kanal zwischen zwei größeren Gewässern auf und sieht ihn in dem 70 m breiten ‚Kanal' oder Sund zwischen Malta und der der Bucht vorgelagerten Insel Salmonetta" (*Haenchen* 677,5 mit Verweis auf *Balmer,* Romfahrt 413ff., und *Smith,* St. Paul 143).

indessen doch recht abweichende Deutungen ...“[14] – Und über den zum Auflaufen des Schiffes geeigneten Strand (αἰγιαλός), den eigentlich der τόπος διθάλασσος aufweisen müßte, urteilt zum Beispiel *Schille* kühn und übertrieben zugleich: „Die St.-Pauls-Bucht, die man heute auf Malta zeigt, hat (verständlicherweise [?]) keinen guten Strand“;[15] ja, im Bereich des mutmaßlichen Schiffsbruchs hat sie überhaupt keinen. Zwar weist *Balmer* auf den winzigen Strand bei Mijuna hin, aber den hätte die Besatzung des angeblich nördlich des Eilands Salmonetta ankernden Schiffes gar nicht erblicken und somit ansteuern können![16]

Wieder erfüllt die Insel Kephallenia sämtliche Bedingungen für ein angemessenes Verständnis des Textes: sie besitzt im Bereich ihrer Flachsee und ihres Meerbusens eine Landzunge mit meerseits flach abfallendem Strand. „An der Ostseite des Golfes [von Livadi] zweigt sich noch eine besondere, kleinere Schlauchbucht in widersinniger, südöstlicher Richtung ab, 4 km lang: die Bucht von Argostolion. Zwischen ihr und dem Livadi-Golf liegt die schmale Halbinsel von Argostolion, die ebenfalls widersinnig gerichtet ist, indem sie nach NNW in den Golf hineinläuft.“[17] Bei dieser Halbinsel, an deren Ostufer sich die Inselhauptstadt Argostoli erstreckt, handelt es sich um eine ausgesprochene Landzunge: bei gut 4 km Länge läuft sie von einer etwa 2 km breiten Basis in ein stumpfes, knapp 1 km breites Ende aus (die schmalste Stelle liegt bei der Stadt Argostoli und beträgt etwa 800 m) und senkt sich von etwa 100 m Höhe sanft bis zur Spitze der Landzunge nieder. Sowohl die Ostküste (Vlicha) als auch die Westküste (Lassis) dieser einst fast 10 qkm großen Halbinsel[18] fällt flach ab. Am westlichen Gestade der Landzunge, das zugleich dem

---

[14] *Balmer,* Romfahrt 413. – Vgl. *Hoennicke* 127 zu Apg 27,41: „Landzunge“.

[15] *Schille* 468. – Selbst *Smith,* der weiß, daß „αἰγιαλός ... means a sandy beach, in contradistinction to a rocky coast“ (St. Paul 100), muß feststellen: „The shore from Salmonetta Island to Mestara Valley is now girt with mural cliffs, where a ship could not be stranded with safety; but ... may at one time have had a beach which has been worn away in the course of ages, by the wasting action of the sea“ (St. Paul 283).

[16] *Balmer,* Romfahrt 405; vgl. die Karte aaO. 392!

[17] *Philippson/Kirsten,* Landschaften II 504.

[18] Es muß zwischen der heutigen und der antiken Größe der Landzunge unterschieden werden (aber die Größe derselben spielt bezüglich des Schiffbruchs des Paulus keinerlei Rolle!). Im Altertum war nämlich die Landzunge von Argostoli ca. 5 km lang, weil der Kutavos, das innere Becken der argostolischen Bucht, noch bis zu 1000 m tiefer in die Schwemmlandebene von Krane hineinragte (vgl. *Biedermann,* Kephallenia 54). Die zunehmende Versumpfung und die ihr folgende Verlandung schreitet auch noch in der Neuzeit deutlich voran (vgl. *Partsch,* Kephallenia 81).

Golf, der Flachsee und dem offenen Jonischen Meer zugewendet ist, reihen sich gegenwärtig die besten Hotels von Kephallenia, und zwar weniger wegen der verkehrsgünstigen Lage (die Nähe zur Inselhauptstadt und zum Flughafen), sondern weil ihnen gerade dort „einer der schönsten Strände Griechenlands zu Füßen liegt“.[19]

4. Ankerplatz und Strandungsstelle

Unter Berücksichtigung der in Apg 27,27–44 geschilderten nautischen Manöver während der letzten Nacht und bei Tagesanbruch sollen nun der Ankerplatz und die Strandungsstelle des Paulus-Schiffes ermittelt werden. Infolge der von südöstlichen auf südwestliche Richtungen drehenden Scirocco-Stürme wurde das Schiff vom kretischen Seeraum bis zum westgriechischen Inselbogen verschlagen und trieb während der 14. Nacht auf den nach Südwesten geöffneten Vorhof des kephallenischen Livadi-Golfes zu, der zum offenen Meer hin durch einen Kranz von Eilanden und felsigen Untiefen abgegrenzt wird. Anscheinend gewarnt aufgrund der „bei bewegter See durch eine Krone weißer Brandung“ sich verratenden Untiefen,[1] begannen die Seeleute zu loten und „fürchteten, daß sie auf Riffe (τραχεῖς τόπους) auflaufen könnten“, weshalb sie sofort vier Heckanker auswarfen (Apg 27,28 f.). Daraufhin ließen die Seeleute das Beiboot nieder, um die Buganker auszubringen. Paulus deutete das

---

[19] *Melas,* Griechenland 206. – *Burian,* Inseln (= Polyglott) 55, zeichnet sogar zwei der dort befindlichen Sandbuchten, Makris-Gialós und Platis-Gialós, mit je einem Stern (= „sehenswerte“ Landschaft) aus.

[1] *Partsch,* Kephallenia 79. – Einerseits hatten die Seeleute die nächtliche Annäherung des am Tage zuvor nicht gesichteten Landes wohl kaum durch etwas anderes als Gischt bemerken können, andererseits konnte es keine Brandungsgischt gewesen sein, da sonst das Schiff noch vor der zweiten Lotung auf die Küste aufgelaufen wäre (vgl. *Breusing,* Nautik 191). Während dies bei der Malta-Theorie zu einem unlösbaren Dilemma führt, da Malta ohne eine der Apg 27,27 ff. entsprechenden Flachsee dem Meere entsteigt, wird der Sachverhalt bei Zugrundelegung der Insel Kephallenia plausibel: die Annäherung ans Land wurde zwar durch Gischtkronen, die sich beim Kranz der Untiefen weit vor der Küste bilden, bemerkt, aber es handelte sich eben nicht um die Brandungsgischt! „Wahrscheinlich hörten sie, wie *Smith* meint, die Brandung; und als interessante Bestätigung seines Gedankens liest eine alte, lateinische Übersetzung, ‚daß das Land wiederhallte‘“ (*Ramsay,* Paulus 273, mit Bezug auf *Smith,* St. Paul 88). Es kann m. E. offen bleiben, ob die Seeleute die sich brechenden Wogen sahen oder hörten; zumindest treffen beide Fälle erheblich besser auf die Kephallenia-Theorie als auf die Malta-Theorie zu.

jedoch zu Unrecht als einen Fluchtversuch[2] und veranlaßte die mitreisenden Soldaten, diesen zu unterbinden (Apg 27,30ff.). Dabei war die Absicht der Matrosen seemännisch sinnvoll, die Buganker auszubringen, damit das Schiff so die Wellen besser abreitet.[3] Einfach die Buganker fallen und das Schiff nach Lichten der Heckanker[4] herumschwojen zu lassen, hätte eventuell bedeutet, daß das Schiff, ehe die vier Buganker sich festsetzen und halten konnten, auf ein Felsenriff lief.[5] Deshalb mußten die Buganker mit dem Beiboot weit nach achteraus ausgebracht werden (siehe Skizze), zumal die Länge der Ankertrosse zumindest das Dreifache der Wassertiefe betragen mußte, damit der Anker am Grund halten konnte und nicht durch das Stampfen des Schiffes immer wieder ausbrach.

Genau im Süden des Livadi-Golfes gibt es kaum Untiefen (ausgenommen das Umfeld des unmittelbar vor der Küste Livathos liegenden Eilands H. Nikolaos), dagegen sind sie im Südwesten desselben ausgesprochen häufig. Daher ist anzunehmen, daß das Schiff im letzteren Bereich, nahe der „von gefährlichen Bänken umgürteten Insel Vardiani“[6], vor Anker

---

[2] „Daß die Matrosen wirklich fliehen wollten, muß jedoch als ausgeschlossen gelten. Denn nachts im Boot auf eine unbekannte Küste zuzufahren, wäre gleichbedeutend mit Selbstmord gewesen“ (*Roloff* 363). „Das Verhalten der Seeleute wird von den Nautikern verteidigt... Die Soldaten und Paulus hätten sich also in verhängnisvoller Weise geirrt. Sie wären am Schiffbruch schuld“ (*Conzelmann* 155).

[3] Ein Fluchtversuch mit dem kleinen Beiboot wäre allenfalls bei Zugrundelegung der Malta-Theorie denkbar (aber auch nicht wahrscheinlich, da die Seeleute ja noch nicht wußten, wo sie sich befanden), wenn das Schiff unmittelbar vor der Steilküste Maltas geankert hätte. Deshalb urteilt z. B. *Breusing*, Nautik 193f., über den angeblichen Fluchtversuch der Seeleute: „Ich für mich gestehe offen, daß ich keine Entscheidung wage... Aber in unserem Falle halte ich die Möglichkeit einer ehrlichen Absicht nicht für ausgeschlossen. Daß man das Boot zu Wasser brachte, war aus nautischen Gründen durchaus gerechtfertigt.“

[4] Sie hatte man zum schnellen Abstoppen fallen lassen, nachdem man befürchten mußte, auf felsige Untiefen aufzulaufen (Apg 27,27ff.). Das Schiff mußte aber danach gedreht werden, damit es mit dem schmalen Bug nach vorn die Wellen abreitet. Das plumpe Heck bot den Wogen eine zu große Angriffsfläche und erhöhte somit die Gefahr des Schiffbruchs – entweder indem das Schiff die Anker losriß oder das Heck nicht der Wucht der Wogen standhielt (vgl. Apg 27,41).

[5] „Es ist wahr, daß man dadurch, daß das Schiff beim Ankern nicht herumschwaien brauchte, eine Schiffslänge Seeraum gewonnen haben würde“ (*Breusing*, Nautik 192); hatte man z. B. „einen Anker mit einem Kabel von 100 Faden ausgebracht, so konnte man sich damit, weil das Schiff davor herumschwaien mußte, dem Lande um 200 Faden mehr nähern“ (aaO. 194).

[6] *Partsch*, Kephallenia 79. Vgl. Seekarte Nr. 658 (Nisos Paxoi bis Nisoi Strophades), hg. vom Deutschen Hydrographischen Institut, Hamburg 1986.

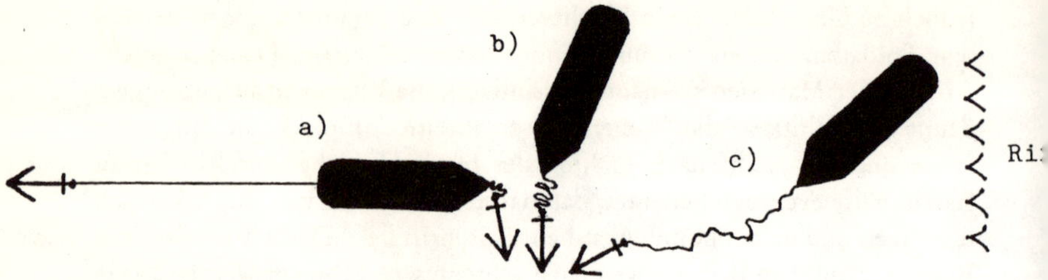

a) Der ausgeworfene Heckanker hält das Schiff auf Position; der Buganker wird fallen gelassen.

b) Der Heckanker wurde gelichtet, das Schiff dreht sich.

c) Das Schiff treibt weiter, bis die Ankertrosse gespannt ist und der Buganker Halt findet.

Abb. XVII: Herumschwojen

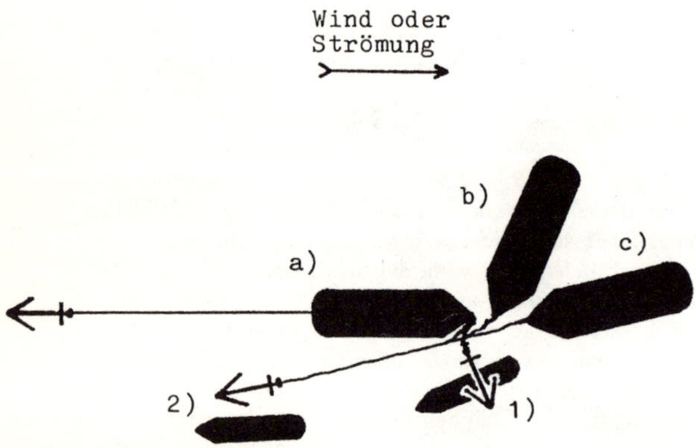

a) Der ausgeworfene Heckanker hält das Schiff auf Position; der Buganker wird mittels des Beibootes achteraus gebracht (1–2).

b) Nach dem Lichten des Heckankers dreht sich das Schiff mit gespannter Ankertrosse.

c) Das Schiff hat sich gedreht und verharrt nahe der Ausgangsposition.

Abb. XVIII: Herumschwojen mit gespannter Ankertrosse

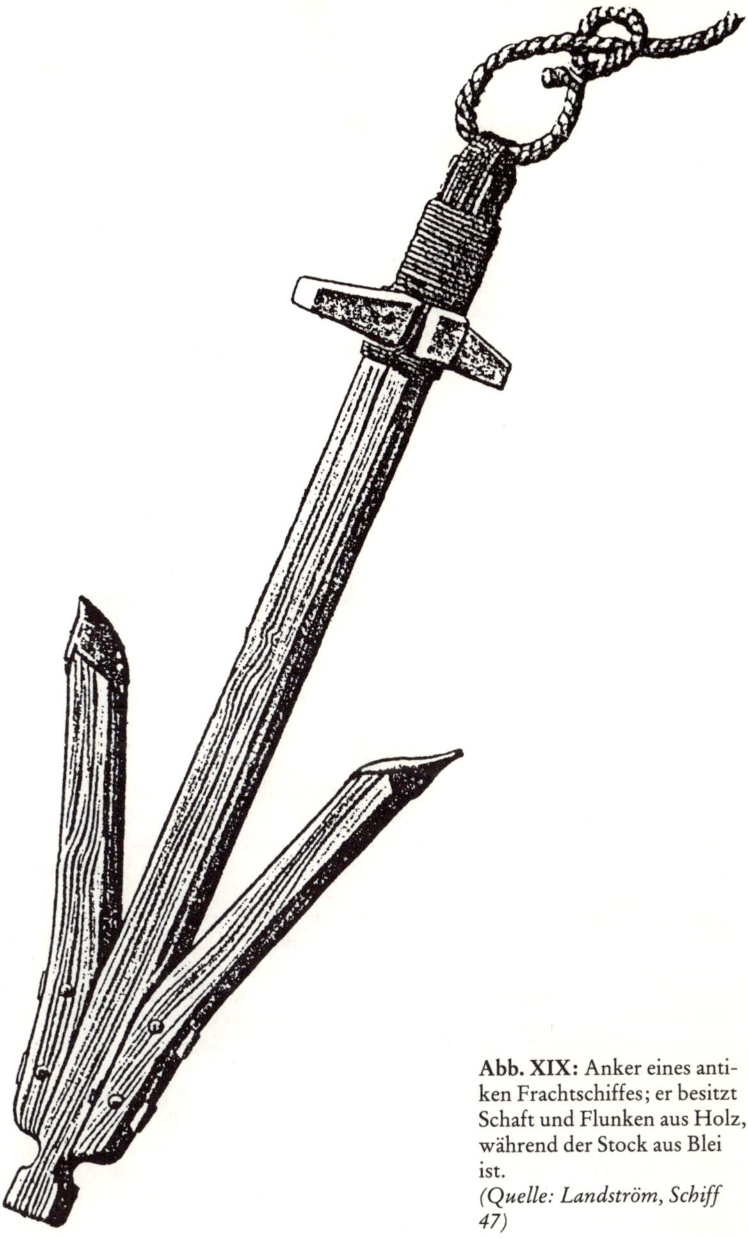

Abb. XIX: Anker eines antiken Frachtschiffes; er besitzt Schaft und Flunken aus Holz, während der Stock aus Blei ist.
(Quelle: Landström, Schiff 47)

lag. Mit nach Nordosten zeigendem Bug (aufgrund der Heckankerung und des südwestlichen Windes) erwarteten dort die Seeleute und Passagiere gespannt den Anbruch des kommenden Tages. – Als sie im Lichte des folgenden Morgens vor sich in etwa 4 bis 5 km Entfernung den Golf (von Livadi) und die Landzunge (von Argostoli) erblickten (Apg 27,39.40), steuerten sie direkt darauf zu.[7] Doch dann passierte etwas Erstaunliches: anstatt bis zu einem sicheren Hafen in den einladenden Golf hineinzufahren, ließen sie das Schiff auf den nächsten Strand auflaufen, so daß es weitgehend zerstört wurde (Apg 27,41).[8] Der Kapitän und insbesondere der anwesende Schiffseigner haben solch ein seemännisch fragwürdiges Manöver schwerlich befohlen, das zum Verlust des Schiffes führen mußte. Wie schon beim Kappen der Taue für das Beiboot legt sich der Verdacht zwingend nahe, daß die Soldaten bar jeden Sachverstands die Strandung erzwangen. Somit stellt sich die Frage, weshalb die Seeleute den Hauptmann – wer sonst hätte die Strandung anordnen können? – nicht davon abhalten und überreden konnten, tiefer in den schützenden Meerbusen hineinzusegeln; schließlich ist ein blindes Auflaufen, selbst auf einen anscheinend harmlos wirkenden fremden Strand, auch für die Passagiere lebensgefährlich (vgl. Apg 27,41–44).[9] Lokalisiert man den Schiffbruch vor der Südwestküste Kephallenias, ist dieser Vorgang zwar auch nicht zu rechtfertigen, er entbehrt aber hier nicht des Motivs: je näher das Schiff dem Meerbusen kam, desto mehr verlor sich der Blick der Passagiere in der Weite des riesigen Meeresbeckens (ungefähr 45 qkm).

---

[7] Somit bot die durch Paulus bewirkte Heckankerung (Apg 27,29–33) in diesem speziellen Fall doch einen Vorteil: das nur noch schwer zu manövrierende Schiff brauchte am folgenden Morgen nicht mehr gedreht zu werden (vgl. *Roloff* 363: man vermied die Gefahr, „daß das Schiff sich dreht und dabei den Wogen die Breitseite bietet“), sondern konnte nach Lichten der Anker geradewegs in Richtung Golf und Landzunge der Insel zuhalten.

[8] „Es wurde beschlossen, das Schiff stranden zu lassen, denn das war die einfachste Weise, die Leute aufs Land zu bringen“ (*Brannigan,* Romfahrt 186). Ebenso unseemännisch kommentiert den Vorgang *Breusing,* Nautik 200: „Wir würden unter gleichen Umständen dasselbe thun“ – Die Tatsache, daß in der Episode der Schiffsherr und Kapitän gegenüber dem Centurio zurücktreten, kann m. E. nicht belegen, daß es sich bei Apg 27,9–11 – wie z. B. *Conzelmann* 151 f. behauptet – um einen Einschub handelt.

[9] Seeleute wären wohl auch dann, wenn ein steifer West- oder gar Nordwestwind an jenem Morgen die Einfahrt in den Golf vereitelt hätte, lieber weiterhin vor Anker geblieben anstatt freiwillig zu stranden. Vgl. *Williams,* Greece II 188: der Wind „brought us to the coast of Cephalonia, at the foot of Mount Aenos; but we had to beat all night to the west, before we could make the entrance of the long bay, near the top of which Argostoli the capital is situate“.

Weil das sumpfige, flache und über 13 km entfernte Nordende des Livadi-Busens nicht sichtbar war (zudem der morgendliche Scirocco-Nebel das Ost- und Westufer des Golfs wohl wenigstens streckenweise verhüllte), mußten namentlich die seekranken Soldaten befürchten, das anfangs aus Südwest als bergender Naturhafen erscheinende Gewässer sei in Wirklichkeit eine zwei Inseln trennende Meeresstraße; übrigens eine falsche Vorstellung, der eine Generation zuvor selbst der Geograph *Strabon* (64 v. – 20 n. Chr.) aufsaß![10] Aufgrund der berechtigten Befürchtung, das in seiner Manövrierfähigkeit beeinträchtigte Schiff (Apg 27,19) könnte wieder ins offene Meer gelangen, befahl offensichtlich der Hauptmann den Seeleuten, das Schiff solle seinen Nordostkurs beibehalten und somit direkt auf den nächstgelegenen Küstenabschnitt zulaufen, zumal sich dort eine Landzunge mit flach abfallenden Sandstränden zum Auflaufen anbot.

Diese sanft geschwungenen Sandbuchten (Makris- und Platis-Gialós) der Landzunge von Argostoli erstrecken sich nördlich und südlich des Felskaps Lardigo, das mäßig hoch und stumpf nach Westen vortritt (es bildet den östlichen Torpfeiler des Livadi-Busens). Das Westufer der Landzunge, besonders im Bereich des Felskaps, wird (auch südwärts entlang der Küste Livathos)[11] von gefährlichen Untiefen begleitet, welche die ortskundigen Küstenfahrer meiden.[12] Mitten auf eine dieser unmittelbar vor

---

[10] *Strab.* X 2,15: „wo die Insel [Kephallenia] am schmalsten ist, bildet sie einen niedrigen Isthmos, der oft von einem Meer bis zum anderen überschwemmt ist". – „Es ist also hier sicher von dem Isthmos von Paliki die Rede" (*Partsch,* Kephallenia 37,2). – Übrigens erscheint sogar noch auf der Mittelmeerkarte bei *Smith,* St. Paul 18, die westkephallenische Paliki-Halbinsel als eine eigenständige Nachbarinsel von Kephallenia!

[11] Die Landzunge von Argostoli ist ein Glied der Küstenlandschaft Livatho, über die *Warsberg,* Ithaka 28, noch im Jahre 1887 berichtet: das Boot glitt „auf den reinen Strand. ... Die Küste war völlig einsam, auch nicht belaubt; zuerst flach kiesig, mit glitzernden Muscheln bestreut; wenige Schritte im Inlande aber hoch, steil". Der Küste sind „tödtliche Riffe" vorgelagert (aaO. 15), und den Aussagen der Kephallenen zufolge, „seien viele Schiffe immer an dieser Klippe gescheitert" (aaO. 14).

[12] „From these rocks, as far as Cap Sidero, shoals are to be met with" (*Vaudoncourt,* Islands 399). „Nach Umseglung des ersteren [Kap Akroteri an der Westküste Kephallenias] haben sich die Schiffer ferner von der Küste zu halten, dürfen auch der Insel Bardiani [Vardiani] nicht zu nahe kommen, und auf dem Weg nach Lexuri oder Argostoli ragen die Riffe bis auf zwei Kabellängen und mehr [1 Kabellänge = 185,2 m] in die See hinein, und um das Cap Theodorus hat man sich beim Einsegeln in die Bucht von Argostoli in einem Abstande von drei Kabellängen zu halten" (*Wiebel,* Kephalonia 12).

dem rettenden Ufer befindlichen Untiefe setzte sich das Paulus-Schiff – nach etwa 1¾ Stunden langsamer Fahrt vom Ankerplatz –[13] fest.[14] Aufgrund des Hergangs der Anfahrt (vom Ankerplatz mit nordöstlichem Kurs in Richtung Golf und Landzunge) läßt sich die Strandungsstelle relativ genau fixieren: die Seeleute beabsichtigten, die Sandbucht Makris-Gialós, die dem heutigen Hotel Mediterrane vorgelagert ist, anzulaufen; aber kurz davor, unmittelbar nördlich des Felskaps Lardigo (bei 20°28′30″ östl. Länge und 38°09′30″ nördl. Breite) havarierte das Schiff auf einer Untiefe. Infolge dessen zerschlugen die vom offenen Meer her auf die Küste zurollenden Meereswogen das Heck des festsitzenden Schiffes,[15] und die Passagiere flüchteten teils schwimmend, teils von den Seeleuten getragen,[16] zum ungefähr 20 bis 50 m entfernten sandigen Gestade (Apg 27,41–44). – Dort eingetroffen, versperrte ihnen der sanft, aber bis zu 100 m aufragende Höhenzug der Landzunge von Argostoli den Blick sowohl auf das im Hafen ankernde Schiff (Apg 28,11) als auch auf das dahinter liegende Siedlungszentrum der Insel und die nahegelegene Ebene von Krane mit ihren Landgütern. So sammelten sie an der (bis auf die Hotels auch heute noch spärlich besiedelten) Westseite der Landzunge, die – abgesehen von wenigen Olivenbäumen und kleinen Weideflächen – überwiegend mit Macchie[17] bewachsen ist, Reisig für die wärmenden Strandfeuer (Apg 28,2f.).

---

[13] Laut *Breusing*, Nautik 192, trieb das Paulus-Schiff mit einer Driftgeschwindigkeit von etwa „150 Fuß in der Minute" auf die Inselküste zu (1 Fuß beträgt ca. 31 cm; somit legte das Schiff 46,5 m in der Minute bzw. 2,8 km in der Stunde zurück); da sich der Ankerplatz im Raum des Felseilandes Vardiani befand, das ungefähr 5 km von der Landzunge von Argostoli entfernt liegt, war das Schiff bis zur Strandungsstelle nicht ganz zwei Stunden unterwegs (die von *Breusing* für die Malta-Theorie berechnete Driftgeschwindigkeit ist jedoch nur bedingt auf die Kephallenia-Theorie übertragbar).

[14] „Mitten, περί, auf diese Untiefe geraten, rannten sie das Schiff auf den Grund" (*Breusing*, Nautik 203).

[15] „Dadurch, daß sich das Vorderteil [auf die Untiefe] hinaufschob, senkte sich das Hinterteil und wurde ... von den Sturzwellen so überschüttet, daß es aus den Fugen ging, oder wie wir sagen, aufbrach" (aaO.).

[16] Vgl. u. a. *Roloff* 357 als Übersetzungsmöglichkeit von Apg 27,44 ἐπί τινων τῶν ἀπὸ τοῦ πλοίου ... teils auf Schiffstrümmern „oder: teils auf den Schultern der Schiffsleute". – Diese Interpretation läßt die Malta-Theorie nicht zu, da es im Bereich der mutmaßlichen Strandungsstelle vor Malta keine flach ins Meer abfallenden Strände gibt!

[17] Macchie ist eine Bezeichnung für die „bis zu 4 m hohe Gebüschformation des Mittelmeergebiets, v. a. aus Baumheide und Erdbeerbaum, oft auch holzige Lianen; Unterholz des zerstörten immergrünen Eichenwaldes" (*Brockhaus*,

Die Landzunge von Argostoli (an der sich zweifellos der Schiffbruch ereignete), die bereits als die νῆσος (Insel, Halbinsel und Landzunge) namens Melitē (Apg 28,1) identifiziert werden konnte, ist somit exakt der Apg 27,41 genannte τόπος διθάλασσος (Landzunge). Melitē bezeichnet also lediglich die Halbinsel des Landungsortes, und das ist gar nicht so verwunderlich, spielt sich doch auf diesem Topos der weitaus größte Teil der Apg 28,1–10 geschilderten Handlung ab![18]

Macchie 319). – Die Macchie der Landzunge von Argostoli weist zudem einen hohen Prozentsatz an den meterhohen Büschen von Wolfsmilch (Euphorbia dendroides L.) auf.

[18] Die Erlebnisse im Bereich der Strandungsstelle (Barbaren, Strandfeuer, Vipernbiß) nehmen einen Raum von 17,5 Zeilen ein (1. bis 3. Tag: 20,5 Zeilen), alle weiteren bis zur Abreise (3 Monate später) nur 10 Zeilen.

C. KLIMA

Das Klima im Raum Μελίτη (Melitē) weist zu Beginn des Winterhalbjahres Wetterlagen mit Sichtbehinderung (Apg 27,27 u. 39) sowie kräftige Regenfälle und bemerkenswerte Kälte (Apg 28,2) auf; zudem ist im Januar eine Schönwetterphase anzunehmen (wie aus Apg 28,11 [vgl. 27,9 u. 27f.] gefolgert werden darf).

1. Scirocconebel

Unweigerlich drängt sich die bohrende Frage auf, warum niemand von den zahlreichen Seeleuten und den zwei Hundertschaften römischer Gardesoldaten an jenem Morgen des 14. Tages der Irrfahrt die (angeblich) vor ihnen liegende Insel Malta zu identifizieren vermochte (Apg 27,39), zumal von einem nordöstlich der Insel treibenden Schiff die überschaubare Maltagruppe einschließlich ihrer eigenartigen Buchten sich gar nicht charakteristischer hätte zeigen können.[1] Eine befriedigende Antwort auf diese Frage ist nicht zu finden.
Selbstverständlich ist aber auch zu fragen, weshalb Kephallenia anfangs nicht identifiziert wurde, denn diese am Ost-West-Seeweg des Mittelmeeres befindliche Insel mit ihrem signifikanten 1628 m hohen Bergmassiv Aenos dürfte den Seeleuten ebenfalls bekannt gewesen sein. Die Ursache für diesen Orientierungsmangel ist der Sturmwind Scirocco,[2] der das Schiff vom Libyschen Meer in nördlicher Richtung bis zu den westgriechischen Inseln verschlagen hatte; denn wenn er weht, staut sich vor der mächtigen Gebirgswand des Aenos das sogenannte Sciroccogewölk, das den kephallenischen Inselraum ganz oder teilweise einnebelt und ihn somit bis zur Unkenntlichkeit entstellt, wie zum Beispiel dem Bericht von *Wiebel* zu entnehmen ist: „Mit der Drehung der nördlichen Winde nach S.O. oder nach S.W. erfolgt augenblickliche Nebel- und Wolkenbildung. Der Aenos mit seinem fast bis zum Gipfel reichenden Waldgürtel entschwindet rasch dem Auge, und die Wolkenmassen, welche ihn umlagern und mit Hartnäckigkeit an ihm haften, senken sich besonders während der Winterzeit herab bis auf den Meeresspiegel... Mit gleicher Schnellig-

[1] Vgl. *Breusing*, Nautik 190: „Die Befremdung, daß die Küste Maltas den Seeleuten nicht hätte bekannt sein sollen, ist durch nichts gerechtfertigt." Dagegen gesteht selbst *Smith*, St. Paul 108, aufgrund „their previous ignorance" ein, „that this could not be a place so well known as the African Melita, now Malta."

[2] Über den Scirocco „des jonischen und adriatischen Meeres" s. *Neumann/Partsch* 112–118.

keit lösen sich aber beim Eintritt der nördlichen Winde Nebel und Wolken wieder auf, dem Beobachter das überraschende Schauspiel einer abwechselnd verdeckten und enthüllten Landschaft gewährend."[3] – So erblickten die von Kreta durch Scirocco-Stürme nach Nordwesten verschlagenen Seeleute des Paulus-Schiffes erst am Morgen des 14. Tages die Insel Kephallenia, als der einsetzende Nordwestwind den bis auf Meereshöhe und „weit hinaus auf die See" lagernden Nebelschleier[4] aufzulösen begann. Da sich ihnen aber nicht alle Buchten, Berge und Gipfel zeigten und die in Nebel oder Gewölk verhüllten Teile der stark gegliederten Insel nicht nur unsichtbar blieben, sondern einen völlig entstellten optischen Eindruck vom kephallenischen Inselraum vermittelten, erkannten sie das vor ihnen liegende Land nicht.[5] – Ein eindrucksvolles Beispiel dafür, wie extrem unkenntlich der Scirocconebel besagte Insellandschaft gestalten kann, bietet bereits die Odyssee im 13. Gesang. Wie Paulus, traf der Kephallenenkönig Odysseus angeblich von Kreta kommend und nach einer durch Herbststürme bedingten Irrfahrt dort nachts ein, und auch er wußte aufgrund des vom Scirocconebel veränderten Landschaftsbildes nicht, wo er sich befand: „Aber dort im Land seiner Heimat erwachte jetzt aus dem Schlaf der erhabene Odysseus; er konnte es freilich gar nicht erkennen, denn lange ja war er schon fort, und die Göttin Pallas Athene, die Tochter des Zeus, übergoß es mit Nebel", und so „zeigte dem Herrscher sich alles in fremder Erscheinung: ausgedehnte Wege, die Häfen mit Plätzen zum Ankern, schroffe Felsen und sprossende Bäume: alles erschien anders."[6] Daraufhin fragte Odysseus (wie die Seeleute des

[3] *Wiebel,* Kephalonia 60. Vgl. *Ansted,* Islands 276f. und *Davy,* Islands 236f.: „In some situations, a change of wind, from the S.E. to the N.E. or N.W., has remarkable effect; – the atmosphere of a sudden becomes clear; – a new landscape opens before one, – as if a curtain were withdrawn from a picture; – at first one can hardly credit the senses; it looks like illusion. In all the Jonian Islands, looking towards the continent, these effects may be witnessed."

[4] *Partsch,* Kephallenia 35. „Noch kein Maler – meine ich – hat die eigentümliche Färbung der Berge in der Hülle des Sciroccogewölks gemalt, und doch ist auch das ein großartiges Schauspiel, wenn die Gipfel vollkommen verschwunden sind in dem dichten Graublau und unter dem festen Gewölk, das sie umfängt, eine lange, allmählich durchscheinende, dann durchsichtig werdende Schleierschleppe hinabhängt bis weit hinaus auf die See, ohne daß man erkennen könnte, wo sie beginnt und wo sie endet" (ebd.).

[5] Vgl. den Bericht von *Unger,* Griechenland 56, über Südkephallenia: „Düstere regenschwangere Nebel zogen hin und her, verhüllten und entblössten die Landschaft so magisch, dass es kaum ... möglich war zu erkennen, wo man sich befand."

[6] *Hom.* Od. XIII 187–196.

Paulus-Schiffes Apg 28,1) einen Einheimischen nach dem Namen des Landes, und erst als die Göttin im Verlauf des Vormittags den Nebel vollends lichtete, der ja nur Teile der Inselwelt verschleiert hatte,[7] gelang es dem Helden, seine Heimatinsel zu identifizieren.[8] – Wenn somit selbst der heimgekehrte Kephallenenkönig Odysseus am Morgen jenes Spätherbsttages seine heimatliche Inselwelt aufgrund des eigentümlichen Scirocconebels nicht zu identifizieren vermochte, dann muß es den Seeleuten des Paulus-Schiffes erst recht zugestanden werden, auch wenn sie den kephallenischen Inselraum auf ihren Fahrten vermutlich schon mehrmals passiert hatten![9] Und aufgrund dieses festen, bis auf Meereshöhe hinabreichenden Nebelgewölks hatten die Seeleute besagten Inselraum mit seinem ansonsten weithin sichtbaren Aenosmassiv[10] nicht schon während der letzten Tage der Irrfahrt von Ferne erblicken können.

2. Regengüsse

Auf der kleinen und durchweg flachen Maltagruppe regnet es mit einer durchschnittlichen jährlichen Niederschlagsmenge (einschließlich bedeutender Mengen an Tau) von nur 519 mm ausgesprochen selten.[1] „Der meiste des jährlichen Regens fällt vom November bis Januar, aber nur in Schauern, nach denen es dann erfrischend schön ist."[2] So gehen auf Malta lediglich einzelne, nicht erwähnenswerte Schauer nieder, jedoch im Herbst keine (und im Winter höchst selten) Wolkenbrüche mit heftigem, anhaltendem Regen, wegen derer Paulus und die anderen Schiffbrüchigen hätten Schutz suchen müssen (Apg 28,2).

---

[7] Odysseus konnte ja einiges von der Inselwelt sehen, z. B. steile Felsen, Bäume, Wege, Häfen und Ankerplätze (aaO. 194 f.).

[8] „Komm nun! Ich zeige dir Ithakas Lage! ... sprachs und die Göttin zerstreute den Nebel, das Land ward sichtbar", so daß Odysseus die Insel erkannte (aaO. 344–354).

[9] Schließlich führte der Seeweg, den die alexandrinischen Getreideschiffe nach Rom nahmen, durch den griechischen Seeraum und streifte damit den kephallenischen Inselbogen.

[10] Bei günstigen Sichtverhältnissen können Seeleute mit bloßem Auge den Aenos auf Kephallenia bereits von 154 km Entfernung aus erblicken (s. *Neumann/Partsch*, Griechenland 148,1).

[1] Der Oktober und November (Zeitraum der Ankunft des Paulus) weisen 83,3 und 86,9 mm Niederschlag auf (*Egger*, Malta 50 f.).

[2] *May*, Malta 13.

Dagegen entlädt der wolkenerfüllte Herbsthimmel über den westgriechischen Inseln derartige Regenmengen, daß sie selbst einen Mitteleuropäer ins Staunen versetzen. So berichtet *Partsch*, daß an einem Novembertag auf Kerkyra (Korfu) in nur einer Stunde 70,5 mm Regen gefallen ist, während „die Tagesmaxima in den deutschen Mittelgebirgen selten 120 mm“ übersteigen.[3] Und *Bellaire* resümiert über den Niederschlag auf jenen Inseln: „Der Regen fällt zuweilen über einen Monat unaufhörlich, und so stark, wie man in Frankreich kein Beispiel hat“; „bei der Annäherung des Winters aber ist der Regen so häufig, daß das Wasser stromweise von den Bergen herabläuft“.[4] Selbst der vielgereiste Engländer *Ansted* erschrak angesichts der über Leukas (nördliche Nachbarinsel von Kephallenia) vom Himmel fallenden Wassermassen: „Ich habe selten so andauernd und heftig regnen hören als hier; es goß in Strömen und so stark, daß ich glaubte, das ganze Land würde überschwemmt werden.“[5] Entsprechendes gilt für die hochgebirgige Insel Kephallenia,[6] auf welcher selbst im Hochsommer anhaltende und „zerstörende Platzregen“ niedergehen, die manchmal die Ernte vernichten.[7] Von einem solchen Unwetter mitten im Monat August wurde Fürst *von Pückler-Muskau* während seines Kephallenia-Aufenthalts überrascht: bevor er mit seinem Begleiter eine Unterstellmöglichkeit fand, „stürzte nun auch die angekündigte Wassermasse in solchen Strömen nieder, daß man, unter einem regulären Wasserfall stehend, nicht vollständiger hätte gebadet werden können“.[8] Während solche Traufen im Sommermonat August noch selten sind, werden sie häufiger im September, der das Winterhalbjahr „mit den ersten Regengüssen einleitet. Kräftige, anhaltende Gewitter begleiten den Eintritt der Herbstregen. ... Aber stärker und anhaltender setzen sie erst im Oktober ein. Noch pflegt ein kleiner Nachsommer zu folgen, ehe der November und Dezember ihre gewaltigen Regenmengen ausschütten. In diesen Monaten rauschen die zahlreichsten und kräftigsten Niederschläge nieder. Trockene Schluchten werden zu polternden Gießbächen, weite

---

[3] *Neumann/Partsch,* Griechenland 67 mit Anm. 1.

[4] *Bellaire,* Inseln 82 u. 164.

[5] *Ansted,* Islands 218; zitiert bei *Wiebel,* Kephalonia 65,2.

[6] „Die Uebertragung dieser Beobachtungen der wässrigen Niederschläge auf den Nachbarinseln ist wie gesagt für Kephalonia nur im Allgemeinen zulässig“, und so muß die Niederschlagsmenge aufgrund der hohen Gebirge „auf Kephalonia ungleich grösser angenommen werden“ (*Wiebel,* Kephalonia 62).

[7] Vgl. *Partsch,* Kephallenia 34.

[8] *Pückler-Muskau,* Bildersaal 513f.; der heftige Regenguß dauerte mehrere Stunden!

Niederungen füllen sich mit stehendem Wasser",[9] berichtet *Partsch* über das Klima Kephallenias. Dementsprechend erlebte zum Beispiel *Kirkwall* in Argostoli „a tremendous thunderstorm, accompanied with floods of rain",[10] und auch *Mousson* überfiel auf der Insel im Herbst „ein heftiges Gewitter mit diluvianischen Regengüssen".[11] – Wie die Darlegung veranschaulicht, ist es keineswegs seltsam, daß Paulus und seine Gefährten, nachdem sie durch schwere Herbststürme auf Kephallenia gestrandet waren, zunächst vor dem strömenden Regen Schutz suchten.

3. *Kälte*

Abgesehen vom heftigen Herbstregen machte den Schiffbrüchigen auf Melitē die geringe Temperatur zu schaffen, und so mußten sie sich „wegen der Kälte" an Strandfeuern aufwärmen (Apg 28,2). – Malta ist die Insel, die „das wärmste Wetter des gesamten Mittelmeerraumes besitzt",[1] und namentlich sind die auskühlenden Naturerscheinungen „Nebel, Schnee und Frost auf Malta unbekannt".[2] Hier ist nicht der geeignete Platz für die kontroverse Diskussion, unter welchen Bedingungen Paulus und seine Begleiter im Monat Oktober auf Malta gefröstelt haben könnten,[3] über die *Schille* mit Recht urteilt: „man darf nicht ohne weiteres an einen kalten Wintertag denken; die Normaltemperatur kann auf 22 Grad Celcius berechnet werden und wird oft beträchtlich überschritten, da der im Spätherbst häufige Südost fast unerträglich Hitze mit sich führt. Man wird damit zu rechnen haben, daß die von *Lukas* übernommene Tradition ursprünglich einen sehr viel nördlicheren Schauplatz verlangte".[4]
Kephallenia liegt nur etwa 250 km nördlicher (und gut 500 km östlicher)

---

[9] *Partsch,* Kephallenia 33f. – Trotz der stattlichen Zahl von 106 Regentagen pro Jahr weist Kephallenia „aber mehr Sonnenschein als fast im ganzen übrigen Griechenland auf" (*Philippson/Kirsten,* Landschaften II 521).

[10] *Kirkwall,* Islands 173.

[11] *Mousson,* Cefalonien 55. – *Wiebel,* Kephalonia 159, spricht von „oft herrschenden schweren Regengüssen".

[1] *May,* Malta 14.

[2] *Rychener,* Überblick 81. – Eine Ausnahme bildet die Bodenfrostmeldung im Winter 1970/71 (s. *Weimert,* Malta 21).

[3] Im Oktober betragen die durchschnittlichen Minima 17,2°C, die durchschnittlichen Maxima 27,8°C (für den kühleren November, in den manche Befürworter der Malta-Theorie die Ankunft des Apostels ungerechtfertigt verlegen, betragen die entsprechenden Werte 12,2°C und 23,3°C); s. *Egger,* Malta 50.

[4] *Schille* 471.

als Malta, besitzt aber erstaunlicherweise völlig andere klimatische Verhältnisse.[5] So überraschte namentlich den Fürsten *von Pückler-Muskau,* der im Winter des Jahres 1836 vom warmen Malta direkt zum kaphellenischen Inselraum fuhr (Malta/Zakynthos/Patras), „die europäische Kälte unter Null. ... Hier trat mir wieder der heimische Norden entgegen“.[6] Während auf Malta der Tau neben dem Regen die wichtigste (und einzige) Niederschlagsart ist, so auf Kephallenia „ohne Zweifel der Schnee. Unten in Argostoli fällt er selten und bleibt immer nur wenige Stunden liegen“,[7] in den Schluchten des Aenos-Gebirges hält er sich dagegen alljährlich bis in den Sommer.[8] Schneefall bis auf Meereshöhe wird auf Kaphellenia aber lediglich zwischen ein- und sechsmal je Winter verzeichnet, häufiger statt dessen namentlich „in Argostoli starker Hagel“, der sich gelegentlich fußhoch anhäuft.[9] Dennoch weiß *Partsch* von einem „großen, 24 Stunden währenden Schneefall“ in Argostoli zu berichten,[10] und der britische Inselgouverneur „*Napier* schildert die Schneefälle des harten Winters 1829: ‚the snow this winter fell and remained deep, even in Argostoli‘; 30–40 Dörfer waren vom Schnee nahezu begraben, viele einige Tage von jeder Verbindung abgesperrt. Häuser wurden von der Schneelast eingedrückt“.[11] Kälteperioden sind auf Kephallenia jedoch nicht auf die Wintermonate beschränkt, so fällt in manchen Jahren das absolute Temperaturminimum in den März, und häufig muß der kephallenische Bauer in

---

[5] Während Malta zu den Teilen des Mittelmeerraumes gehört, die im Winterhalbjahr die mildesten Temperaturen aufweisen (s. o.), so gehören die westgriechischen Inseln zu den kühlsten; vgl. z. B. *Davy,* Islands I 206: dieser „winter was cold, generally in the Mediterranean, and especially in the Jonian Islands“.

[6] *Pückler-Muskau,* Bildersaal 13.

[7] *Partsch,* Kephallenia 34.

[8] So faßt *Wiebel,* Kephalonia 63, über die schneebedeckten Bergkuppen der Aenos-Kette zusammen: „Nach Ausdehnung wie Mächtigkeit sind ihre Schneefelder sehr beträchtlich. Noch am 19. Februar 1825 fand *Davy* dieselben bis zu einem Drittel der Höhe herabreichend. Es herrschte eine Kälte von −4,45°C. *Unger* hatte am 21. April 1861 bei der Besteigung noch weite Schneefelder zu durchschreiten, ehe er zum Gipfel gelangte... Da nun zuweilen schon Ende October der Gipfel mit Schnee sich bekleidet und dieser noch bis in den Mai hinein nicht ganz verschwindet, so dauern also die dadurch bedingten klimatischen Einflüsse für die grössere Hälfte des Jahres. Vor dem grossen Waldbrande von 1793 verschwand nach *Davy's* Versicherung der Schnee auf dem Ainos erst gegen Ende August und September.“

[9] *Partsch,* Kephallenia 35. – Für Argostoli (wenige Meter über Meereshöhe), und damit deren Landzunge (Melitē), beträgt das absolute Minimum −3,3°C (*Philippson/Kirsten,* Landschaften II 521.)

[10] AaO. 34,5.

[11] AaO. unter Berufung auf *Napier,* Cefalonia (ohne Seitenzahl).

diesem Frühlingsmonat „nach den Weinpfählen greifen, um an einem Feuer die erstarrten Glieder zu erwärmen".[12] Besonders unangenehm wird jedoch (nach den heißen Sommermonaten) der Kälteeinbruch im Herbst[13] empfunden: „Die nun folgende Regenzeit aber vertritt die Stelle unseres Winters. Sie wird als höchst unerfreulich geschildert, auch durch Kälte";[14] und „der unangenehmste Monat ist der October, in welchem es oft regnet und kühl ist".[15] Wenn also auch auf Kephallenia „the first heavy snows rarely fall before November",[16] ist es völlig verständlich, daß die gegen Ende Oktober frühmorgens auf der Insel eingetroffenen und durchnäßten Schiffbrüchigen (Apg 27,43f.), die zudem am Meeresstrand den frischen, teils eiskalten Nordwestwinden[17] ausgesetzt waren, derart auskühlten, daß sie zunächst bestrebt waren, sich an Strandfeuern „wegen der Kälte" (Apg 28,2) zu wärmen und zu trocknen.

4. Alkyonische Tage

Die bisher gültige Annahme, Paulus sei vor der Küste Maltas gestrandet, verliert entschieden an Glaubwürdigkeit, wenn man sich die kaum zu

---

[12] AaO. 32.

[13] U. a. *Wiebel*, Kephalonien 62: „Mit dem Beginne der regnerischen Jahreszeit ... treten vorzugsweise Gewitter auf, seltener mit Hagel, stets aber mit ausserordentlichen Regengüssen begleitet, und gefolgt von einer beträchtlichen Wärmesenkung." Und *Davy*, Islands I 226, berichtet über Kephallenia: „The mild and agreeable weather of autumn, following the first rains, is also generally terminated by storms, – the influx of a vast volume of cold air ... and a fall of snow on the mountains."

[14] *Liebetrut*, Inseln 51.

[15] *Beeskow*, Cephalonia 12. – Zu einer nur dreijährigen Beobachtungsreihe (1874–1876) für Argostoli in 15 m über NN notiert *Partsch*, Kephallenia 31, das absolute Minimum im Oktober mit 9,4°C (im November 6,1°C). Eine längere Meßreihe ließe also noch tiefere Temperaturen erwarten!

[16] *Ansted*, Islands 347.

[17] Dem nebelreichen, stürmischen Scirocco, durch den Paulus nach Kephallenia verschlagen wurde und der auf den westgriechischen Inseln (im Gegensatz zu Malta) ohnehin nicht als warmer Wind in Erscheinung tritt („this latter wind is never in these islands of high temperature"; *Davy*, Islands I 235), pflegen aufklarende und kalte Nordwestwinde zu folgen: „Connected with the clearness of sky, is the cooling effect from radiation of heat, and the consequent production of dew. The cooling effect from radiation is often very considerable, especially in autumn and in winter, and ... is occasionally sufficient to produce ice, when the temperature of the air is three or four degrees above the freezing point" (ebd.).

beantwortende Frage stellt, warum jenes alexandrinische Schiff (das der Apostel auf Melitē antraf Apg 28,11) überhaupt auf dieser Insel überwinterte, zu der es ohnehin nur durch widrige Winde gelangt sein soll.[1] Das Schiff hatte erstens auf Malta nichts zu suchen, und zweitens war Syrakus auf Sizilien sein Ziel- und Wendehafen, wie aus Apg 28,11–13 hervorgeht.[2] Es gibt nun keine plausible Erklärung dafür, daß der Kapitän mit seinem voll seetüchtigen Schiff – trotz der herbstlichen Jahreszeit – nicht von Malta nach Syrakus (nur eine Tagesetappe, davon ⅓ der Strecke entlang der sizilischen Küste)[3] weiterfuhr (dort seine Fracht löschte und im Frühjahr die Heimkehr nach Alexandria antrat), sondern ungewollt (nach dem er 9/10 seiner Reisestrecke vollbracht hatte) in Sichtweite Siziliens[4] überwintert haben soll! – Noch peinlicher aber ist für die Malta-Theorie die Tatsache, daß das Schiff gerade im Januar (3 Monate nach der Ankunft des Paulus)[5] seine Fahrt nach Syrakus fortsetzte, also mitten im Winter; dieses Faktum wurde bisher nicht gebührend gewürdigt: „Aus vielen Gründen werden sie bei den ersten günstigen Windverhältnissen ausnahmsweise früher [richtiger: erheblich früher als sonst üblich] die Ausfahrt unternommen haben, was nicht weiter zu besprechen ist."[6] Ich hätte von *Balmer* oder einem anderen Befürworter der Malta-Theorie wenigstens einen der „vielen Gründe" für die „ausnahmsweise" erfolgte winterliche Ausfahrt gerne erfahren, auch warum gerade im Januar (laut *Balmer* Anfang Februar)[7] die Witterungsbedingungen „günstig" gewesen

---

[1] Vgl. *Balmer*, Romfahrt 460.

[2] Wäre das Schiff in Richtung Tyrrhenisches Meer weitergesegelt, hätte Paulus nicht das Schiff in Syrakus gewechselt (wie aus dem dreitägigen Aufenthalt, zudem angesichts des günstigen Windes, zu schließen ist).

[3] Dementsprechend bemerkt selbst *Balmer*, Romfahrt 476, daß von Malta aus „Syrakus in einer Tagesfahrt zu erreichen war". – Die Maltagruppe nähert sich der Südwestküste Siziliens bis auf 85 km.

[4] Auch *Balmer*, Romfahrt 474, muß gestehen, daß von Malta aus „an hellen Tagen ... der Gipfel des Ätna deutlich sichtbar ist".

[5] „Der Winteraufenthalt auf Malta ist mit drei Monaten auffallend kurz angesetzt" (*Roloff* 369). So vermerkt *Conzelmann* 151 zum Apg 27,9 genannten Fastentag: „Durch diese Datierung entsteht später eine Schwierigkeit. Der Aufenthalt auf Malta [Melite] soll drei Monate gedauert haben (28,11); vgl. *Jos* Bell II 203. Das gäbe ein unwahrscheinlich frühes Datum für die Weiterfahrt nach Rom. Doch hat *Lk* [*Lukas*] offensichtlich die Daten nicht miteinander verrechnet, zumal jene drei Monate eine schematische Angabe darstellen."

[6] *Balmer*, Romfahrt 465.

[7] Er drückt nämlich ebd. – wegen der Kälte (Apg 28,2) – das Ankunftsdatum auf Melitē vom Oktober in den November, wodurch der Abfahrtstermin sich vom Januar in den Februar verschiebt.

sein sollten; schließlich gilt der Januar „als die ‚ungemütlichste' Zeit auf Malta",[8] denn er zeichnet sich durch die niedrigste Jahrestemperatur (durchschnittliches Minimum 7,8 °C; Februar 8,3 °C)[9] und eine rauhe See aus.[10] Zudem war die antike Seeschiffahrt zwischen Anfang November und Anfang März am gefährlichsten[11] und ruhte daher in diesem Zeitraum meist vollständig. – Konnte schon die Frage nicht plausibel beantwortet werden, weshalb das (angeblich auf Malta liegende) Schiff bereits während der ausgesprochen warmen Herbstmonate und in Sichtweite Siziliens die Winterruhe begonnen haben soll, so ist von den Befürwortern der Landung des Paulus auf Malta nun das noch erheblich schwierigere Rätsel zu lösen, warum das Schiff die Insel ausgerechnet mitten im Winter wieder verließ!

Abermals gibt es auf alle Fragen eine befriedigende Antwort, wenn Paulus auf Kephallenia strandete und überwinterte: zunächst beweist der notwendige, dreimonatige Winteraufenthalt des von Alexandria nach Syrakus verkehrende Schiffes, daß die Überquerung des inselleeren Jonisch-Sizilischen Meeres noch bevorstand und demzufolge die „Insel" Melitē jenseits (das heißt im Osten) des besagten Meeres zu suchen ist! – Aber auch für den frühen Aufbruch zur Weiterreise gibt es jetzt eine Erklärung: „Der Winter" bringt im griechischen Meeresraum „die kräftigsten und unstätesten Luftbewegungen, die wildesten Stürme und den furchtbarsten Aufruhr der See. Nur wie eine Curiosität bemerkte man, dass um die Zeit der Wintersonnenwende eine wohltuende Pause im Toben der Elemente, einige ruhige, klare Tage sich einzustellen pflegten, die ‚Eisvogeltage' (Ἀλκυονίδες ἡμέραι); aber ihr Auftreten war natürlich selbst im sicilisch-jonischen Meere, das sich regelmässiger als das aegaeische dieser freundlichen Unterbrechung des Winters freuen konnte, zu wenig an bestimmte Tage und an eine feste Dauer gebunden".[12] Dieses interessante Wetterphänomen tritt besonders deutlich im kephallenischen Meeresraum hervor: „Kräftige, anhaltende Gewitter begleiten den Eintritt der Herbstregen" schon ab Mitte September. „Aber stärker und anhaltender setzen sie erst im Oktober ein", bis dann die Monate „November und Dezember ihre gewaltigen Regenmengen ausschütten... Erst um die Jahreswende, gegen die griechische Weihnacht, kann man mit großer Wahrscheinlich-

[8] *May,* Malta 14.
[9] *Egger,* Malta 50 (Tabelle 2).
[10] Vgl. z. B. die Seereise von *Pückler-Muskau,* Bildersaal 9ff., im Meeresraum von Malta.
[11] *Vegetius* de re militari IV 39; *Thuk.* IV 271; *Plut.* Nik. 7.
[12] *Neumann/Partsch,* Griechenland 121f.

keit auf eine Periode schöner, freundlicher Tage rechnen, die schon den Alten gerade in diesem Meeresgebiete, das sie das sizilische nannten, auffielen und als Brutzeit des Eisvogels mit dem Namen der ‚Alkyonischen Tage' ausgezeichnet wurden"; so ist „das Nachlassen der Regen im Januar und das Eintreten eines zweiten winterlichen Regenmaximums im Februar" auf Kephallenia sehr auffällig. „Von den Eigentümlichkeiten" des kephallenischen Klimas ist ferner „der Kälterückfall des März in jedem Beobachtungsjahr erkennbar", und selbst der April bringt noch „sehr anhaltende Landregen".[13] – Die Seeleute mußten also, wollten sie nicht aufgrund der regnerischen und stürmischen Wetterlage von Ende September bis Anfang April auf Kephallenia ausharren, für die Passage nach Syrakus die „Eisvogeltage" nutzen. Diese stabile „Periode schöner, freundlicher Tage" (s. o.) war für die Meeresüberquerung ausreichend, denn „wer von Pale [kephallenische Hafenstadt am Livadi-Golf] abends ausfuhr und am Morgen noch die Sonne hinter dem scharfen Kamme des Aenos emporsteigen sah [zur Kurskorrektur geeignet], konnte beim Anbruch der nächsten Nacht schon die vom Glutschein der Lava durchleuchtete Dampfsäule des Ätna am westlichen Horizont als erstes Anzeichen der Nähe Siziliens begrüßen".[14] – So gelangte auch Paulus (nach dreimonatigem Aufenthalt auf Melitē) im Wintermonat Januar auf einem alexandrinischen Schiff innerhalb des oben genannten Zeitraums von gut zwei Tagen nach Syrakus.[15]

---

[13] *Partsch,* Kephallenia 33f.

[14] AaO. 40 (mit Bezug auf *Pind.* Pyth. 1,20ff., wonach der Ätna im Altertum eine Dampfsäule trug). Aber auch ohne die Dampfsäule ist der Ätna (und damit der Seeweg nach Syrakus) für die Seefahrer vom westgriechischen Inselraum aus leicht zu finden: „On our return voyage, when the weather was much clearer, we approached Sicily, and had during the whole day before reaching Malta, a fine view of the outline of Mount Aetna, at the distance of from 60 to 100 miles" (*Giffard,* Islands 39).

[15] Der Seeweg von Kephallenia nach Syrakus beträgt ca. 254 sm. – Zum Vergleich: für den ca. 178 sm langen Seeweg von Rhegium (Südkalabrien) bis Puteoli (westlich Neapel) benötigte Paulus knapp zwei Tage (Apg 28,13).

D. FAUNA

Als einzige Tierart auf Melitē erwähnt Apg 28,3 die von den Inselbewohnern gefürchtete (Apg 28,4 ff.) ἔχιδνα (Sandviper).

1. Sandviper

Die Menschen des Altertums bezeichneten mit dem Namen ἔχιδνα zweifellos die Sandviper (vipera ammodytes).[1] Sie besitzt eine Länge von bis zu 90 cm und „ist die giftigste Schlange Europas; Todesfälle durch ihren Biß kommen in entlegenen Gegenden des Balkans jedes Jahr vor",[2] weil rechtzeitige Hilfe der modernen Medizin ausbleibt. – Auf Malta gibt es weder Sandvipern noch überhaupt eine Vipernart, ja, nicht einmal irgendwelche Giftschlangen: „Die drei auf Malta lebenden Schlangenarten sind ungiftig."[3] Zudem ist die Spekulation unbegründet, die Giftschlangen seien dort erst infolge der neuzeitlichen Zivilisation ausgerottet[4] oder

---

[1] *Gossen/Steier,* Schlange 537,62–538,44. Vipera ist die römische Übersetzung des griechischen ἔχις oder ἔχιδνα (aaO. 556,52–54). – Übrigens sind die Begriffe Sandviper und Sandotter synonym; die Gattung Vipera bezeichnet die sog. Echten Ottern.

[2] *Petzold,* Vipern 458. „Der Tod durch einen Vipernbiß ist nicht wie bei den Giftnattern auf Atemlähmung zurückzuführen, sondern ein Herztod. Besonders gefährlich ist der Biß einiger weniger Ottern, deren Gift zusätzlich einen nervenschädigenden (neurotoxischen) Anteil enthält" (aaO. 452).

[3] *Egger,* Malta 157. – Während namentlich *Ramsay,* Paulus 282, diesen Makel der Paulus-Malta-Theorie mit den Worten verdrängt, „Der Einwand ... ist zu trivial, um Beachtung zu verdienen", gesteht ihn selbst *Smith,* St. Paul 111, ein: „The difficulty there is, that although there are serpents in Malta, they are not venemous, as the term ἔχιδνα (viper) implies". Auf der Nachbarinsel von Malta, Gozo, gibt es allerdings die Katzennatter (T.fallax); doch „obwohl diese Art zu den sogenannten opistoglyphen Nattern (Culubridae: Colubrinae: Boigini) gehört, ist sie für den Menschen nicht gefährlich". Ihr schwaches Gift reicht lediglich dazu aus, eine Eidechse „innerhalb von zwei oder drei Minuten" zu töten (*Gittenberger/Hoogmoed,* Schlangenkult 93).

[4] „Monsieur *de Thévenot,* who visited Malta in 1655, mentioned that ‚there is no venemous creature on the island'" (*Meinardus,* Melita 32), und dementsprechend berichtet noch im Jahre 1735 das Große und Vollständige Universallexikon aller Wissenschaften, Maltha 770: „Die Insel hat von Natur die Kraft, daß sie keine giftigen Schlangen leidet, ob aber solches von der erzehlten Begebenheit mit dem Paulo herrühre [gemeint ist der Apostel Paulus, durch dessen Vernichtung der ἔχιδνα (Apg 28,5) der Legende zufolge sämtliche Giftschlangen Maltas ausstarben], wie einige vorgeben, daran wollen andere zweifeln, indem es mehr Inseln giebet, die keine Schlangen leiden."

ihres Biotops beraubt worden.[5] Unsinnig ist auch die auf eine Angabe des *Theophrast* gestützte Behauptung, derzufolge die ἔχιδνα der Apg eine Ringelnatter bezeichne,[6] denn der Terminus καθάπτω (Apg 28,3; hier: „festbeißen“)[7] und insbesondere die gesamte Konzeption der Episode Apg 28,3–6 setzen eine Giftschlange voraus.[8]
Mit fast 20 Arten (ohne endemische!) ist die Insel Kephallenia ausgesprochen schlangenreich,[9] und bis in die jüngste Vergangenheit wurden auf ihr weitere Arten entdeckt.[10] Als einzige Vipernart findet man auf ihr die Vipera ammodytes, die Sandviper (ἔχιδνα)![11] Sie ist ausgesprochen häufig anzutreffen[12] und wird noch heute von den Kephallenen gefürchtet.[13]

---

[5] „Der Einwand aber, daß sich auf Malta keine Schlangen finden, erledigt sich dadurch, daß die Insel in alter Zeit so dicht bewaldet war, daß Paulus ohne Mühe ein Bündel Reisig zusammenraffen konnte, daß sie folglich auch manches Gewürm beherbergt haben wird, was jetzt, wo sich bei dem fortgeschrittenen Anbau nur noch einzelne Bäume vorfinden, ausgerottet ist“ (*Breusing*, Nautik 191). Abgesehen davon, daß die Vipern keines waldigen Biotops bedürfen, war die Insel seit historischer Zeit eine unbewaldete und relativ nackte Felsscholle; lediglich „im Quartär besaß Malta Flüsse und eine üppige Vegetation. Die Insel muß damals mit Sizilien verbunden gewesen sein“ (*Rychener*, Überblick 79).

[6] *Theophr.* h. plant. II 4,4, berichtet, eine Ringelnatter könne sich bei anhaltender Trockenheit in eine Viper verwandeln.

[7] „Es ist ein Fachausdruck, den die Ärzte für giftige Stoffe gebrauchen, die in den Körper gelangen“ (*Steinmann* 308). „Hiernach hat also die Schlange den Apostel wirklich gebissen, und das Gift ist in seine Hand eingedrungen“ (*Harnack*, Lukas 124).

[8] Es handelt sich um „eine Giftschlange“, die sehr gefährlich ist: „Die Eingeborenen erkennen ... sofort sachkundig die Tödlichkeit des Schlangenbisses“ (*Roloff* 367).

[9] *Werner*, Griechenland 111. – Auf Kephallenia sind Schlangen „sehr häufig“ anzutreffen (*Philippson/Kirsten*, Landschaften II 552), „die nach unsern deutschen Begriffen eine ansehnliche Größe (1–1,8 m) erreichen“ (*Partsch*, Kephallenia 94).

[10] *Kock*, D. (1979): Zwei Schlangen neu für Kephallinia, Ionische Inseln, Griechenland (Reptilia: Serpentes: Colubridae). – Senckenberg biol., Frankfurt/M., 60 (1/2).

[11] U. a. *Linné*, Vipera ammodytes 101; *Gittenberger/Hoogmoed*, Schlangenkult 90 u. 93.

[12] Dementsprechend behauptet Freiherr *von Warsberg*, Ithaka 44, daß auf Kephallenia „Vipern die Menge hausen“; *Biedermann*, Kephallenia 52, weist die Inselbesucher auf die „durch den Tritt des Wanderers aufgescheuchte Viper“ hin; und *Heinrich Schliemann*, Ithaka 13, berichtet über die antiken Städte Kephallenias: „Eine Todtenstille herrscht jetzt unter diesen von Vipern wimmelnden Ruinen.“

[13] So erzählt z. B. *Mahnert*, Îles 6, über seine herpetologischen Forschungen im kephallenischen Inselraum während des Frühjahrs 1971: „Der Mönch des Klo-

Diese lebensgefährlichen Reptilien sind in dem Inselraum aber nicht erst seit jüngerer historischer Zeit derart verbreitet: bereits *Homer* bezeichnet die im kephallenischen Binnenmeer, vor der akarnaischen Küste befindlichen Eilande wegen ihres Reichtums an Sandvipern (ἔχιδναι) als Ἐχινάδες (Echinades; seit der Neuzeit wieder: Echinaden)![14]

sters Katharon verfolgte meine Reptilienjagd mit Interesse und Enthusiasmus, aber er wich entsetzt zurück, als ich ganz in der Nähe eine Sandviper (Vipera ammodytes meridionalis) fing."

[14] *Hom.* Il. II 625 (vgl. *Hom.* Od. I 262: der über den nördlichen Teil der Echinaden herrschende Taphierfürst Anchialos gab dem Odysseus Pfeilgift). – „Die Inselgruppe der Echinaden vor Akarnanien hatte sicher von der Menge der Vipern ihren Namen, Geogr. gr. min. II 448,25" (*Gossen/Steier,* Schlange 539,67 ff.). Ἐχινάδες von ἔχις = ἔχιδνα: „Daß ἔχις und ἔχιδνα zwei verschiedene Schlangen-Arten bedeuten, ist nicht wahrscheinlich. Bei *Aristoteles* wenigstens läßt sich kein Unterschied der Bedeutung erkennen" (aaO. 538,1 ff.).

III. Der Mensch auf Melitē

Auf der Insel lebten von Römern beherrschte βάρβαροι (Barbaren), die Paulus anscheinend zum Christentum bekehrte (Apg 28,1–10).

A. INSELBEVÖLKERUNG

Die mit der griechischen Götterwelt vertrauten (Apg 28,4) und offensichtlich medizinisch unterversorgten (Apg 28,8f.) Einheimischen waren Barbaren (Apg 28,2 u. 4), über die anscheinend ein römischer Legat namens Publius herrschte (Apg 28,7), dessen ländliche Residenz in der Nähe der Strandungsstelle des Paulus-Schiffes lag (Apg 27,41–44; 28,7).

1. Barbaren

Die Inselbewohner werden ausschließlich als βάρβαροι (Apg 28,2 u. 4) bezeichnet, worunter Griechen und Römer folgende Personengruppen verstanden: a) unverständlich Redende, b) Ungebildete, die mit der hellenischen Kultur nicht vertraut sind, c) wilde, rohe, gewalttätige und grausame Menschen, denen d) vor allem Besonnenheit fehlt.[1] Meist beinhaltet das Wort βάρβαρος sämtliche der genannten Bedeutungen, und bereits in der klassischen Zeit Griechenlands „überwog der dem Worte anhaftende Begriff des Geringschätzigen"; und später „stellten sich die Römer auf denselben Standpunkt wie die Griechen".[2]
In der zweiten Hälfte des 3. Jh. v. Chr. schlugen sich die Malteser auf die Seite Roms. „Charakteristisch für die nun folgende, bis zur römischen Kaiserzeit reichende Periode ist das starke Hervortreten des griechischen Elements auf den Inseln, so daß man fast von einer Hellenisierung Maltas sprechen kann."[3] Im 1. Jh. v. Chr. wurde die Maltagruppe zunehmend vom römischen Wesen durchdrungen, wie insbesondere die zahlreichen Ruinen römischer Villen, Bäder und Theater beweisen.[4] „Nach sowohl lateinischen als auch griechischen Grabinschriften dieser Zeit kann vermutet werden, daß beide Sprachen nebeneinander in Gebrauch waren."[5]

[1] Vgl. *Spoerri,* Barbaren 1545,37ff. u. 1546,21–24.
[2] *Ruge,* Barbaroi 2858,42f. u. 58f.
[3] *Egger,* Malta 18.
[4] AaO. 19.
[5] AaO. 23.

Auf Malta hatte Julius Cäsar seine Veteranen angesiedelt,[6] und kurz nach der Ermordung des Imperators erhielten die Malteser das römische Bürgerrecht.[7] „Die Erlangung des römischen Bürgerrechts ließ die Abkunft eines Barbaren vergessen", und dementsprechend hätte die Bewohner Maltas „niemand mehr als Barbaren, sondern als Römer bezeichnet".[8]– In Anbetracht dessen ist es unverständlich, daß *Haenchen* bezüglich Melitē namentlich *Wellhausen* tadelt, „der in übertriebener Skepsis fragt, ob nicht in der Vorlage von einem anonymen barbarischen Eiland im Mittelmeer die Rede war".[9]

Man ist geneigt, vorschnell zu glauben, im zentralen Mittelmeerraum hätte es im 1. Jh. n. Chr. keine Barbaren mehr gegeben, jedoch wurden während des gesamten Altertums speziell die Nordwestgriechen als solche abgestempelt.[10] Im 5. Jh. v. Chr. bezeichnete *Euripides* sogar den Herrscher der am Golf von Patras gelegenen, sehr alten Polis Pleuron als einen μιξοβάρβαρος (Halb-Barbaren).[11] Nur eine Generation später ordnete *Thukydides* die Nordwestgriechen den Barbaren zu, indem er die Amphilocher einer barbarischen Sprache bezichtigte[12] und über die Eurytanen pauschal behauptete, sie äßen ihr Fleisch roh und ihre Sprache sei kaum verständlich.[13] Auch bezeichnete man die Molosser, Athamanen, Atintanen, Paramaeer, Oresten, Kassopaeer, Thesproter und Chaoner samt ihren Nachbarn (ausgenommen die korinthischen Kolonisten)[14] als βάρ-

---

[6] *Haenchen* 681 (unter Berufung auf *Strabon* VII 833).

[7] Manche Historiker sehen „in der lateinischen Legende" einer „aus der Zeit um 30 v. Chr. stammenden Münze einen Beweis für die vollzogene Verleihung" des Bürgerrechts; jedoch wann genau „Malta römisches Bürgerrecht erhalten hat, ist unbekannt, vielleicht zugleich mit Sizilien" (*Weiss*, Melite 546,36–41), mit dem Malta bis zu Zeiten des Augustus in einer Provinz zusammengefaßt war (aaO. 546,50 ff.). Die Bewohner der Provinz Sizilien erhielten im April 44 v. Chr. durch Antonius das römische Bürgerrecht (vgl. *Ziegler*, Sicilia 2506,20–24).

[8] *Jüthner*, Barbar 1174; er argumentiert so bezüglich der kleinasiatischen Galater (nicht der Malteser).

[9] *Haenchen* 681, unter Bezugnahme auf *Wellhausen* 55.

[10] Vgl. *Philippson/Kirsten*, Landschaften II 571; *Meyer*, Geschichte III 271 f.

[11] *Eur.* Phoenissae 138. – Dabei waren die Poleis Pleuron (sie wird bereits von *Homer* mehrfach genannt: Il. II 639; XIII 216 ff.; XIV 116 f.; XXIII 635) und Calydon „in alten Zeiten die Zierde von Hellas" (*Strab.* X 2,3).

[12] Nach *Thuk.* II 68 (vgl. III 112,7) haben die Amphilocher, soweit sie der Griechenstadt Argos untertan waren, die griechische Sprache angenommen; die übrigen blieben barbaroi (Barbaren).

[13] *Thuk.* III 9,5.

[14] Vgl. dazu *Thuk.* I 47 über die Ereignisse des Sommers 433 v. Chr.: „Auch zu den Korinthern auf dem Festland waren starke Abteilungen von Barbaren als Verstärkung gestoßen."

βαρροι (Barbaren).[15] Damit wurden alle nordwestgriechischen Volksstämme, die im wesentlichen aus den gefürchteten Epiroten und Aetolern[16] sowie den inselbewohnenden Kephallenen[17] bestanden, aus dem Geltungsbereich des Kulturbegriffs der Hellenen gerückt; ja, selbst der nordgriechische König Philipp V. von Makedonien (um 220 v. Chr.) betrachtete diese Völker als nicht zu Hellas gehörig.[18] „Charakteristisch ist, daß von Korkyra fünf eponyme Sieger bekannt sind, von Kephallenia kein einziger";[19] – eben weil Barbaren die Teilnahme an den Olympiaden verwehrt war![20] Noch im 2. Jh. n. Chr. rechnete *Pausanias* Nordwestgriechenland, namentlich die Großlandschaften Aetolien und Akarnanien, nicht zu Hellas,[21] und daher sucht man in seinem Werk (das bekanntlich vom Titel her den Anspruch erhebt, eine „Beschreibung Griechenlands" zu sein) vergeblich Ausführungen zum westgriechischen Inselbogen. Somit bildete auch noch während der römischen Kaiserzeit „die Wasserstraße des Golfs von Patras ... die Grenze zwischen Barbaren und Hellenen".[22] Jene Insel-Barbaren, von denen der Apostel Paulus nach seinem Schiffbruch freundlich aufgenommen wurde, können somit ohne Schwierigkeiten mit den Kephallenen identifiziert werden. Als Provinzgriechen waren sie verständlicherweise der lateinischen Sprache unkundig, „sonst hätte ja Julius mit ihnen gesprochen",[23] und sie „müssen wohl ... des Griechischen mächtig gewesen sein; Lukas hat ja zwei Aussprüche

---

15 *Thuk.* I 47; II 68, 80, 81,3; *Scymn.* 444 ff.; *Strab.* VII 1,1.

16 „Der Zusammenschluß peloponnesischer Städte zum Achäischen Bunde im 3. Jh. v. Chr. hatte nicht zum wenigsten die Verteidigung gegen die Aitoler als Barbaren zum Ziele" (*Philippson/Kirsten,* Landschaften II 571).

17 Der Name der Kephallenen (sie siedelten auf dem gesamten westgriechischen Inselbogen einschließlich Teilen des akarnanischen Festlandes; vgl. *Hom.* Il. II 631–635) spricht – „namentlich in der verbürgten Form Kephallanes – für ihre Verwandtschaft mit den Akarnanen, den Eurytanen Aetoliens, den Aenianen und Kylikoanen am Malischen Busen, den Athamanen, Atintanen, Arktanen und Talaianen von Epirus" (*Partsch,* Kephallenia 37).

18 *Polybios* XVIII 5,8 spricht namentlich von den Agraiern und Apodoten Aetoliens sowie von den Amphilochern.

19 *Bürchner,* Kephallenia 204,5 ff. – Aber „auch die Bewohner von Korfu [Korkyra] vor der korinthischen Kolonisation sollten nach *Strabon* (VI 229) Barbaren gewesen sein" (*Philippson/Kirsten,* Landschaften II 206).

20 *Jüthner,* Barbar 1173.

21 *Paus.* VII 31,2.

22 *Philippson/Kirsten,* Landschaften II 571.

23 *Balmer,* Romfahrt 428. – Julius war der römische Hauptmann, der Paulus nach Rom begleitete (Apg 27,1).

von ihnen verstanden und teilt sie mit (28,4b und 6b)"![24] Den hellenistisch gebildeten Schiffbrüchigen traten die Kephallenen also nicht fremdsprachig, als vielmehr schwer, teils unverständlich sprechend entgegen (letzteres, im Sinne von „Laller", ist die Grundbedeutung des Wortes βάρβαρος!)[25], weil das vom südillyrischen Festland eingewanderte Inselvolk eine selbst den Hellenen kaum verständliche griechische Mundart sprach, die als „barbarisch" galt.[26] Somit waren die Kephallenen – auch – hinsichtlich ihrer Sprache und damit im vollen Sinne des Wortes βάρβαροι![27] – Solche, von der Sprache her kaum verständliche Menschen sind die Kephallenen bis ins letzte Jahrhundert selbst für diejenigen humanistisch gebildeten Forscher geblieben, die insbesondere Alt- und Neugriechisch perfekt beherrschten. So erzählt im Jahre 1850 der Theologe *Liebetrut* über den offiziellen Postboten von Kephallenia (der ihm als Führer diente), daß dieser „ein gräuliches Kauderwelsch von Griechisch sprach, von dem ich auch nicht ein Wort verstand".[28] Dementsprechend berichtet im Jahre 1864 der Viscount *Kirkwall* über die Kephallenen: „The masses used a barbarous jargon, which it was profanation to style Greek."[29] Und

---

[24] *Windisch,* Barbaros 549,33. – Im Falle Maltas wäre es umgekehrt: die Malteser hätten eher lateinisch als griechisch gesprochen bzw. verstanden.

[25] *Spoerri,* Barbaren 1545,37ff.; dieser Sinn des Wortes blieb „immer lebendig" (aaO. 40).

[26] So ist bezüglich des nordwestgriechischen Raumes „darauf hinzuweisen, daß, entgegen gegenwärtig weit verbreiteten Ansichten, nach allen Zeugnissen, die uns vorliegen, die Stämme, die wir in geschichtlicher Zeit hier antreffen, nicht griechisch, sondern eine ‚barbarische' Sprache gesprochen haben" (*Meyer,* Geschichte III 271). „Den Griechen war also nicht nur ein kultureller, sondern auch ein sprachlicher Gegensatz zwischen Epiroten und Hellenen bewußt; da wir das Verhältnis des Illyrischen zum Urgriechischen nicht kennen, läßt sich nicht bestimmen, wieweit die sprachlichen Unterschiede gingen" (*Philippson/Kirsten,* Landschaften II 206).

[27] Die Kephallenen sind laut *Partsch,* Kephallenia 37, eng verwandt mit den Akarnanen (vgl. *Hom.* Il. II 635) und Eurytanen, einem „Barbarenvolk, das notdürftig ein griechisches Kauderwelsch radebrechte" (*Meyer,* Geschichte III 272,1). Das schlug sich auch in der Schrift nieder, so enthalten manche antiken kephallenischen Inschriften Worte, die „unknown in the classical Greek vocabulary" sind (*Mure,* Greece 286; vgl. *Riemann,* Céphalonie 30,4).

[28] *Liebetrut,* Inseln 276 (vgl. 351). – Ähnlich äußert sich im Jahr 1840 Fürst *von Pückler-Muskau,* Bildersaal 502, über seine kephallenischen Begleiter: „Beide waren im lebhaftesten Gespräch begriffen, doch in einer mir ganz fremden Mundart."

[29] *Kirkwall,* Islands I 60. – Die gebildeten Kephallenen sprachen im 19. Jh. (infolge der bis 1797 dauernden Herrschaft Venedigs über die westgriechischen Inseln) insbesondere italienisch.

im Jahre 1888 urteilte der Geograph *Partsch,* daß die dem Besucher Kephallenias „einzig an sein Ohr schlagenden griechischen Laute ihm das Bewußtsein festigen, völlig ausgeschieden zu sein aus der abendländischen Welt“.[30]

Ganz im Gegensatz zu den besonnenen Maltesern – sie hatten sich schon früh den Römern angeschlossen, und „während der gesamten römischen Kaiserzeit wurde der Frieden auf Malta nicht gestört“[31] – wiesen die Kephallenen allzeit den für Barbaren kennzeichnenden Mangel an Besonnenheit (σωφροσύνη) auf, besonders auch unter der Herrschaft Roms. Im sogenannten Bundesgenossenkrieg (220–217 v. Chr.) kämpften die Kephallenen nicht nur grausam auf der Seite der ebenfalls barbarischen Aetoler, sondern überfielen zudem unablässig römische Schiffe. „Darüber wurden die Römer so erbittert, dass sie nach Besiegung des Antiochos die Kephallenen nicht in den mit den Aetolern geschlossenen Frieden aufnahmen.“[32] Dem Ausschluß aus dem Frieden folgte 189 v. Chr. die Eroberung der Insel,[33] und obwohl die Römer zahlreiche Geiseln nahmen,[34] konnten blutige Rebellionen nicht vermieden werden. Und die Bewohner der damals bedeutendsten kephallenischen Stadt handelten völlig unbesonnen, ja wahnwitzig: „ohne mit den anderen Städten sich in Einvernehmen zu setzen, entschließt sich Same zum Kampfe gegen Rom“.[35] Erst nach viermonatiger Belagerung mit einem riesigen Truppenaufgebot gelang es der Weltmacht, die heldenhaft verteidigte Stadt zu stürmen: sämtliche Bewohner, die das Massaker überlebten, wurden in die Sklaverei verkauft, die Anführer des Aufstandes zum Triumphzug nach Rom gebracht, und die Stadt Same wurde dem Erdboden gleichgemacht.[36]

---

[30] *Partsch,* Kephallenia 53.

[31] *Egger,* Malta 19.

[32] *Biedermann,* Kephallenia 36.

[33] Während die Insel Kerkyra (Korfu) sich früh auf die Seite der emporstrebenden Weltmacht schlug, gaben die anderen westgriechischen Inseln ihren Widerstand gegen das mächtige Rom schnell auf. „Nur Kefalonia versuchte es, die Heeresmacht des römischen Consuls Titus Quintius Flaminius zurückzuschlagen. Nach *Livius* mußte erst Marcus Fulvius, der siegend in Elis stand, die Kefalonier zur Unterwerfung auffordern. Doch die Insel widerstand“ zunächst (*Müller,* Griechenland 160).

[34] *Liv.* XXXVIII 28.

[35] *Partsch,* Kephallenia 41.

[36] „Erst nach einer Belagerung von vier Monaten mußte es der weit überlegeneren Macht der Römer weichen. Der Römer Fulvius war klein genug, sich für den Widerstand durch die gänzliche Zerstörung von Samos zu rächen“, und erhielt noch einen Triumphzug in Rom (*Müller,* Griechenland 161).

Trotz dieses Exempels gab es weiterhin Aufruhr gegen die Machthaber sowie untereinander schreckliche Fehden und Bürgerkriege. Solche barbarischen Zustände erschütterten die Insel, wie kaum einen anderen Ort des Mittelmeerraumes, bis in die Neuzeit hinein,[37] so daß *Partsch* über die Kephallenen urteilt: „Aber auch die wohlwollendsten, einsichtigsten Beurteiler klagen über ihre Unverträglichkeit, ihren wenig entwickelten Rechtssinn, ihre geringe Achtung und Fügsamkeit gegenüber der Obrigkeit. Vergehen gegen das Eigentum, gegen Leib und Leben des Nächsten waren an der Tagesordnung."[38] – Dennoch kann „der Fremde ... ohne Sorge hier einsam jede Straße ziehen",[39] denn „die Gastfreundschaft ist wirklich eine Nationaltugend der Kefalonioten".[40] Das Völkchen der

[37] Auch als Kephallenia im Jahre 1500 unter venezianische Herrschaft kam, führten die mächtigen Sippen ihre äußerst grausam geführten Fehden fort. So berichtet z.B. im Jahre 1688 *Dapper,* Eilanden 144, daß die Kephallenen „zoo hevigh tegen elkanderen vochten en sloegen, als Turken te Kristenen"! Der venezianischen Besatzungsmacht gelang es zweimal, je einen Rädelsführer aus den besonders streitsüchtigen Familien der Metaxas und Anninos gefangenzunehmen (die dann auf Befehl des Dogen auf dem Markusplatz in Venedig öffentlich gehenkt wurden), aber ansonsten war sie ohnmächtig, denn z.B. „die Familie der Anninos war in der Lage, jeden Augenblick der Regierung mit 4000 Mann gegenüberzutreten" (*Partsch,* Kephallenia 49). „Die inneren Kämpfe ... führten zu einem entschiedenen Rückgang der Bevölkerungszahl und des Wohlstandes" (aaO. 48), und die „Unsicherheit von Gut und Leben trieb viele zu freiwilliger Auswanderung" sogar in den von Türken besetzten Peloppones (ebd.). Noch im Jahre 1801 richteten insbesondere die Bewohner des Ortes Dilinata ein grauenvolles Massaker an, indem sie mehrere Hundert Bewohner des Dorfes Valsamata überfielen und niedermachten (aaO. 89), und als im Februar 1833 ein Clan der Bergdörfer gegen die Einwohner der Inselhauptstadt Argostoli zog, konnte dieselbe nur durch den entschlossenen Einsatz britischer Truppen unter massivem Einsatz von Kanonen vor einem schrecklichen Blutbad bewahrt werden (aaO. 87).

[38] AaO. 47f. – Dementsprechend galt noch im letzten Jahrhundert das Territorium des kephallenischen Binnenmeeres als „one of the most barbarous ... shores of Greece or of Europe" (*Mure,* Greece 86), und vor allen die Insel Kephallenia besaß damals noch „a wild and independant population" (*Kirkwall,* Islands I 26). Besonders „the peasants are superstitious, cruel and barbarous in their manners" (*Kendrick,* Islands 107) und sind bekannt für ihre „barbarous jealousy" (aaO. 35). Namentlich „die Bauern, welche die engen Thäler des schwarzen Berges bewohnen, sind eine Art von Wilden, mit welchen schwer umzugehen ist" (*Bellaire,* Inseln 159); „a people too barbarous" (*Spencer,* Greece 226).

[39] *Partsch,* Kephallenia 53.

[40] *Müller,* Griechenland 202, im Jahre 1822. Dementsprechend z.B. *Sauveur,* Griechenland 200, im Jahre 1801: „Gastfreyheit ist noch eine Haupttugend des Cephaloniers, er liebt die Fremden." *Beeskow,* Cephalonia 18, über die Kephallenen im Jahre 1860: „Eine Nationaltugend ist ihre Gastfreundschaft, die gegen

Kephallenen, das man „als einen besonderen, selbständig gearteten Teil" der Griechen betrachten muß,[41] fiel stets durch die ungewöhnliche Mischung von rücksichtslosem Barbarentum und ausgesprochener φιλανθρωπία (Menschenfreundlichkeit/Gastfreundschaft), in deren Genuß alle Fremden kamen, auf. Schon bei *Homer,* der als erster über die bürgerkriegsähnlichen Zustände im Inselreich der Kephallenen berichtet,[42] finden wir diese Antinomie bei dem Inselvolk vor. So gewährte namentlich Telemach selbst heimatflüchtigen Mördern unverzüglich Asyl und außerdem gastliche Liebe,[43] schreckte aber trotz dieser Gesinnung nicht davor zurück, seine Untertanen auch auf grausamste Art zu richten.[44] Und sein Vater, der meist unedel, hinterhältig und grausam handelnde Kephallenenkönig Odysseus, der im Schafspelz gekleidet dem Priamos zunächst wie ein Barbar erschien,[45] war jedem Schutz und Hilfe suchenden Fremden ein gütiger Vater, sogar den Todfeinden seiner Verbündeten![46] Denn angesichts des Zeus, der „der strafende Hort für den Flüchtling wie für den Gastfreund" war, sagte Odysseus: auf Gastfreundschaft „hat doch ein Fremdling immer ein Recht!"[47] – Wenn also

---

Fremde nicht allein von den reicheren sondern auch von den ärmeren Bewohnern mit Herzlichkeit geübt wird." *Heldreich,* Céphalonie 7, dankte im Jahre 1882 den Kephallenen „pour l'hospitalité génereuse", und *Warsberg,* Ithaka 29, spricht im Jahre 1887 bezüglich Kephallenia von einem „freundlichen, echt humanen Lande". *Partsch,* Leukas 2 (vgl. *ders.,* Kephallenia 75 u. 99), nahm im Jahre 1888 vom kephall. Inselraum Abschied „mit der dankbaren wohltuenden Erinnerung an eine Gastfreundschaft, die selbst im gastfreien Griechenland ihresgleichen schwerlich findet"; und *Liebetrut,* Inseln 267, bestätigt im Jahre 1850: „Die Cephalonier sind noch vor den übrigen Insulanern wegen ihrer Gastfreundschaft gerühmt." Vgl. auch *Mousson,* Cefalonien 39f.

[41] *Partsch,* Kephallenia 53.

[42] *Hom.* Od. XXII 1–329 u. XXIV 464–532. Die Odyssee gipfelt im Kampf zwischen dem Kephallenenkönig Odysseus samt seiner Gefolgschaft und den über hundert adligen Freiern. Die Rebellion gegen das Königshaus endet mit einer dreistelligen Zahl an Toten (sowohl beim Gemetzel an sämtlichen Freiern und deren Sympathisanten als auch im sich anschließenden Bürgerkrieg, dem ausschließlich Zeus und Athene persönlich noch Einhalt gebieten konnten).

[43] *Hom.* Od. XV 223–281; s. bes. 281.

[44] AaO. XXII 267; 294f.; 462–477.

[45] *Hom.* Il. III 196ff.

[46] *Hom.* Od. XVI 424–430; XVII 420f.

[47] AaO. IX 268 (vgl. XIII 213; XIV 53). – Und das galt dort noch im 19. Jh.: „Was die Einwohner der jonischen Inseln, besonders Cephalonia's betrifft, so gehören ihre Höflichkeit, Gefälligkeit und Freundlichkeit, die sich in ihrem ganzen Wesen und Betragen ausspricht, zu ihren besten Eigenschaften; die Art, wie sie mit Fremden umgehen, erinnert an die Erzählungen *Homers*" (*Miller,* Reise 274).

Apg 28,2 berichtet, die βάρβαροι hätten den Schiffbrüchigen ausgesprochene φιλανθρωπία (Menschenfreudlichkeit) erwiesen, dann ist diese Erzählung nicht zwangsläufig befremdlich oder gar widersprüchlich,[48] sondern in bezug auf die Kephallenen sogar charakteristisch![49]

2. *Religion*

Über die Religion der Bewohner von Melitē erfahren wir, daß namentlich die Göttin δίκη (Dikē) verehrt wurde (Apg 28,4). Von dem „manchmal gestalthaft gebrauchten Begriff der Themis hat sich Dikē („Weisung", zu δείκνυμι) für das Gebiet des Rechtslebens abgespalten";[1] die häufig personifizierte, insbesondere im peloponnesischen Raum (in Korinth, Argos, Megaris und Olympia) verehrte Göttin ist eine typisch griechische Konzeption ohne römisches Äquivalent! – Wenn also ein Malteser (sprich Römer!) im 1. Jh. n. Chr. namentlich Dikē achtete, wäre er mit der griechischen Kultur derart vertraut, daß er keinesfalls ein Barbar[2] gewesen sein kann. Daher folgern die Exegeten zunächst, die angeblich maltesischen Barbaren (denen die Schiffbrüchigen begegneten) seien punischer Abstammung,[3] und werfen anschließend dem Autor der Apg offensiv Unkenntnis vor: „Ob die Punier ein Äquivalent zur griechischen Dike

---

[48] „Die Bezeichnung der Malteser als ‚Barbaren' – die *Balmer* 427 f. nicht als einziger aus dem Munde des *Lukas* mit Betrübnis vernimmt – steht in bewußtem Gegensatz zu der großen φιλανθρωπία" (*Haenchen* 684). „Entweder also ist βάρβαρος und φιλανθρωπία in Kontrast gestellt oder es ist ein Protest gegen die herrschende Verachtung der ‚βάρβαροι'" (*Windisch,* Barbaros 549,24 f.).

[49] So berichtet z. B. noch 1863 der Cambridger Professor *Ansted,* Islands 347, einerseits, die Landbevölkerung Kephallenias sei „a wild race, having little respect for law, and none for human life", und andererseits: „Hospitality is, indeed, now no less than in classical times, a sacred duty in these islands" (aaO. IV).

[1] *Geisau,* Dike 24,57 ff.

[2] So muß u. a. *Weiser* 668 bezüglich Malta annehmen: „Die eingeborenen Inselbewohner werden im Bericht als barbaroi bezeichnet, d. h. als Menschen, die weder Griechisch noch Latein sprechen." Aber gerade die Malteser sprachen Griechisch und Latein, denn „auf der Insel bestand eine ausgesprochene Mischkultur" (*Heutger,* Paulus 88). Und wenn die Malteser tatsächlich „weder Griechisch noch Latein verstanden" (*Roloff* 366), wie kämen sie dann dazu, von der griechischen Göttin δίκη zu sprechen?!

[3] „Die Unterschicht der Einwohner von Malta bestand aus Puniern, die einen phönizischen Dialekt sprachen" (*Roloff* 366). – Bei dieser Behauptung handelt es sich aber lediglich um eine durch nichts zu begründende und ausschließlich der Malta-Theorie zuliebe erfundene Spekulation!

kannten, fragt *Lukas* nicht."[4] Aber abgesehen davon, wirkte die punische Sprache und Kultur, von der Malta anscheinend nie völlig durchdrungen war, zumindest nicht bis in die christliche Zeit nach.[5]
Die Tatsache, daß die Bewohner von Melitē die eindeutig griechische Göttin Dikē fürchteten, ist als ein weiteres wichtiges Indiz für den Schiffbruch des Paulus im westgriechischen Inselraum zu werten. Besondere Verehrung fand Dikē auch bei den Kephallenen, wie bereits den mahnenden Worten des Eumaios[6] und Odysseus[7] zu entnehmen ist.

3. Gouverneur

Die Insel wird von einem Ersten Beamten (πρῶτος) namens Publius verwaltet (Apg 28,7). – Kurz nachdem im Jahre 218 v. Chr. die Bewohner der Maltagruppe sich den Römern endgültig angeschlossen hatten, bildeten sie eine föderierte Gemeinde mit Exilrecht der senatorischen Provinz Sicilia (Sizilien). Damit unterstand Malta dem sizilischen Statthalter,[1] den auf der Inselgruppe – vor der Kaiserzeit – ein Erster Beamter (primus/ πρῶτος) vertrat. So lautet eine Inschrift „municipi Melitensium primus omnium",[2] in einer anderen taucht dementsprechend ein „πρῶτος Μελιταίων" namens L. Castricius Pudens auf.[3] „Die Unterstellung der Insel-

[4] *Schille* 471. Noch leichter macht es sich u. a. *Conzelmann* 157: „Ebensowenig ist zu fragen, ob es ein punisches Äquivalent zur griechischen Dike gab"; und er übersetzt Dike mit „die Gerechtigkeit" (156). Auch *Roloff* 367 sagt: „Ob es bei den Puniern eine Entsprechung zur griechischen Dike gab, braucht man hier nicht zu fragen." Warum eigentlich nicht? Namentlich *Roloff* müßte die Frage beantworten, da – u. a. – er behauptet, jene Insulaner seien Punier gewesen (vgl. das Zitat in Anm. 3).

[5] „Doch so viele Jahrhunderte die phönizisch-karthagische Zeit Maltas währte, ... so wenig blieben materielle Denkmäler aus ihr erhalten. Nur auf Gozo aufgefundene, verstümmelte Inschriften künden von jenen Zeiten" (*Egger*, Malta 18). Daher kommentiert u.a. *Haenchen* 681 (mit Bezug auf *Zahn* 842) zu Unrecht: „‚Daß ... der gemeine Mann, die Fabrikarbeiter und Packträger, die Handelsgärtner und Hundezüchter auf Melita [Malta] nur ihre punische Muttersprache verstehen, sprechen und lesen konnten', beweisen die Inschriften."

[6] *Hom.* Od. XIV 84 (δίκη).

[7] AaO. XIX 111 (εὐδικία). – Bis in die Neuzeit waren die Kephallenen der für das Gebiet des Rechtslebens zuständigen Δίκη (Dikē) verpflichtet: „Die Rechtspflege besorgen mehrere δικαστήρια [Gerichtshöfe] und ein πρωτοδικεῖον [Appellationsgericht] in Argostoli" (*Biedermann*, Kephallenia 7).

[1] Vgl. *Plin.* nat. III 92.

[2] CIL X 7495.

[3] IG XIV 601.

gruppe unter den Provinzstatthalter von Sizilien blieb bis in die ersten Jahre der Kaiserzeit aufrecht, dann scheint die Neuordnung der römischen Provinzen durch Kaiser Augustus auch für Malta und Gozo eine Änderung der Verhältnisse zur Folge gehabt zu haben. Es kann angenommen werden, daß die beiden Inseln hierbei gänzlich von der Provinz Sizilien getrennt wurden und, ähnlich wie die Balearen, unter die direkte Aufsicht eines kaiserlichen Prokurators kamen."[4] Daher bezeichnet eine Inschrift den kaiserlichen Freigelassenen Chrestion ausdrücklich als „procurator Melitae et Gauli" (Prokurator der Inseln Malta und Gozo).[5] Die politische Trennung der Maltagruppe von Sizilien überdauerte das Weströmische Reich; erst in byzantinischer Zeit gehörte die Inselgruppe „wieder zur sizilischen Provinz".[6] Demnach existierte zur Zeit der Romfahrt des Paulus auf Malta schon lange kein hoher, als primus oder πρῶτος zu bezeichnender Provinzregierungsbeamter mehr, „denn es ist unwahrscheinlich, daß es ... einen kaiserlichen Prokurator neben der sizilischen Provinzverwaltung" gab.[7] Aufgrund dessen wird mit Blick auf Malta um eine andere Interpretation des Wortes πρῶτος gerungen: „Die früheren Acta-Kommentare nehmen meist an, es handele sich um den obersten römischen Regierungsbeamten (Legat des Statthalters von Sizilien). Seit *Mayr* ... denkt man an eine vorrömische Einrichtung";[8] und *Wikenhauser* meint, πρῶτος sei wohl „kein eigentliches Gemeindeamt, sondern vielmehr eine mit dem Patronat verwandte Ehrenstelle".[9]

Um 60 n. Chr. unterstanden alle Mittelmeerinseln der Oberhoheit Roms,[10] und die Provinzen, denen sie angehörten oder die sie bildeten,

---

[4] *Egger,* Malta 19.

[5] CIL X 7494.

[6] *Weiss,* Melite 547,1 f.

[7] AaO. 546,53 ff.

[8] *Schneider* 403,28, unter Berufung auf *A. Mayr,* Die Insel Malta im Altertum, München 1909, S. 116. – „Zweifelhaft ist nur, ob dieser Titel den ‚steuerkräftigsten, reichsten Mann der Insel' bezeichnet oder ob er seinen Träger kennzeichnet als Legaten des Proprätors von Sizilien, wozu Malta gehörte" (*Steinmann* 309). Noch merkwürdiger spekuliert z. B. *Roloff* 367: „Publius war, wie der Titel ‚Erster der Malteser' vermuten läßt, kein Römer."

[9] *Wikenhauser* 345. Gegen derartige Vermutungen bemerkt bereits *Smith,* St. Paul 113, zu Recht: „It is also to be observed, that the father of Publius was alive, and it is unlikely that, *except by official rank,* the son should have been so emphatically styled the chief man of the island in his life-time"; so gelangt *Smith,* aaO. 114, zu dem Schluß: „I conclude, therefore, πρῶτος here is an official title."

[10] Vgl. *Putzger,* Weltatlas 26/27 (Karte: Das Römische Weltreich seit Kaiser Augustus).

wurden von Statthaltern (Procuratoren oder Proconsuln) beherrscht. Bei dem πρῶτος (= lateinisch primus) Apg 28,7 handelt es sich um den ranghöchsten Beamten nach dem römischen Statthalter,[11] der den Titel Legatus trug.[12] – „Unter dem Kaiser Augustus wurde (27 v. Chr.) das makedonische Kommando in seiner bisherigen Ausdehnung beschränkt und für den Hauptteil von Griechenland die senatorische Provinz Achaia unter einem eigenen Prokonsul gebildet (nicht schon im Jahre 146 v. Chr.). ... Zu derselben gehörte höchstwahrscheinlich auch Kephallenia."[13] Und „wie Zakynthos gehörte Kephallenia seit Augustus zu den civitates liberae des Römerreichs".[14] So bildeten neben den am Jonischen Meer gelegenen Großgebieten der von Augustus geschaffenen Griechengemeinde Nikopolis (an der Küste von Epirus) und des römischen Colonia Patrensis (Patras – im Nordwesten der Peloponnes) „die Westgriechischen Inseln selbständige politische Einheiten" innerhalb der Provinz,[15] und demnach dürfte auf Kephallenia[16] ein πρῶτος zu nennender Legatus, der dem Statthalter Achaias in Corinthus (Korinth) direkt unterstand, residiert haben.

Der Vers Apg 28,7 gibt den Exegeten ein – weiteres – bisher ungelöstes Rätsel auf, weil die Art und Weise der Namensnennung merkwürdig ist: „Πόπλιος ist die übliche Wiedergabe von Publius. Da die bloße Benennung mit dem Vornamen auffällt, deutet *Ramsay* 343 es als Wiedergabe von Popilius. Nach *Zahn* 846 zeigt dagegen die bloße Nennung des Vornamens die freundschaftliche Beziehung, die sich während der 3 Monate zwischen ihm [Publius] und Paulus und Lukas herausgebildet

---

[11] Den Statthalter – namentlich den der senatorischen Provinz Achaia – bezeichnet der Autor der Apg (18,12) nicht als πρῶτος, sondern als ἀνθύπατος (Proconsul).

[12] Die Legaten der Kaiserzeit sind „als Beamte anzusehen" (*Premerstein,* Legatus 1144,20), und sie waren „durchaus zugleich mit dem Imperium pro praetore ausgestattet. Dies gilt sowohl von jenen Legaten, die den Proconsuln der sog. Senatsprovinzen zur Seite standen, als auch von jenen, die den Kaiser als Inhaber des imperium proconsulare in den ihm zugewiesenen Provinzen vertraten und in diesen tatsächlich die statthalterischen Befugnisse ausübten" (aaO. 1143,50–63).

[13] *Biedermann,* Kephallenia 40.

[14] *Philippson/Kirsten,* Landschaften II 614; (*Plin.* nat. IV 54, bezeichnet Kephallenia als „civitas libera").

[15] AaO. 592.

[16] Die westgriechischen Inseln, deren weitaus größte Kephallenia ist, bildeten im oströmischen Kaiserreich eine Provinz (das Thema Kephallenia) mit dem Regierungssitz auf Kephallenia (*Philippson/Kirsten,* ebd.).

hat.«[17] So kontrovers die beiden Interpretationen auch sind, vermag doch keine von beiden zu überzeugen. Sollte der Autor der Apg tatsächlich Paulus jenen mächtigen Römer (die Legaten erhielten ihr Amt nur mit Zustimmung des Imperators) gleich zu Beginn flapsig-vertraut als Publius haben titulieren lassen? Und wenn er erst viel später in Gedenken an dessen Gastfreundschaft (und Bekehrung zum Christentum) den Text der Apg verfaßte, warum nannte er ihn nicht gerade dann als Auszeichnung (und berühmtes Vorbild) beim Namen (vgl. Apg 8,27; 13,7), sondern überließ ihn als irgendeinen Publius der Anonymität der Historie?

Den zahlreichen, meist völlig willkürlichen Spekulationen zum Πόπλιος-πρῶτος-Problem[18] wäre die Grundlage entzogen, und die vermeintlichen Widersprüche von Apg 28,7 wären gelöst, wenn es in der Mitte des 1. Jh. n. Chr. einen Römer gegeben hätte, bei dem Publius und primus (= Πόπλιος und πρῶτος) Bestandteile des Eigennamens gewesen wären; zudem sollte er (in Anbetracht der Handlung der Apg[19] und der womöglich durch die Bearbeitung des Textes erfolgten Verwechslung zwischen Eigennamen und Titel) von der Funktion her ein primus/πρῶτος gewesen sein, also der Stellvertreter des Statthalters von Achaia. Nach diesem Legatus, dem die innerhalb der Provinz politisch eigenständigen westgriechischen Inseln unterstellt waren, soll nun anhand des hier konstruierten Phantombildes (das einzig eine weitgehende, widerspruchsfreie Lösung des Problems verspricht) in der Historie gefahndet werden: aus der über 400jährigen Geschichte der römischen Provinz Achaia sind uns 160 Reichsbeamte namentlich (oder wenigstens mit Teilen ihres Namens), aber nur wenige relativ gut bekannt. Von diesen trug keiner den Gentilnamen Publius,[20] und nur fünf führten Publius als Vornamen. Von ihnen scheiden für die Suche nach dem Publius der Apg vier aus, insbesondere weil sie ihr politisches Mandat in der Provinz Achaia entweder Jahrzehnte

[17] *Haenchen* 683 (unter Berufung auf *Ramsay*, St. Paul 343, und *Zahn* 846). – „Der Name Poplius ist die griechische Form des praenomen Publius; aber es ist nicht wahrscheinlich, daß dieser Beamte mit einem einfachen praenomen bezeichnet worden sei" (*Ramsay*, Paulus 282). Das sich daraus ergebende Problem läßt sich jedoch ohne die bisherigen – meist skurrilen – Spekulationen lösen.

[18] „Als vollen Namen vermutet *Balser*, Apg 326, Publius Plautius Pulcher. ... Die Schwester dieses Mannes sei Plautia, die erste Gemahlin des Klaudius, gewesen" (*Steinmann* 309 unter Berufung auf *Balser*, Apostelgeschichte 326).

[19] Publius nahm die 276 Schiffbrüchigen in seinem großen Landsitz auf und war offenbar der höchste Würdenträger unter den Inselbewohnern, von denen einzig er namentlich genannt wird (Apg 28,1–11).

[20] Bis auf einen Cn. Pullius Pollio ist kein Gentilname bekannt, der dem Namen Publius (Πόπλιος) ähnelt (vgl. *Groag*, Achaia 173 ff.).

vor oder erst Jahrzehnte nach der Romfahrt des Paulus innehatten.[21] So bleibt lediglich ein Publius übrig, der allerdings derart unbekannt ist, daß er nur mit Fragezeichen in die augusteische Zeit datiert wird.[22] Hinsichtlich der Datierung käme er also durchaus in Betracht; auch sein Titel Legatus (Stellvertreter des Statthalters) würde passen, der dem Begriff primus/πρῶτος vollauf entspricht. Aber das Interessanteste für uns an diesem Legaten ist sein Eigenname; er lautet: Publius Alf(ius?) Primus.[23] Damit bietet besagter Publius den Exegeten die Lösung für die problematische Stelle Apg 28,7, weil er einerseits den nicht mehr nachweisbaren Amtstitel primus (πρῶτος) als Bestandteil des Eigennamens aufweist und andererseits dadurch Publius (im Text der Apg) nun nicht mehr des Nachnamens entbehrt. Die Kenntnis über diesen Publius besitzen wir aus der Inschrift Nr. 335 von Olympia,[24] jener berühmten westpeloponnesischen Kultstätte, in deren Nähe sich der kephallenische Inselbogen erstreckt.

4. Residenz

Unweit der Strandungsstelle, also in der Nähe der Landzunge und des Golfes (Apg 27,39ff.), lag das Landgut (χωρία) des Inselgouverneurs Publius, wo die Schiffbrüchigen während der ersten drei Tage Aufnahme fanden (Apg 28,7). Weil der Gouverneur Publius samt Vater (Apg 28,8) dort im naß-kalten Herbst anwesend war, ferner den 276 Schiffbrüchigen (Apg 27,37.44) Obdach und Verpflegung bieten konnte, handelte es sich bei dem Landsitz sicherlich nicht um eine Sommervilla, sondern anschei-

---

[21] Für die folgenden vier Personen trifft sowohl die Amtszeit als auch die Dienststellung nicht zu: 1. der Konsul (16 v. Chr.) Publius Cornelius Scipio; er war um 22 v. Chr. Quaestor in Achaia (*Groag*, Achaia 113). 2. Publius Caninius Agrippa; er herrschte unter Kaiser Augustus als Procurator in Achaia (aaO. 139f.; 166; 172). 3. Publius Memmius Regulus; er war bekannt als Legatus von Moesien und Makedonien und besaß von 35–41 n. Chr. die Statthalterschaft in Achaia (aaO. 23; 25–30; 31f.; 47; 141; 169). 4. Publius Postumius Acilianus; er war Procurator Achaias zur Spätzeit des röm. Kaisers Domitian, gegen Ende des 1. Jh. n. Chr. (aaO. 142f.).

[22] AaO. 174.

[23] „Der Gentilname dieses Legatus pro praetore könnte auch Alfenus lauten: die Herausgeber ziehen Alfius vor, weil sich Alfii Primi in italienischen Inschriften finden" (*Groag*, Achaia 99). – Übrigens folgerte u. a. *Smith*, St. Paul 114, „that Publius was of a Roman family".

[24] Sie ist abgedruckt und kommentiert bei *Groag*, ebd.

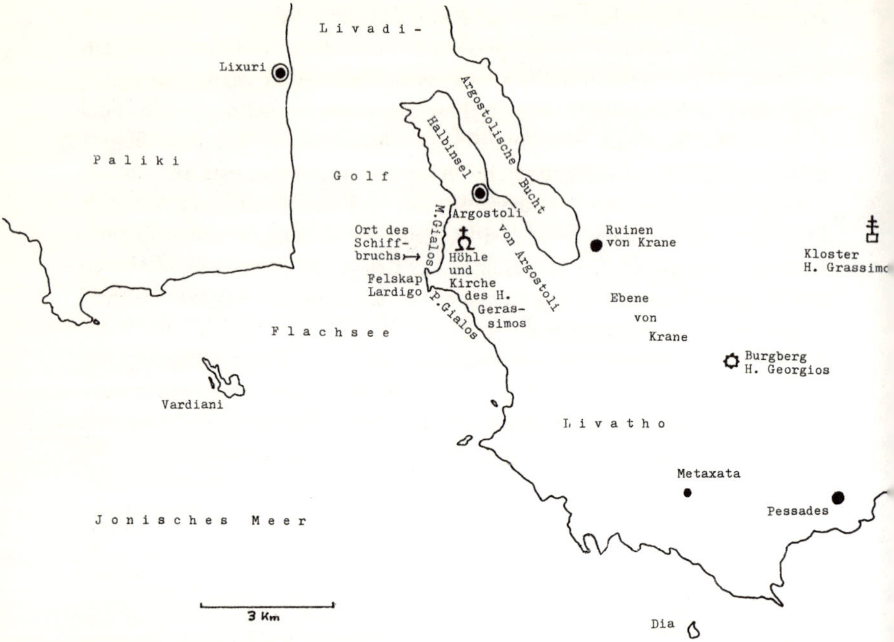

Abb. XX: Südwest-Kephallenia

nend um die geräumige Residenz. – Das maltesische Terrain im Bereich der St. Pauls-Bai (dem angeblichen Ort des Schiffbruchs) ist ausgesprochen karg und unfruchtbar,[1] und so kann niemand weder „erklären, wieso der reiche Publius das Land hier herum in seinen Besitz gebracht hätte",[2] noch wie es ihm dort gelungen wäre, 276 Personen unterzubringen und zu versorgen.[3] Es ist also völlig unwahrscheinlich, daß der höchste

[1] „Tatsächlich kaum anbaufähig und nur als karge Weide zu verwenden, sind lediglich die aus oberem Korallenkalk bestehenden Hochflächen im Westen der Insel Malta" (*Egger,* Malta 51; vgl. 48).

[2] *Balmer,* Romfahrt 391.

[3] Der Codex Vaticanus (B) liest die Zahl Apg 27,37 statt διακοσίαι ἑβδομήκοντα ἕξ (= zweihundertsechsundsiebzig) ὡς ἑβδομήκοντα ἕξ (= *etwa* sechsundsiebzig). Dies erklärt sich aus der ursprünglichen Schreibweise der Zahlen mit Buchstaben: 276 = σος. Zusammen mit dem vorausstehenden ἐν τῷ πλοίῳ(= in dem Schiff) konnte bei Scriptio continua aus πλοίῳσος durch Dittographie des ω leicht ἐν τῷ πλοίῳ ὡς ος (= in dem Schiff etwa 76) verlesen werden, was aber

Repräsentant Roms auf Malta gerade im lebensfeindlichen Westen der Insel ein Landgut unterhielt, zudem abseits der Hauptstadt gelegen. Dementsprechend existieren im Raum der St. Pauls-Bai weder die Reste eines römischen Landguts noch die einer antiken Ortschaft oder gar des alten Regierungssitzes. Seitdem die Phönizier „im 9. oder 8. Jahrhundert v. Chr. die Stadt Melita, die Vorgängerin der heutigen Doppelstadt Mdina-Rabat, auf dem beherrschenden Hügelrücken des Inselinnern gründeten“,[4] blieb an diesem Ort die Hauptstadt Maltas bis in die Neuzeit hinein bestehen. „Die Stadt der Römerzeit umfaßte nicht nur die Fläche des heutigen Mdina, sondern auch einen großen Teil des heutigen Rabat“,[5] und dort residierte der römische Prokurator.

In bezug auf Kephallenia treffen die Angaben über die ländliche Residenz des römischen Inselgouverneurs zu: „Die Bucht von Argostolion“, die vom Livadi-Golf durch die argostolische Landzunge geschieden ist, auf der das Paulus-Schiff strandete, „setzt sich in der sehr fruchtbaren kleinen Ebene Krania fort, aus deren Korinthenfeldern viereckige Gutshöfe aufragen“.[6] Im Einzugsbereich dieser knapp 10 qkm umfassenden Ebene

---

schwerlich ursprünglich ist (*Haenchen* 676,6). Darum konnte z. B. *Balmer,* aaO. 446, immerhin behaupten, die Anzahl sei „nicht im geringsten sonstwie von Bedeutung“ und es könne „aus den Quellen 276 oder 76 gelesen werden“, während *Roloff* 364 folgende bizarre Überinterpretation bietet: „An sich ist die Zahl durchaus möglich... Daß sie eine Dreieckszahl ist (276 ist die Summe aller Zahlen von 1–24), gab ihr für den antiken Leser einen von *Lukas* sicher beabsichtigten geheimnisvollen Klang.“ Tatsächlich ist 276 aber nicht = Summe aller Zahlen von 1 bis 24, sondern = Summe aller Zahlen von 1 bis 23. Sollte auch dafür ein geheimnisvoller Klang postuliert werden?! Der Fehler 276 = Summe aller Zahlen von 1 bis 24 taucht bereits bei *Conzelmann* 155 (unter Berufung auf *FHColson* Trigangular Numbers in the NT, JThSt 16, 1915, 72) auf, aber mit dem Kommentar: „Doch ist in der Umgebung nichts von Symbolik zu bemerken.“

[4] *Egger,* Malta 16. – Manche versuchen dennoch, die St. Pauls-Bai in ein siedlungspolitisch günstigeres Licht zu rücken; so behauptet z. B. *Heutger,* Paulus 87, sogar: „Und in der Antike ist diese Bay der Haupthafen der Insel gewesen.“ Diese Behauptung ist jedoch der Malta-Theorie kaum dienlich (lediglich um Apg 28,7f. plausibler zu gestalten, würden die Angaben Apg 27,39 – 28,4 noch schwerer verständlich!) und überdies auch unzutreffend: „But St. Paul's Bay is remote from the great harbour, and possesses no marked features by which it could be recognized“ (*Smith,* St. Paul 100), „and it is out of the usual track of ships“ (aaO. 108).

[5] AaO.

[6] *Philippson/Kirsten,* Landschaften II 517. Heute „sind die Korinthenfelder der Krania verschwunden, und durch extensive Getreidefelder und Weiden ersetzt“ (ebd. Anm. 4).

befand sich stets das Siedlungszentrum der Kephallenen. „Die Gegend muß in prähistorischer Zeit stark besiedelt gewesen sein, denn westlich des Berges bei Mazarakata [Dorf in der Ebene] ist eine große submykenische Nekropole mit Kuppelgräbern aufgedeckt worden."[7] Während des griechischen Altertums lag die mächtige Stadt Kranē (Kranioi, Cranii), deren Ringmauern (sie sind durchschnittlich 3,5 m dick und umfassen eine Fläche von etwa 144 ha!) sich noch heutzutage ungefähr zwei Kilometer weit mit dem bloßen Auge verfolgen lassen, auf einer steil abfallenden Hügelkette im Norden der Ebene, unmittelbar an der Bucht von Argostoli. Auf dem 110 m hohen Hügel Pezules thronte die Akropolis, und später, „zum größten Teil wohl erst in römischer Zeit", wurde der südwestlich angrenzende, 70 m hohe Hügel Kastelli „zu einer selbständigen Befestigung von länglich schmalovaligem Grundriß gemacht",[8] während sich die aufgrund des Bevölkerungsschwundes zur Bedeutungslosigkeit herabgesunkene Inselhauptstadt in die Ebene verlagerte.[9] Seit dem frühen Mittelalter lag die Hauptstadt der Kephallenen auf und am Berg H. Georgios, der sich 320 m hoch aus der Ebene von Krane erhebt; erst im 18. Jh. entwickelte sich am Ostufer der Landzunge von Argostoli die heutige Inselhauptstadt. – Zu allen Zeiten befanden sich also Hauptstadt und Regierungssitz der Insel Kephallenia im Raum der „sehr fruchtbaren" Ebene von Krane (s. o.) und damit auch nahe der Landzunge von Argostoli, dem Ankunftsort des Apostels Paulus. Um die Mitte des 1. Jh. v. Chr. verwaltete dort Gaius Antonius, der ehemalige Mitkonsul des M. Tullius Cicero, seine „große Gutsherrschaft",[10] und eine Generation später schenkte Octavian (der künftige Kaiser Augustus) nach dem entscheidenden Seesieg über Antonius und Kleopatra vor Actium (31 v. Chr.) ganz Kephallenia seinem Mitstreiter und engen Freund Caius Proculeius Luci Filius, „welcher eine Herrschaft auf der Insel bei Kranioi

[7] AaO. 517.

[8] *Bürchner,* Kephallenia 208,17–22. – Vgl. *Riemann,* Céphalonie 20: „Sur la même colline E on rencontre aussi des murs faits à la chaux, de l'époque romaine. Il semble donc que cette colline en particulier a servi de citadelle sous les Romains."

[9] „Il semble donc qu'à l'époque romaine les habitants de Krané ... transportèrent leur ville dans la plaine, où l'on voit encore des fragments de colonnes et de chapiteaux, et des fondements de diverses constructions faites à la chaux. Ils transformèrent ensuite en fort la partie de l'ancienne ville située sur la colline qui pouvait servir à défendre la plaine; on voit encore les murs de ce fort" (*Riemann,* Céphalonie 25).

[10] *Partsch,* Kephallenia 41. Gaius Antonius herrschte (nach 59 v. bis 47 n. Chr.) als Verbannter auf Kephallenia (ebd.).

gehabt zu haben scheint".[11] Antonius und Proculeius sind aus der knapp 600jährigen römischen Besatzungszeit die beiden einzigen (weil berühmten) Namen kephallenischer Machthaber, die bisher bekannt sind. – Die von 189 v. Chr. bis 395 n. Chr. über den kephallenischen Inselraum herrschenden Repräsentanten Roms residierten alle im Bereich der schönen Ebene von Krane und hatten dort sowohl ihren Land- als auch Regierungssitz. Weil er nahe an der Bucht von Argostoli lag, die den Römern als „Flottenstützpunkt in weiteren Kriegen" diente,[12] waren dort umfangreiche Gebäudekomplexe und Lebensmittellager vorhanden.[13] So konnte der Inselgouverneur Publius den gestrandeten beiden Zenturien sowie den Seeleuten und Gefangenen problemlos Quartiere und Nahrung zur Verfügung stellen.

5. *Medizinischer Notstand*

Der Inselgouverneur Publius ließ seinen schwerkranken Vater von dem Gefangenen Paulus behandeln, den daraufhin zahlreiche Kranke konsultierten (Apg 28,8f.). Das weist auf eine medizinische Unterversorgung der Insel hin, auf der es in der Mitte des 1. Jh. v. Chr. offenbar kaum einen – eventuell gar keinen – Arzt gab; mit Blick auf Malta wäre das vollkommen unverständlich: bereits *Timaeos* rühmt den großen Reichtum Maltas und die Wohlhabenheit der Inselbewohner zu karthagischer Zeit.[1] Von einem antiken Großbürgertum zeugen noch heute aber weniger die Funde aus der punischen Epoche, als „vor allem Reste großer römischer Villen".[2] „Während der gesamten römischen Kaiserzeit wurde der Frieden auf Malta nicht gestört, und die Bevölkerung muß, wie erhaltene Reste von Villen, Bädern und Theatern zeigen, wohlhabend gewesen

[11] *Biedermann,* Kephallenia 41. Der Kopf und das Monogramm des Caius Proculeius erscheint mehrfach auf den Kupfermünzen der Stadt Kranioi/Krane (vgl. *Partsch,* Kephallenia 41).

[12] *Philippson/Kirsten,* Landschaften II 524.

[13] Sie waren ausreichend, um z. B. im Jahre 171 v. Chr. die „unter dem Prätor G. Lucretius und dessen Bruder M. Lucretius stehende römische Flotte, welche zur Unterstützung der Operationen gegen Perseus diente und auf 40 Fünfruderern 1000 Seesoldaten führte, längere Zeit" zu versorgen (*Biedermann,* Kephallenia 38).

[1] Vgl. *Egger,* Malta 19. *Timaeos* „führt diesen Reichtum auf die rege Gewerbetätigkeit zurück" (ebd.).

[2] *Meyer,* Melite 1179,20.

sein."[3] Für die damals in voller kultureller Blüte stehende Insel mit ihrer hohen fünfstelligen Bevölkerungszahl[4] ist eine – für damalige Verhältnisse – ausreichende ärztliche Versorgung anzunehmen. Sogar mit der durch nichts zu stützenden Prämisse, Malta sei zur Zeit des Paulus – etwa im Vergleich mit anderen Gebieten Italiens – medizinisch unterversorgt gewesen, müßte die Insel angesichts ihres Bevölkerungsreichtums und der Wohlhabenheit breiter Bevölkerungsschichten dennoch zahlreiche Ärzte aufgewiesen haben.[5] Es erscheint unter diesen Umständen völlig unglaubwürdig, daß ein damals auf Malta gestrandeter Gefangener ans Krankenbett des Vaters des ranghöchsten Repräsentanten Roms gerufen worden wäre.

Völlig anders lagen die Verhältnisse in Kephallenia: die Insel hat schwere Kriegszeiten durchgemacht, angefangen von den makedonisch-römischen Kriegen bis hinab zu den Verwüstungen der Bürgerkriege, von denen Griechenland am meisten betroffen wurde, sie hat ferner Plünderungen, Kriegskontributionen und Aufgebote von Mannschaften und Schiffen erduldet, worunter sie sehr litt und wohl auch entvölkert wurde.[6] Ab 192 v. Chr. kämpften die kephallenischen Städte im Aetolischen Bund gegen die expandierende Weltmacht Rom und mußten im Verlauf der Kämpfe den Plünderungszug des C. Livius an der Ostküste hinnehmen.[7] Dann wurden die Kephallenen vom Frieden der Römer mit den Aetolern ausgeschlossen.[8] Im Jahre 189 v. Chr. eroberte der römische Konsul M. Fulvius Nobilior Kephallenia, und die widerspenstige Bevölkerung mußte zahlreiche Geiseln stellen.[9] Trotzdem entschloß sich die ostkephallenische Stadt Same, ganz auf sich allein gestellt, zum aussichtslosen Kampf gegen Rom, den die Römer mit Unterstützung des Achaeischen Bundes erst nach viermonatiger Belagerung der Stadt grausam zu beenden vermochten. So „bedeutete der Einzug der Römerherrschaft sicher auch für Kephallenia einen Rückgang seiner Volkszahl und seines Wohlstan-

---

[3] *Egger,* Malta 19.

[4] Diesen Schluß läßt die Angabe des *Livius* XXI 51 zu, wonach die Malteser bereits im Jahre 218 v. Chr. die immerhin 2000 karthagischen Soldaten zur Auslieferung ihrer Insel an Rom hatten zwingen können.

[5] Daher ist z. B. folgende Aussage von *Blanke,* Paulus 36, unhaltbar: das Malta der Paulus-Zeit sei die „Insel, auf der offenbar keine Ärzte vorhanden waren". Ebenso weltfremd urteilt *Balmer,* Romfahrt 471: „von einem Arzt ist nicht die Rede, und ein solcher ist auch kaum anzunehmen".

[6] *Biedermann,* Kephallenia 39.

[7] *Liv.* XXXVI 42.

[8] *Pol.* XXII 13.

[9] *Pol.* XXII 13; *Liv.* XXXVII 10 u. 28.

des. Same, die blühendste Stadt der Insel, ward zerstört, ihre Bevölkerung in die Sklaverei verkauft, und auch den drei übrigen Städten, welche sich widerstandslos gefügt hatten, müssen der Seeraub, die Bürgerkriege und namentlich die blutsaugerische Wirtschaft der römischen Statthalter und Zöllner übel mitgespielt haben".[10] „Dazu kam der Druck der römischen Publikanen und die Raubgier der römischen Grossen, von denen einer der schlimmsten, G. Antonius, der Oheim des M. Antonius und Mitkonsul des Cicero im Jahre 63, auch Kephallenia mit einem längeren Aufenthalt beglückte."[11] „Dieser berüchtigte Beutelschneider" genoß auf Kephallenia über ein Jahrzehnt lang „die Früchte seiner Erpressungen; ... die Insel war wirklich so heruntergekommen, daß adlige Herren die damals freien Stadtgebiete völlig in ihrer Gewalt hatten".[12] Somit hielt der Niedergang der kephallenischen Poleis auch während des 1. Jh. v. Chr. unvermindert an: das ohnehin unbedeutende Pronnoi sowie das bereits vor der Herrschaft Roms herabgesunkene Pale siechten dahin, „Same war von den Römern zerstört, Krane verödet".[13] Also in allen vier Städten der Kephallenen war das pulsierende Leben erloschen. Dementsprechend bezeichnete *Strabon* „die drei nach der Zerstörung von Same noch übrigen Städte ausdrücklich als μικραὶ πόλεις",[14] also als unbedeutende Orte. Die Not der verbliebenen Bevölkerung war gegen Ende des 1. Jh. v. Chr. so groß,

[10] *Partsch,* Kephallenia 41.

[11] *Biedermann,* Kephallenia 39. „Dieser Mann, welcher schon im Jahre 76 wegen Erpressungen angeklagt war, hatte sich während seiner Amtszeit als Prokonsul in Makedonien und Griechenland (62–60) abermals schwerer Erpressungen schuldig gemacht, war aber nach seiner Rückkehr im Jahre 59 vor Gericht gestellt und diesmal zu einer schweren Geldstrafe und zum Exil verurteilt worden" und wählte „die Insel Kephallenia zu seinem Aufenthalte. Hier schaltete und waltete er während einer Reihe von Jahren so unbehindert, als ob er souveräner Herr der Insel wäre" (ebd.).

[12] *Partsch,* Kephallenia 41.

[13] *Bürchner,* Kephallenia 215,34f. – Das kleine Pronnoi mit seiner selbst zur Blütezeit „gewiß recht schwachen Volkszahl" (*Partsch,* Kephallenia 75) war ohnehin stets ein Provinznest. Und das als Stützpunkt Korinths für den Verkehr mit Syrakus dienende Pale (s. aaO. 40) umfaßte selbst zur Blütezeit „höchstens 20 ha" (aaO. 90; zum Vergleich: Krane umfaßte ca. 144 ha!); aus der Zeit der römischen Herrschaft über Pale wissen wir nur, daß dort L. Domitius Ahenobarbus dem Triumvir M. Antonius 40 v. Chr. Landtruppen übergeben hat (*App.* civ. V 55). Same lag verwüstet da (keine Münzen aus der Kaiserzeit), wurde später aber neu gegründet (Ehrenstatue für den Kaiser L. Septimius Severus um 200 n. Chr.) (*Bürchner,* Kephallenia 214,64–215,1). „Krane lag vielleicht schon zu des Ptolemaios Zeiten öde" (aaO. 208,53f.); Ptolemaios lebte von 101–179 n. Chr.

[14] *Biedermann,* Kephallenia 42,4; mit Bezug auf *Strab.* X 2,13.

„dass *Livius* die Bewohner ein armes Volk nennt (inops populus)".[15] – Von dieser traurigen Seite zeigte sich Kephallenia während der frühen Kaiserzeit, und daher ist es durchaus möglich, daß es damals auf der verwahrlosten, weitgehend entvölkerten Insel anscheinend keinen Arzt gab.[16]

Der Vater des Inselgouverneurs Publius hatte sich eine schwere Krankheit zugezogen, die als auffällige Symptome πυρετοί (Fieberanfälle) und δυσεντέριον (kolikartiger Durchfall) aufwies (Apg 28,8). Die Krankheit war offensichtlich nicht ansteckend,[17] zur Herbstzeit anscheinend stark verbreitet und zwang nicht unbedingt zur Bettruhe.[18] Aufgrund dessen lautet die Diagnose, will man nicht an eine Ausnahmeerscheinung denken,[19] Malaria (auch Sumpffieber genannt).[20] Dieser Schlußfolgerung entziehen sich auch die Befürworter der Malta-Theorie nicht;[21] dabei ist gerade die felsige, niederschlagsarme Maltagruppe mangels stehender Gewässer, Sümpfe und Moraste (sie bilden die Brutstätten der Mücken,

---

[15] *Beeskow,* Cephalonia 31.

[16] Dieser Mißstand herrschte auf den westgriechischen Inseln noch im 19. Jh., obwohl sie damals unter britischer Schutzherrschaft standen: „die Aerzte sind selten", berichtet *Bellaire,* Inseln 52, und es gebe dort „keine anderen Apotheker als Gewürzhändler" (ebd.). Der britische Stabsarzt *Davy,* Islands II 109, beanstandet im Jahre 1842: „At present, most of the villages in the Jonian Islands are without medical men; the people at large ... are entirely destitute of medical aid." Und *Holland,* Travels 57, berichtet über Kephallenia: „Medicine is on the whole the favourite object of pursuit."

[17] Der Kranke durfte z. B. von Paulus besucht werden und mit ihm Körperkontakt aufnehmen, er lag also keineswegs in Quarantäne.

[18] Nach der Genesung des Vaters des Publius kamen zahlreiche andere hilfesuchende Kranke zu Paulus in der Hoffnung, daß er auch sie von ihren Leiden heile (Apg 28,9f.).

[19] Denkbar wäre z. B. eine nervös geartete Enteritis oder Schwindsucht mit Fünftagefieber (Literatur dazu u. a. bei *Steinmann* 310).

[20] Sumpffieber bzw. Malaria ist „berüchtigt durch bösartige Fieber [bis 40°C oder auch mehr] und die in ihrem Gefolge sich einstellenden langwierigen Störungen der Verdauungsorgane" (*Partsch,* Korfu 53). Schwere Formen der Malaria bewirken neben den hohen und langanhaltenden Fieberanfällen insbesondere „Magendarmkatarrhe, die manchmal an Typhus und Cholera erinnern" (*Kind,* Malaria 832, 46f.).

[21] Vgl. *Balmer,* Romfahrt 469ff., der in seinem 1905 erschienenen Werk versucht, die Malaria u. a. auf Mikroben zurückzuführen (weil Malta nie Brutstätten der Malariamücke besaß). Seine Darstellung ist unseriös, denn schon vor der Jahrhundertwende hatten Forscher verschiedener Nationen den Nachweis erbracht, daß ausschließlich eine mit dem Malariaerreger infizierte Stechmücke der Gattung Anopheles (nicht auch Culex) diese Krankheit überträgt; und bereits 1880 hatte der Franzose Laveran den Erreger im Blut entdeckt.

die Malaria übertragenm) seit jeher malariafrei![22] – Dagegen war der westgriechische Insel- und Küstenraum bis in die jüngste Vergangenheit ein Malariaherd ersten Ranges,[23] namentlich die Insel Kephallenia, über die noch Ende des 19. Jh. der weitgereiste Geograph *J. Partsch* berichtet: „Nie habe ich einen so erschütternden Eindruck von den Verheerungen der Malaria erhalten";[24] sie grassierte allzeit besonders schlimm in der feuchten, streckenweise morastigen Ebene von Krane,[25] also im Siedlungszentrum der Insel. Im Lauf der Geschichte haben zahllose Besatzungsoffiziere diesen gefährlichen Malariaherd unterschätzt und dafür sogar mit dem Leben zahlen müssen;[26] unter ihnen sind so prominente Namen wie der normannische Heerführer Robert Guiskard[27] und der

---

[22] So berichtet im Jahre 1842 der britische Stabsarzt *Davy*, Islands II 262, über Malta, „that intermittent and remittent fevers are almost unknown there, and that, when they do appear, they are of foreign origin, and have been imported".

[23] „In relation to the salubrity, the principal drawback on the climate of the Jonian Islands is malaria" mit „the most fatal fevers" (*Davy*, Islands II 218). Unter den durchschnittlich 4100 britischen Soldaten, die von 1827 bis 1830 auf den westgriechischen Inseln stationiert waren, gab es immerhin 203 Malariatote, und während dieses nur vierjährigen Zeitraums mußten 2637 Soldaten wegen schwerer Fieberanfälle in die Militärhospitäler eingeliefert werden (ebd.). – Den stummen Zahlen sei noch ein Augenzeugenbericht des Jahres 1851 hinzugefügt: „I had already wandered through some of the most unhealthy districts in the Old and New World", aber ausschließlich auf der westgriechischen Insel Leukas (nördl. Nachbarinsel von Kephallenia) befiel mich „a dangerous fever" (*Spencer*, Greece 214); „the hospital was full of English soldiers, suffering from fever..." (aaO. 215).

[24] *Partsch*, Kephallenia 36 (vgl. *ders.*, Korfu 53ff.). „The malariafever prevailed at times like a pestilence" (*Williams*, Greece II 188), und so lautete eine umgangssprachliche Kurzformel für Kephallenia: „l'été est plus chaud, l'hiver plus froid, les fièvres plus violentes" (*Riemann*, Céphalonie 4); dieselben drei Schlagworte faßten auch die Engländer zu einer Redewendung zusammen (*Davy*, Islands I 76).

[25] Vgl. u. a. *Partsch*, Kephallenia 35 u. 88; *Kendrick* 139; *Ansted* 136f.

[26] Die Tabellen bei *Davy*, Islands II 222 u. 239 belegen, daß die auf Kephallenia stationierten Soldaten weitaus am stärksten unter der Malaria litten und zahlreiche Todesfälle hinnehmen mußten. So berichtet z. B. *Goodison*, Islands 158, über die Garnison Argostoli im Sommer 1815: „in that season no less than eighty soldiers out of one company of the 14th regiment were carried off by remittent fever".

[27] Er erkrankte während seines Feldzuges gegen Byzanz nicht an der Pest (wie häufig behauptet), sondern „by a fever, of which he died in his tent at Cephalonia, on the 17th July, 1085" (*Jervis*, Corfu 84; unter Berufung auf *Sismondi*, Ital. Rep. ch. iv.; *Gibbon*, Rom. Emp. ch. lvi.), als er seinem Sohn Roger zur Hilfe kam, der vergeblich die kephallenische Hauptstadt in der Ebene von Krane belagerte (*Soustal*, Kephallēnia 57).

Literat und griechische Freiheitskämpfer George Gordon Noel Lord Byron.[28] – „Die Malaria ist in ihrem Auftreten nicht streng auf eine bestimmte Jahreszeit beschränkt",[29] jedoch bietet insbesondere der feucht-warme herbstliche Scirocco,[30] der tagelang anhaltend weht, dem Malariaerreger günstige Entwicklungsbedingungen und veranlaßt zudem die wechselwarmen Mücken zu verstärkter Aktivität.[31] So tritt die gefährlichste Form des Malariafiebers, das sich dem πυρετὸς συνεχής (ununterbrochenes Fieber; es treten also nicht mehr die für Malaria charakteristischen Intermissionen auf) nähert, nach den Angaben des antiken Arztes *Galenos* (2. Jh. n. Chr.) „hauptsächlich im Herbst auf und ist in dieser Jahreszeit am schlimmsten; es befällt besonders Männer in den besten Jahren (ἀκμάζοντας)".[32] Dieses schwere Sumpffieber dürfte sich auch der Vater des Publius zugezogen haben; er wurde dann von Paulus geheilt, der Ende Oktober – nach einer regnerischen Witterungsperiode und infolge des stürmischen Scirocco – auf der Insel eingetroffen war. Über die auf den westgriechischen Inseln auftretenden schweren Fieber machte u. a. der englische Stabsarzt *Davy* im Jahre 1842 folgende verblüffende Feststellung: „The probability is, that the majority of cases would do well without any medical treatment",[33] und er bietet dazu ein Fallbeispiel über

[28] Lord Byron, den *J. W. v. Goethe* „ohne Frage als das größte Talent des [19.] Jahrhunderts" betrachtete (s. Brief an Eckermann am 5. 7. 1827) und ihm in der Gestalt des Euphorion (Sohn von Faust und Helena) im Faust II ein Denkmal setzte (s. *König*, Faust II 89), weilte ab Juli 1823 vier Monate lang auf Kephallenia im Raum der Ebene von Krane (in einem Landhaus beim Dorfe Metaxata), wo er sich im Herbst das Sumpffieber zuzog, dem er im Januar 1824 in der südakarnanischen Hafenstadt Mesolongion erlag (vgl. *Pückler-Muskau,* Bildersaal 473 ff.).

[29] *Partsch,* Korfu 54.

[30] So klagte der britische Gouverneur *Charles Napier,* Cefalonia 82: „I must notice the Siroc, ... cooled and modified by its passage over an extensive sheet of water, before its arrival at the islands, yet capable of producing the worst effects! A fatal epidemic prevailed among the men of the 8th regiment ... in autumn 1821."

[31] Der Höhepunkt der Malariainfektion fällt in den gemäßigten Ländern allgemein in den Sommer und die ersten Herbstmonate, weil die Parasiten sich im Körper der Mücken nur bei 20–30°C entwickeln und die Mücken selbst für ihre eigene Entwicklung ein Temperaturminimum benötigen (vgl. *Kind,* Malaria 831,33–40; über die Gefährlichkeit des Scirocco: aaO. 837,32–38).

[32] AaO. 835,11–29.

[33] *Davy,* Islands II 223. – Vgl. *Pückler-Muskau,* Bildersaal 473, der behauptet, daß Lord Byron die sich auf Kephallenia zugezogene schwere Malaria **ohne** die ärztlichen Maßnahmen überlebt hätte!

einen reichen und schwer fieberkranken Kephallenen, das der Fieberheilung Apg 28,8 auffallend ähnelt.[34] Es gibt also nicht einmal einen zwingenden Grund daran zu zweifeln, daß der Vater des Inselgouverneurs Publius ausschließlich durch Handauflegen und Zuspruch zügig geheilt wurde.

[34] „Whilst I was stationed in Cephalonia, one of the wealthiest merchants, a native, was seized with fever, and became so dangerously ill, that the life was despaired of. I was requested to see him in consultation. ... After examining the sick man, who, strange to say, considered himself then actually dead, and spoke of the folly of prescribing for a dead man, and who, in consequence, after his recovery, was facetiously called by his friends, ‚il morto', ... it need hardly to be observed, that it was better adapted to impress the audience with the cleverness of the speakers, than to be of practical use to the patient" (*Davy*, Islands II 196f.).

B. PAULUS

Paulus missionierte die Inselbevölkerung (Apg 28,8ff.; vgl. 27,21–25). Nach Tit 3,12 gedachte er in Nikopolis (Hafenstadt im Westen Achaias) zu überwintern.

1. Missionstätigkeit

Den Apostel Paulus, der sogar auf dem in Seenot treibenden Schiff das Christentum verkündete (Apg 27,21–25), hielten die Inselbarbaren für einen Gott (Apg 28,6). Er betete bereits kurz nach seiner Ankunft im Haus des römischen Inselgouverneurs Publius in Gegenwart von dessen Familie (Apg 28,8) und fand bei der Bevölkerung große Verehrung (Apg 28,9f.). Folglich ist anzunehmen, daß die Insel schon in der zweiten Hälfte des 1. Jh. christianisiert wurde. – Auf Malta trifft diese Feststellung schwerlich zu. „Der Überlieferung nach taufte Paulus viele Einwohner und weihte den Obersten der Insel, Publius, zum ersten Bischof von Malta, welches damit als eine der ältesten christlichen Gemeinden Europas anzusehen wäre. Tatsächliche Beweise hierfür bestehen jedoch nicht, auch sind keine Begräbnisstätten oder christlichen Inschriften bekannt geworden, welche mit Sicherheit der vorkonstantinischen Zeit zuzuweisen wären. Es ist daher anzunehmen, daß Malta gleich der Mehrzahl der römischen Provinzen erst im 4. Jh. endgültig zum Christentum gefunden hat."[1] Wenn Paulus tatsächlich auf Malta monatelang gewirkt hätte, stellt sich unweigerlich die Frage, weshalb es dem charismatischen Völkerapostel nicht gelang, eine – oder günstiger formuliert: eine nachhaltig wirkende – Christengemeinde ins Leben zu rufen. Das ist um so unverständlicher, als er während seines langen Aufenthalts auf der Insel Melitē sowohl die Herzen zahlreicher eingeborener Barbaren als auch die der römischen Obrigkeit gewann (Apg 28,8ff.).[2]

Wie bereits geschildert, hatten die stark dezimierten, teilweise versklavten und hart unterdrückten Kephallenen unter dem römischen Joch sehr zu

---

[1] *Egger*, Malta 21. Der Ausdruck „endgültig" (s. o.) ist, wie auch z. B. die positive Formulierung: „Über das im 4. Jh. bereits sicher vorhandene Christentum auf der Insel" (*Weiss*, Melite 546, 58f.), ausschließlich eine Verneigung vor dem fehlinterpretierten Text Apg 27 – 28. Die frühesten Zeugen des Christentums auf Malta sind lediglich Gräber (mit lateinischer Inschrift) aus dem 4./5. Jh.! „Als Bischofssitz wird Malta 553 genannt, als Suffragan von Syrakus" (aaO. 63f.).

[2] Daß die Apg 28 „von einer Predigttätigkeit des Paulus nichts berichtet, braucht uns nicht zu überraschen" (*Roloff* 367); dies kann aber nicht als Alibi für die erst spät erfolgte Christianisierung Maltas dienen!

Abb. XXI: Die christlichen Gemeinden des 1. und 2. Jahrhunderts im zentralen Mittelmeerraum (die Darstellung entspricht der Karte 2, in: *H. Jedin*, Atlas zur Kirchengeschichte, Freiburg 1970)

leiden, erheblich schlimmer noch als zum Beispiel die Juden unter Herodes. So fand Paulus auf der Insel geeignete Bedingungen für die Verkündigung des Evangeliums, der „frohen Botschaft“ von der Erlösung.[3] Vor diesem Hintergrund – und wegen der Angaben der Apg – muß angenommen werden, daß Paulus und seinen Gefährten während der dreimonatigen Missionstätigkeit die Etablierung mehrerer kephallenischer Christengemeinden gelang. Und tatsächlich gehört die Insel Kephallenia zu den ältesten christlichen Gemeinden Europas,[4] und sie war noch im 2. Jh. die einzige im zentralen Mittelmeerraum zwischen den urchristlichen Gemeinden des Ägäisraumes einerseits und Rom nebst Puteoli andererseits.[5]

---

[3] Dementsprechend schwärmt der Theologe *Liebetrut,* Inseln 60: die „große Tapferkeit“ der Kephallenen wurde „durch freie Gewährung des christlichen Kultus belohnt, nachdem das Evangelium auch bei diesem freiheitsbedürftigen Volke einen frühen Eingang gefunden hatte“.

[4] *Clemens Alex.* (Strom., III 2,5) berichtet, daß Epiphanes (der Gnostiker und Sohn des Carpocrates) mütterlicherseits aus Kephallenia stamme und daß unzweifelhaft auf Kephallenia (ἐν Σάμῃ τῆς Κεφαλληνίας = in Same auf Kephallenia, καὶ συνιόντες εἰς τὸ ἱερὸν οἱ Κεφαλλῆνες = und wenn die Kephallenen im Heiligtum zusammenkommen) der christliche Kult zelebriert wird. Dennoch fragt *Harnack,* Mission 786,4: „Beruht diese Erzählung aber nicht vielleicht auf einer Verwechslung?“ – „Wir nehmen an, daß die Kephallonier erst im 2. Jahrhundert christianisiert wurden“, schreibt zwar der griechische Archäologe *Petros Kalligas,* Kephalonia 419. Er verwendet aber die Formulierung „erst im 2. Jahrhundert“, obwohl Funde im kephallenischen Raum auch ins 1. Jh. weisen; jedoch ohne die Kenntnis, daß Paulus auch auf Kephallenia weilte, galt es als völlig phantastisch, diese westgriechische Insel als einzigen Ort zwischen Korinth und Rom zu den Gemeinden der Urkirche zu rechnen.

[5] Laut *Harnack,* Mission (Karte I), war bis zum Jahre 180 das Christentum im Einzugsbereich des zentralen Mittelmeerbeckens (Sizilisches, Adriatisches und Jonisches Meer sowie die Große Syrte) lediglich in der nordafrikanischen Cyrenaica, in der sizilianischen Hafenstadt Syracusae, in der epirotischen Hauptstadt Nicopolis und in der Stadt Same auf der westgriechischen Insel Kephallenia verbreitet; jedoch bis auf letzteren Ort gibt es dafür keine schlagenden Beweise, sondern lediglich Anhaltspunkte, die rein spekulativ sind: „in der Cyrenaica darf man mit höchster Wahrscheinlichkeit christliche Gemeinden vor dem J. 180 annehmen ... – Κυρή(νη) kommt in den Acta Pauli ... neben Syrien vor, aber der Kontext ist so zerstört, daß man nichts zu erschließen vermag“ (aaO. 627f.,7). „Das älteste Zeugnis für christliche Gemeinden in Sizilien bietet der 30. Brief bei *Cyprian,* c. 5 ... Da Syrakus im 4. Jahrhundert als Metropole Siziliens bezeugt ist, so war um 250 sicher eine Gemeinde daselbst“ (aaO. 813f.,5). Woher schöpft *Harnack* die Sicherheit für dieses Urteil (das ja, selbst wenn es zuträfe, nicht als Beleg für die Zuweisung der Stadt Syrakus in die Reihe der christlichen Gemeinden vor dem Jahr 180 taugt!), zumal er ebd. fortfährt: „*Führer,* Forsch. zur Sicilia Sotteranea (1897) S. 170ff. ... zeigt, daß eine

Zur Erklärung dieses erstaunlichen Sachverhalts bietet sich der während der Romfahrt des Paulus erfolgte Schiffbruch vor Melitē und der dortige dreimonatige Aufenthalt geradezu an.

2. *Das Itinerar des Titusbriefes*

Die Insel Kephallenia bot in römischer Zeit zwar einen Flottenstützpunkt, aber keine nennenswerte Garnisonsstadt. Dafür lag unmittelbar nördlich des sich vor der Westküste Mittelgriechenlands erstreckenden kephallenischen Inselbogens seit 30 v. Chr. das aufstrebende Nikopolis. Diese „von Augustus auf der Stelle des Lagers seiner Truppen vor der Schlacht von Actium gegründete griechische Stadt (nicht römische Kolonie, wie *Plin.* nat. 4,5; *Tac.* ann. 6,5) auf der 3½ km breiten Landzunge zwischen Ionischem Meer und Golf von Ambrakia“ bekam „große Teile von Süd-Epirus und Akarnanien“ zugeschlagen,[1] und „eine große Anzahl von Städten der Umgegend mußte ihre Bewohner für die Neugründung hergeben“.[2] Somit gab Augustus „durch die Gründung von Nikopolis ...

Katakomben-Anlage in Syracus bald nach 260 gemacht worden ist. ... Von den zahlreichen anderen sizilianischen Katakomben, welche Führer aufgezählt und beschrieben hat..., wage ich keine einzige der vorconstantinischen Zeit mit einiger Wahrscheinlichkeit beizulegen.“ Bezüglich der Stadt Nikopolis vermag *Harnack* (aaO. 624 mit Anm. 3) nur auf Tit 3,12 hinzuweisen; zudem mit dem einschränkenden Vermerk: „Ganz sicher ist das nicht.“ Und zur Begründung, Nikopolis habe im 3. Jh. eine Christengemeinde besessen, bietet *Harnack* (aaO. 791) lediglich: „*Origenes* war nach *Euseb.* VI,16 daselbst und fand eine ihm bisher unbekannte Übersetzung des Alten Testaments, also gab es dort wahrscheinlich Christen.“ – Während *Harnack* also in Nikopolis, Syrakus und in der Cyrenaica ohne stichhaltige Argumente Christengemeinden vor dem Jahr 180 annimmt, stellt er den unanfechtbaren Beleg für die kephallenische Christengemeinde in Same unnötig in Frage (s. o. Anm. 4 !) und setzt dementsprechend den Namen Same auf dem Kartenbild in Klammern. – Dagegen stellt der Atlas zur Kirchengeschichte, Karte 2 (Die christlichen Gemeinden des 1. und 2. Jahrhunderts), den Sachverhalt treffend dar: Same auf Kephallenia steht außer Frage, Nicopolis und Cyrene erscheinen mit Fragezeichen, Malta und Syrakus sind nicht aufgenommen – denn: „Die Karte nimmt alle Orte und Landschaften auf, in denen Gemeindegründungen oder Missionstätigkeiten bezeugt sind“, wobei Schriften, die einer kritischen Prüfung nicht standhalten, nicht berücksichtigt wurden (ebd. 13).

[1] *Meyer,* Nikopolis 124,26–38.

[2] *Schober,* Nikopolis 516,37ff. – Dazu gehören die Städte Anaktorion, Stratos, Oinaia, Palairos, Alyzia, Leukas, Argos, Amphilochia, Ambrakia (*Strab.* X 2,2).

dem Westen Griechenlands einen neuen Mittelpunkt",[3] und unter Nero wurde die bis dahin zu Achaia gehörende Hafenstadt Nikopolis die Hauptstadt der im Jahre 67 n. Chr. neugeschaffenen Provinz Epirus (seit Diokletian: Epirus Vetus). – Sicherlich war dieses Nikopolis, dessen Aktische Spiele der Kaiser Augustus in den Rang der Olympischen erhoben hatte,[4] zur Zeit des Paulus **das** Nikopolis („**die** Siegesstadt").[5] Und ohne Zweifel konnte diese westgriechische Metropole für die auf der nur 60 km weiter südlich gelegenen Insel Kephallenia gestrandeten Schiffbrüchigen die besten Voraussetzungen zum Überwintern bieten.[6] Zudem war die Stadt „durch eine wichtige Straße mit Apollonia" verbunden,[7] das – nur durch die Meeresstraße von Otranto getrennt – gegenüber der süditalienischen Hafenstadt Brundisium (Brindisi) lag; daher hätten die beiden gestrandeten Zenturien also von Nikopolis aus noch vor dem Wintereinbruch sozusagen nach Italien marschieren können.[8] Die genannten Gründe zeigen, warum der Verfasser des Tit mit einer beabsichtigten Überwinterung in Nikopolis rechnete (Tit 3,12). Es lag einfach nahe, daß sich der auf Kephallenia weilende Hauptmann Julius mit dem

---

[3] *Schober,* Nikopolis 516,35f. – „Nikopolis blühte schnell auf. Die Beute aus der Schlacht von Aktion diente zur Ausschmückung der Stadt. ... Herodes I. bereicherte Nikopolis mit Weihgeschenken. Die günstige Lage an zwei Meeren kam dem Handel zustatten. Da die beiden Häfen nicht ausreichten, wurde auch Anaktorion als Stapelplatz für Nikopolis verwendet. ... Im Jahr 18 n. Chr. besuchte Germanicus Nikopolis und trat dort sein zweites Consulat an. Daß Nero auf seiner Griechenlandreise Nikopolis besuchte, ist höchstwahrscheinlich, da er als Sieger an allen Spielen die Aktischen nicht übergehen konnte" (aaO. 517,3–22).

[4] AaO. 516,64–67.

[5] Somit treffen diejenigen Spekulationen, denen zufolge das Nikopolis Tit 3,12 eine andere Stadt dieses Namens, insbesondere das makedonische bezeichne, nicht zu. Zudem war unter allen Orten namens Nikopolis das westgriechische „als Winterquartier am ersten geeignet" (*Holtz* 237).

[6] Die emporstrebende Großstadt mit ihrem vorzüglich geschützten Binnenhafen (im nahezu völlig geschlossenen Ambrakischen Golf) besaß geeignetere Truppenunterkünfte und Einsatzmöglichkeiten für die Soldaten als Kephallenia. – Übrigens lag laut *Horaz* (65–8 v. Chr.) das westgriechische Nikopolis, wie das Melite der Apg (27,27), an der Adria (*Hor.* epist. XVIII 61).

[7] *Schober,* Nikopolis 517,45.

[8] Vgl. *Balmer,* Romfahrt 460f., der dieses Argument gegen die Mljet-Theorie benutzt, denn wenn das Schiff vor der süddalmatischen Insel Mljet gestrandet wäre, hätte der röm. Hauptmann „in diesem Falle das Sichere [gemeint ist die Küstenstraße südwärts nach Apollonia] vorgezogen [und nicht den Seeweg über Syrakus]", wäre dann „in Brundisium gelandet" und hätte „auf der appischen Straße den Landweg nach Rom auf Wagen oder zu Fuß zurückgelegt".

Gedanken trug, zur benachbarten Garnisonsstadt Nikopolis aufzubrechen. Und dementsprechend hätte auch der historische Paulus an seinen Freund Titus, den er nach Auffassung des Verfassers der Pastoralbriefe zur Regelung von Kirchenangelegenheiten zuvor auf Kreta zurückgelassen hatte (Tit 1,5; vgl. Apg 27,7ff.),[9] folgende Depesche gesandt haben können: „Wenn ich zu dir schicken werde Artemas oder Tychikus, so komme eilig zu mir nach Nikopolis, wo ich voraussichtlich den Winter verbringen werde" (Tit 3,12).[10]

Paulus überwinterte aber nicht in Nikopolis (deshalb folgte Titus ihm statt nach Nikopolis einige Zeit später nach Rom; vgl. 2 Tim 4,10), sondern fuhr mit jenem alexandrinischen Schiff während der Alkyonischen Tage über Syrakus nach Rom (Apg 28,11–15), wo er nach zweijähriger Haft (Apg 28,30) und dem Prozeß vermutlich hingerichtet wurde.[11] So war Kephallenia der letzte Missionierungsort des Paulus vor Rom.

---

[9] Soweit bekannt, war der Aufenthalt des Paulus auf Kreta während der Romfahrt das einzige Mal, daß sich der Apostel auf der Insel befand. Vielleicht beabsichtigte Paulus, die Krise in den kretischen Christengemeinden selbst zu meistern, und plädierte nicht zuletzt deshalb derart energisch für ein Überwintern auf Kreta (vgl. Apg 27,10f.12). – Laut *Vielhauer,* Geschichte 220, hat Paulus die Insel Kreta „nur als Gefangener berührt, wenn die Notiz Apg 27,7f. historisch sein sollte, und den folgenden Winter auf Malta zugebracht 28,1.10.". Hier wird paradoxerweise der völlig unverfängliche Zwischenaufenthalt des Apostels auf Südkreta in Frage gestellt („Das Umfahren Kretas im Süden war gängig" [*Schille* 461, unter Berufung auf *Luc.* Navig. 9]) und eine längere Aufenthaltsdauer unnötig geleugnet (vgl. Apg 27,8f.), während die Strandung und das Überwintern desselben auf Malta als Faktum gilt.

[10] Die Nachricht Tit 3,12 erfolgte offensichtlich im Herbst (vgl. Apg 27!), denn wohl in Anbetracht des bevorstehenden Winters bittet Paulus, Titus möge – falls Artemas und Tychikus gesandt werden – „eilig" kommen (vgl. 2 Tim 4,21). Derart dürfte sich das der Verfasser der Pastoralbriefe zumindest gedacht haben – aber der im Tit ja nur als Möglichkeit genannte Winteraufenthalt in Nikopolis erfolgte nicht, und weder Artemas und Tychikus reisten im Spätherbst nach Kreta, noch Titus nach Nikopolis.

[11] Lediglich als Voraussetzung einer hypothetischen fünften Paulusreise, die darauf baut, daß „die Briefsituationen aller drei Pastoralbriefe nirgends in dem durch die Paulusbriefe und Apg 9 – 28 bekannten Lebensabschnitt unterzubringen" sind (*Vielhauer,* Geschichte 221), nehmen manche (z. B. *Metzger,* Reise 7f.) an, Paulus sei vom Gericht in Rom freigesprochen worden. Wie aber aus 2 Tim 4,6–7 unmißverständlich hervorgeht, wurde Paulus in Rom hingerichtet.

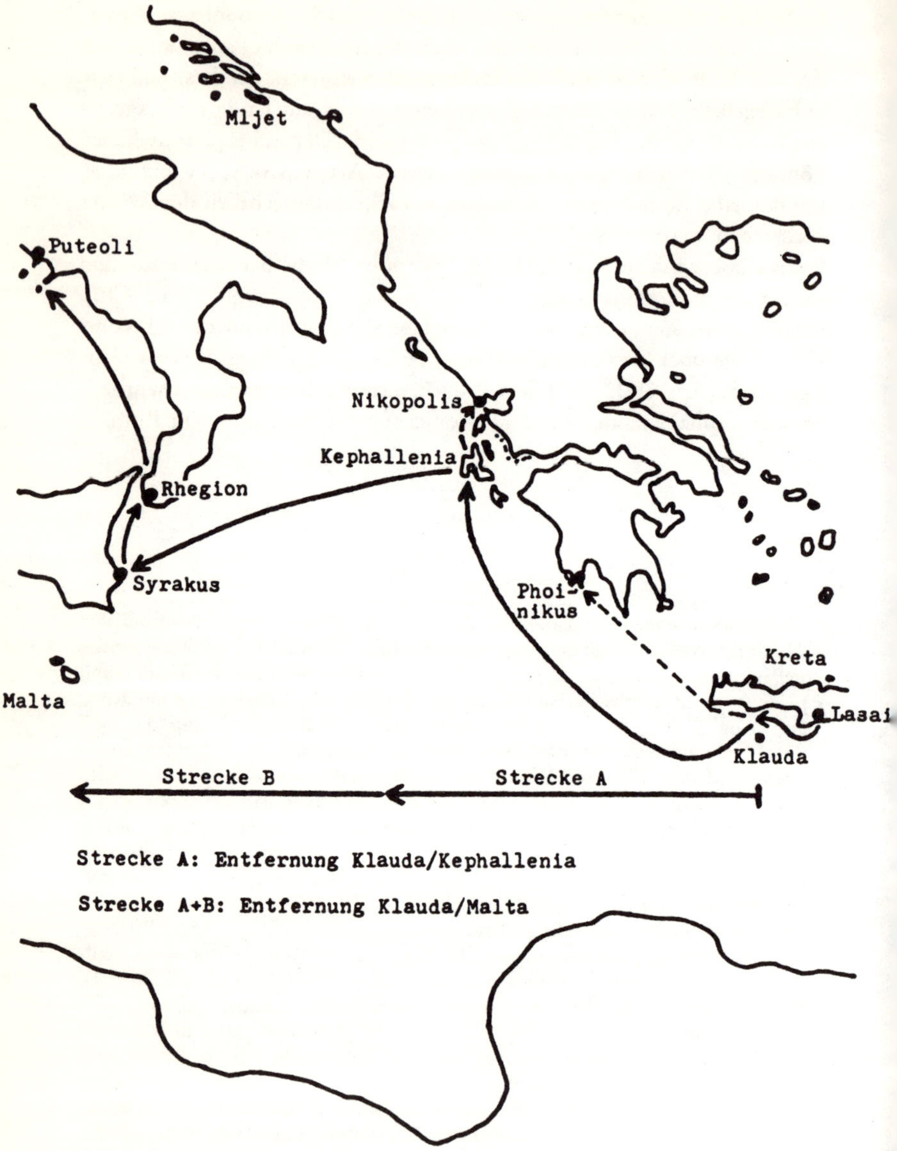

Abb. XXII: Die tatsächliche Route des Apostels Paulus während der Romfahrt

C. SPURENSUCHE

Aufgrund der Ergebnisse, die bis ins kleinste Detail für die Strandung des Paulus im kephallenischen Inselraum sprechen, ist anzunehmen, daß der Autor bei der Abfassung des Berichts Apg 27 – 28 statt an Malta an Kephallenia dachte. Abschließend drängt sich noch die wichtige Frage nach der Historizität des Berichts auf; ist er bloße literarische Fiktion, oder beschreibt er tatsächliche Ereignisse?[1] Diese Frage läßt sich – wenn überhaupt – einzig durch eine intensive Spurensuche in der lokalen Überlieferung und unter den archäologischen Entdeckungen positiv und zwingend entscheiden.

1. Malta

Mit Ausnahme des nicht exklusiven Inselnamens Melitē entspricht Malta keiner Angabe des Berichts Apg 27 – 28: das Schiff konnte nicht infolge des Sturmtiefs von Kreta nach Malta gedriftet sein; Malta lag nie in der Adria, stützte auch nicht den Seeweg Ägypten/Sizilien, besitzt in der St. Pauls-Bai weder den geeignten Golf mit der erforderlichen Flachsee noch dort eine strandige Landzunge. Warum sollten die Seeleute Malta nicht haben identifizieren können? Goß es auf der Insel im Herbst wirklich in Strömen, und mußten die Schiffbrüchigen sich dort tatsächlich aufgrund der Kälte am Feuer aufwärmen? Und weshalb brachen sie zum nahen Sizilien erst nach einem Vierteljahr auf, zudem mitten im Winter? Alles Fragen, auf die die Melitē-Malta-Theorie keine plausiblen Antworten gibt. Auf Malta existierten ferner keine Vipern, die Malteser waren im 1. Jh. n. Chr. weder Barbaren noch verehrten sie die griechische Göttin Dikē. Die Maltagruppe verwaltete zur Zeit des Paulus kein πρῶτος, der Landsitz des höchsten römischen Beamten befand sich nicht im Raum der St. Pauls-Bai, und auf der wohlhabenden Inselgruppe herrschte kein medizinischer Notstand. Die Christianisierung Maltas erfolgte erst in nachkonstantinischer Zeit.

Dementsprechend gibt es keine stichhaltigen Gründe, die auf einen Aufenthalt des Apostels Paulus auf Malta hinweisen. Diesen Mangel können das riesige Marmorstandbild des Paulus und die zahlreichen dem Apostel geweihten Kapellen, Kirchen und Kathedralen Maltas lediglich

[1] So behauptet z. B. *Weiser* 659f. über Apg 27,1 – 28,14: es „läßt sich an historischen Einzelheiten aus der luk Darstellung nur die Tatsache entnehmen, daß Paulus als Gefangener von Cäsarea nach Rom transportiert worden ist". – Über die unterschiedlichen Ansichten der Exegeten zur Historizität von Apg 27f. siehe u. a. *Weiser* 390f.

glanzvoll kupieren, jedoch nicht beseitigen! Die Paulus-Tradition auf Malta reicht kaum über die Grenze der Neuzeit zurück,[2] und die genaue Fixierung des mutmaßlichen Schiffbruchs im Bereich der St. Pauls-Bai erfolgte erst Mitte des 19. Jh. durch den Engländer *James Smith* und wurde zu Beginn des 20. Jh. durch den Schweizer *Hans Balmer* präzisiert. Zwar „erinnert der Name der St. Paulsbucht an die erwähnte Episode, nur ist nicht feststellbar, ob er sehr alt ist".[3] Dennoch versuchen einige Wissenschaftler das Gegenteil zu suggerieren: „Seit ältester Zeit verlegen die Einwohner von Malta den Schiffbruch des Paulus in die an der Nordostseite ihrer Insel liegende Bucht, die deshalb den Namen St. Pauls-Bai trägt", berichtet zum Beispiel *Breusing* (ohne zu sagen, was er unter „seit ältester Zeit" versteht) und fügt (ohne einen triftigen Grund zu nennen) hinzu: „Wie wenig man auch sonst auf solche Überlieferung geben darf, die meist erst nachträglich den Berichten angepaßt wird, so spricht doch in diesem Falle alles für ihre Berechtigung."[4] Meines Erachtens entstand aber der als Beweisstück vielzitierte Buchtenname St. Pauls-Bai erst infolge der Ereignisse des 7. und 8. Septembers 1565, als die dem Malteserorden gehörende Insel als „Schild Europas" gegen die Türken „einen Sommer lang die Welt in Atem hielt";[5] wie durch ein Wunder vermochten die Christen der in dieser Bucht gelandeten Armada der Heiden siegreich zu trotzen,[6] und daher mußte der Ort im Bewußtsein der Inselbewohner derselbe gewesen sein, an welchem einst der Apostel

---

[2] Die ältesten Zeugnisse für die Landung des Paulus auf Malta sind Kirchengemälde aus dem Ende des 16. Jh. auf der Insel, welche insbesondere den Schiffbruch des Apostels zum Thema haben (vgl. *Egger,* Malta 72).

[3] *Weiss,* Melite 544,34f. – Das Alter des Namens der Bucht läßt sich sehr wohl feststellen (s. u.)!

[4] *Breusing,* Nautik 204. – Auch *Smith,* St. Paul 284, vermag lediglich ein dürftiges Argument vorzulegen: so gebe es an der St. Pauls-Bai „'The Apostle's Fountain', a name which proves the great antiquity of the tradition".

[5] *Weimert,* Malta I 35.

[6] Ein 40000 Mann starkes Türkenheer mit Hunderten von Kanonen stand von Ende Mai bis Anfang September 1565 auf der Insel, konnte aber die befestigte Hauptstadt nicht nehmen und setzte sich überstürzt auf die Schiffe ab, als bekannt wurde, daß ein großes christliches Heer nahe. Als sich die Meldung aber als ein Gerücht (bzw. als eine stark übertriebene Angabe) herausstellte, ging der türkische Befehlshaber Mustafa Pascha mit seiner Streitmacht „in der St.-Pauls-Bucht wieder an Land" (*Weimert,* Malta I 52) und wurde dort von den 8000 Malteserrittern und den 9000 Mann des sizilischen Vizekönigs vernichtend geschlagen. Malta blieb damals das Bollwerk der Christenheit im geogr. Nabel der Welt, und „heute noch feiert das Volk von Malta die Kampf- und Siegestage des 7. und 8. September als nationale Feiertage" (*Egger,* Malta 39).

Paulus gelandet war.[7] Dementsprechend taucht der Name der St. Paulsbucht zum ersten Mal gegen Ende des 17. Jh. bei *Otto Friedrich von der Gröben* auf, der zudem auf „eine Höhle, die dem Apostel zur Unterkunft gedient hat, und ein Kirchlein" hinweist.[8] Eine Wallfahrtskirche ist an der St. Pauls-Bai noch heute vorhanden, aber keine als Unterstand geeignete Höhle, die dem Apostel und seinen Gefährten Schutz vor dem Regen hätte bieten können. Die Tradition bietet jedoch ersatzweise ein unterirdisches Verlies in Rabat (unter der Pfarrkirche St. Paul) an, „in welchem der hl. Paulus nach seinem Schiffbruch vor Malta Unterschlupf gefunden hatte".[9] Dieses „Sanktuarium der Insel", dessen blankgeriebenen Wänden „bis heute eine heilsame Wirkung zugeschrieben" wird,[10] liegt immerhin knapp 10 km Luftlinie vom mutmaßlichen Ort des Schiffbruchs entfernt![11] Bei der Stadt Rabat, im älteren Ortsteil Mdina, residiert der maltesische Erzbischof,[12] und dessen „Kathedrale steht der Legende nach auf dem Platz des Hauses, in welchem der Apostel Paulus im Jahre 60 den Vater des Publius heilte".[13] Zwar lag der Sitz der römischen Verwaltung

---

[7] Dementsprechend „werden auch von den Inselbewohnern dort gefundene vorgeschichtliche Versteinerungen von Tieren auf die Wundertätigkeit des Apostels zurückgeführt" (*Voigt,* Die Romfahrt des Apostels Paulus 732 [Hansa, Deutsche nautische Zeitschrift LIII, 1916], nach *Steinmann* 310).

[8] *Voigt* (ebd.) nach *Steinmann,* ebd. – *O. F. v. d. Gröben* (er gründete am 1. 1. 1683 in Westafrika die bis 1720 bestehende brandenburgische Kolonie Groß-Friedrichsburg) berührte während einer Mittelmeerreise Malta und besuchte dort die St. Pauls-Bai. – Vgl. *Heutger,* Paulus 87: „Die heutige St. Paul's-Bay aber trägt ihren stolzen Namen erst seit der Zeit der Malteserritter: Erst um 1650 ist die erste Karte entstanden, die die Stätte des Schiffbruchs des Weltmissionars hier ansetzt."

[9] *Weimert,* Malta I 91. – „Grotte und Krypta wurden von Großmeister Wignacourt 1608 und von Großmeister Pinto 1743 renoviert" (*Egger,* Malta 157).

[10] *Weimert,* Malta I 92.

[11] Daher weisen einige Lokalpatrioten ihren Heimatort Naxxar (4 km nordwestl. von La Valetta) als die Stelle aus, an der Paulus sich nach dem Schiffbruch trocknete, und stützten sich dabei auf eine falsche etymologische Herleitung des Ortsnamens (Naxxar kommt nicht von naxar = getrocknet, sondern von Xghari [na-xghari] und bedeutet unfruchtbares Land). Ungeachtet dessen meinen aber auch hier lediglich die heidnischen Touristen: „Wieso er ... erst in Naxxar, etwa 7 km entfernt, seine Kleider getrocknet haben soll, ist nicht ganz verständlich" (*May,* Malta 95).

[12] „Malta bildet seit 1831, dem Zeitpunkt der Lostrennung vom Erzbistum Palermo, ein röm.-kath. Erzbistum" (*Egger,* Malta 59). Die Nachbarinsel „Gozo bildet seit 1864 ein eigenes Bistum mit eigenem Bischof und eigener Kathedrale in der Inselhauptstadt Victoria" (aaO. 61).

[13] *Egger,* Malta 155.

auf Malta höchstwahrscheinlich im Ort Mdina (die Doppelstadt Mdina-Rabat war bis in die Neuzeit hinein die Hauptstadt der Maltagruppe), aber laut Apg 28,7f. befand sich der kranke Vater des Publius nicht an einem Ort inmitten der Insel, sondern auf dem Landsitz nahe der Küste, wo Paulus Schiffbruch erlitt. Der „Schiffbruch des Heiligen Paulus", der jedes Jahr auf Malta kirchlicher und gesetzlicher Feiertag ist, wird merkwürdigerweise am 10. Februar begangen.[14] Ferner ist die Legende, daß die Giftschlangen Maltas infolge des Aufenthalts des Apostels ausgestorben seien, naturwissenschaftlich unhaltbar.[15]

Die Annahme, Paulus sei auf Malta gelandet, muß also als ein durchsichtiges neuzeitliches Gespinst verworfen werden.[16] Dennoch ist bezüglich der Maltagruppe paradoxerweise festzustellen: „St. Paul's Christian influence in the island lives on today as perhaps nowhere else in the world."[17]

---

[14] Das Datum ist willkürlich gewählt, denn laut Apg 27,9 (vgl. 27,27) ereignete sich der Schiffbruch im Herbst. – Sonstige mit dem Aufenthalt des Apostels Paulus im Zusammenhang stehende Kirchenfeste sind „Hl. Publius" am 3. Sonntag nach Ostern im Ort Floriana, „Martyrium des Hl. Paulus" am 30. Juni in Rabat, „Bekehrung des Saulus" am letzten Sonntag des Jahres in Safi (*Weimer*, Malta I 17f.).

[15] Während die Malteser bis in die jüngste Vergangenheit glaubten, die Giftschlangen seien verschwunden, weil Paulus nach seiner Landung auf der Insel mit der Viper ein Exempel statuiert habe (vgl. Apg 28,1–6), meinen viele Exegeten zu Unrecht, daß die Giftschlangen erst infolge der modernen Zivilisation ausgerottet wurden (s. II D 1; Kapitel: Sandviper).

[16] Es existieren keine glaubwürdigen Quellen aus der Spätantike oder dem frühen Mittelalter, aus denen hervorgeht, daß Malta als das Melitē der Apg betrachtet wurde. Die frühsten Erläuterungen zur Romfahrt des Paulus, jedoch ohne geographische Interpretationen, stammen „erst aus dem vierten und fünften Jahrhundert" (*Balmer*, Romfahrt 479). *Constantin Porphyrogenetos* (verstorben 959) identifizierte als erster das Melitē der Apg, indem er es in der der illyrischen Küste vorgelagerten Insel Meleda (also nicht Malta!) wiedererkannte (*Const. Porph.* de adm. 36; vgl. *Balmer*, aaO. 448f. u. 479f.). Dementsprechend urteilt noch das Universallexikon, Meleda/Mljet 487, im Jahre 1739: „Diese soll eigentlich diejenige seyn, bey welcher der Apostel Paulus Schiffbruch gelitten, keineswegs aber Maltha." – Während heutzutage manche Exegeten, z. B. *Schille* 457, bezüglich der Malta-Theorie noch feststellen, daß „die Lokalisierung kaum ursprünglich ist", stellt *Heutger*, Paulus 86, klipp und klar fest: „Die Kommentare zu den Acta sind sämtlich von wirklicher Ortskenntnis unbelastet."

[17] *Balls*, Malta 26. – „Als Hauptpatron der Insel wird der hl. Paulus verehrt. Nebenpatrone sind der hl. Publius (erster, von Paulus eingesetzter Bischof Maltas) und die hl. Agathe" (*Egger*, Malta 60). Insbesondere ihnen sind die zahlreichen Kirchen geweiht: 4 Kathedralen (die des röm.-kath. Erzbischofs in Mdina und dessen Co-Kathedrale in der Hauptstadt La Valetta; die des röm.-kath. Bischofs in Victoria auf Gozo; die „St. Paul's Cathedral" des anglikani-

2. *Kephallenia*

Bevor auf konkrete Spuren des Paulus-Aufenthalts auf Kephallenia hingewiesen werden soll, sei an die turbulente Geschichte des Inselraumes erinnert: Menschenraub durch Seeräuber und Türken im großen Stil,[1] wiederholte Überfälle durch Sarazenen und Normannen, Landungen der Pisaner, Spanier und Venezianer sowie mehrere große Einwanderungswellen insbesondere von Festlandsgriechen, Albanern und Slawen führten während des Mittelalters zur völligen Überfremdung der extrem dezimierten Inselbevölkerung.[2] Zudem wurden die Kephallenen während des gesamten Spätmittelalters in ihrer Religionsausübung hart unterdrückt, anfangs (1206–1479) von den italienischen Inselherren, die entschlossen gegen das griechisch-orthodoxe Christentum vorgingen und statt dessen den römischen Katholizismus fest zu verwurzeln suchten (schon seit der Spätantike lag der westgriechische Inselraum im Spannungsfeld zwischen dem Papst in Rom und dem Patriarchen in Konstantinopel),[3] später (1479–1500 und 1571) von den Türken, welche die kephallenischen (orthodoxen wie katholischen) Christen zu Moslems bekehren wollten, und, wie die anderen Besatzungsmächte zuvor, den kephallenischen

---

schen Bischofs in La Valetta), 3 Basiliken (in Birkirkara, Senlea und Victoria), 69 Pfarrkirchen und ca. 300 weitere Kirchen, darunter im Ort Mosta „die drittgrößte Rundkirche der Welt" (ebd.). Und das alles auf einer Inselgruppe, die nur 315 qkm umfaßt (zum Vergleich: die Fläche der Stadt Bremen – ohne Bremerhaven – ist mit 324 qkm sogar noch etwas größer)! „Es gibt wohl keinen Fleck auf der Erde – die Ewige Stadt Rom eingeschlossen – auf dem so viele Kirchen so dicht beieinander stehen wie auf Malta. Schier zahllos sind die kleinen unscheinbaren am Rande, fast ebenso zahllos die majestätisch großen mit prunkvollen Fassaden" (*Weimert* II 7).

[1] „Especially Cephalonia and Zante, which were more than once occupied and spoiled by the Turks ... have suffered much from piratical and hostile invasion" (*Davy*, Islands I 27). Von einigen Dörfern wurden innerhalb weniger Stunden sämtliche Bewohner verschleppt (vgl. *Partsch*, Kephallenia 46; 91).

[2] *Partsch*, Kephallenia 42–45.

[3] *Soustal*, Kephallēnia 81 f. – Von der Zeit der katholischen Machthaber Kephallenias (die Grafen von Cefalonia stammten aus Adelsgeschlechtern, die in den süditalienischen Orten Brindisi und Benevent lebten) zeugt noch heute das an der Südwestküste der Insel gelegene Kloster Sisia. Der Name „erinnert an Assisi, die Heimat des Begründers des Franziskanerordens. Und wirklich ist dieses Kloster der ‚Madonna von Assisi' eine Schöpfung der Minoriten" (*Partsch*, Kephallenia 78). – Die Venezianer (sie waren zwar auch katholisch, lebten aber mit dem Papst im Spannungsverhältnis), die von 1500 bis 1797 Kephallenia beherrschten, gestatteten den Inselbewohnern die relativ ungehinderte Ausübung des orthodoxen Glaubens.

Inselraum wirtschaftlich und personell ausbluten ließen.[4] So übernahmen die Venezianer im Jahre 1500 „die Inseln im traurigsten Zustande. Kephallenia hatte damals nur etwa 10000 Einwohner“,[5] also etwa 1/10 der antiken Bevölkerungszahl.[6] – Diese Geschichte gilt es zu berücksichtigen, wenn im folgenden nach den alten Traditionen gefragt wird, und solche müssen schon sehr zählebig gewesen sein, um den geschilderten Stürmen der Zeit zu trotzen!

In der Zeit vor den heftigen politischen und religiösen Wirren des Spätmittelalters sowie der extremen Überfremdung der Inselbevölkerung bei anhaltender Fluktuation, wodurch anscheinend der Aufenthalt des Apostels Paulus in Vergessenheit geriet, war Kephallenia bemerkenswerterweise kirchliche Metropolis der Provinz Prōtē Ēpeiros (Epirus Vetus),[7] zu der namentlich die beiden bedeutenden westgriechischen Hafenstädte Nikopolis und Patras gehörten. – In der wechselhaften Kirchengeschichte Kephallenias, zwischen Metropolis und Suffraganbistum, zwischen Patriarch und Papst, gibt es einen bisher unerklärlich konstanten Faktor: die seit alters her bezeugte enge Bindung zwischen Kephallenia und Korinth. So unterstand das Bistum Kephallenia nie dem Metropoliten von Nikopolis (wie zum Beispiel die Insel Leukas) oder dem von Naupaktos (wie die

---

[4] Zahllose Kephallenen wurden hingerichtet, mehr als tausend Familien im Jahre 1481 nach Konstantinopel verschleppt (*Müller,* Griechenland 164); die Nachbarinsel Kephallenias, Ithaka, wurde völlig entvölkert (vgl. *Partsch,* Kephallenia 46).

[5] *Philippson/Kirsten,* Landschaften II 525.

[6] Vgl. *Partsch,* Kephallenia 41. – Auch die sich durch Wellen von neuen Einwanderern auszeichnende venezianische Siedlungspolitik erlitt anfangs kräftige Rückschläge; bereits „1538 wurden über 13000 Menschen von den Türken aus Kephallenia geraubt“, und der Krieg von 1570–1576 (1571 Seeschlacht von Lepanto, die nicht vor Lepanto im Golf von Korinth stattfand, sondern im kephallenischen Binnenmeer) verwüstete den Inselraum. Durch umfangreiche Zwangsansiedlungen vervierfachte sich jedoch im folgenden Jahrhundert die kephallenische Bevölkerungszahl (von 14000 im Jahre 1548 auf 60000 im Jahre 1640) (aaO. 46f.).

[7] Siehe die sog. Ikonoklastennotiz (zwischen 714 u. 741); deren ausgewiesener Bistumsbestand der Provinz Alt-Epirus deckt sich „im wesentlichen mit dem 457/458 im Schreiben an Papst Leo I. genannten Bistümern und mit den im ‚Synekdēmos‘ des *Hieroklēs* ebenfalls für die Mitte des 5. Jh. aufgezeichneten Städten“ (*Soustal,* Kephallēnia 83). „Eine weitere Quelle nennt Kephallēnia als Metropolis, der Kerkyra neben anderen, auf der Peloponnes gelegenen Orten unterstehen“ (aaO. 83,19). – Für die Konzilien in Nikaia 787 u. 879 ist die Teilnahme des Bischofs von Kephallenia belegt; eventuell gehört er bereits zu den ‚Ēpeirōtai‘ des Konzils zu Nikaia im Jahre 325 (aaO. 81; mit Bezug auf *Eusebios,* De vita Constantini III 7,1).

Inselkette der Echinaden), noch dem von Kerkyra (wie die beiden Inseln Paxos und Antipaxos), sondern es gehörte „zur Peloponnes und unterstand nicht Patras, sondern – trotz der beträchtlichen Distanz – der Mētropolis Korinthos, der ansonsten fast nur Städte im Osten der Peloponnes angehörten".[8] Diese unter geographischen Gesichtspunkten völlig unerklärliche, aber bis heute traditionell tief verwurzelte Bindung zwischen der Kirche von Korinth und der von Kephallenia (auch der kephallenische Inselheilige Gerasimos war anfangs Mönch im Raum Korinth)[9] dürfte bis auf die Zeit der Missionierung durch den Apostel Paulus zurückgehen, als beide Orte die ersten und einzigen urchristlichen Gemeinden im peloponnesischen Raum aufwiesen![10]

Der aus Trikala bei Korinth stammende Mönch Gerasimos Notaras, der für seine Verdienste um die Erhaltung und Restauration des griechisch-orthodoxen Glaubens auf Kephallenia und infolge der von seinem Grabe gemeldeten Wunderzeichen im Jahre 1622 auf einer Synode in Konstantinopel heilig gesprochen wurde (seitdem ist er der Inselheilige Kephallenias), besitzt merkwürdigerweise zwei Feiertage im Jahr (die zudem nicht aufeinander folgen), und zwar den 16. August und auch den 20. Oktober, an denen Tausende griechische Pilger nach Kephallenia kommen.[11] Nun drängt sich die Vermutung auf, daß der zweite Feiertag ursprünglich den Ankunftstag des Paulus markierte und nach den Wirren des Spätmit-

---

[8] *Soustal,* Kephallēnia 84. – Auch als nach der Eroberung Konstantinopels durch die Kreuzfahrer (1203/04) das lateinische Kaiserreich das byzantinische ablöste und Griechenland in einzelne Herrschaftsbereiche zerfiel (weil die Kreuzfahrer das Land unter sich aufgeteilt hatten), konnten sogar diese grundlegend geänderten Verhältnisse die enge Bindung zwischen Kephallenia (samt seinem zeitweiligen Suffragan Zakynthos) und Korinth nicht zerstören: „Seit 1207 kennen wir Kephallēnia als lateinisches Bistum (Cephaluniensis), während auf Zakynthos (Jacinthensis) sich damals noch der griechische Bischof behaupten konnte. Die beiden Bistümer unterstanden anfangs offenbar dem lateinischen Erzbistum Patras (1207), wurden aber recht bald (so bereits 1212) – in Entsprechung zur griechischen Einteilung – dem lateinischen Erzbistum Korinth angeschlossen" (aaO. 86f.).

[9] Der Mönch Gerasimos stammte „aus Trikala bei Korinth" (*Anonymus,* Kephallenia 76). Ausführliche Angaben bietet *Loucatos,* Religion 162.

[10] Kenchreai (Röm 16,1) ist hier als östlicher Hafen von Korinth unberücksichtigt. – Der späteren Metropolis Kephallenia unterstanden auch peloponnesische Orte (vgl. Anm. 7).

[11] *Anonymus,* Kephallenia 76. – „Der Tag des Schutzheiligen der Insel, des Hl. Gerasimos, wird am 16. August und **auch** am 20. Oktober gefeiert" (*Anonymus,* Griechenland [Faltblatt ohne Seitenzahlen]). Gerasimos „morut le 15 août 1579, mais la commémoration de sa mort fu reportée au 16 août pour qu'elle ne tombât pas avec la fête de la Très-Sainte" (*Loucatos,* Religion 161,1).

telalters fälschlich dem Inselheiligen Gerasimos zugeschlagen wurde. So ist Paulus laut Apg 27,9–13 von Kreta abgefahren, als der herbstliche Fastentag, der im Jahre 59 n. Chr. auf den 5. Oktober fiel,[12] verstrichen war. Wenn der Apostel daraufhin tatsächlich am 6. Oktober Kreta verlassen hatte, dann betrat er nach 14 Tagen Irrfahrt (Apg 27,27) am Morgen des 20. Oktober die Insel Kephallenia!

Paulus strandete vor der kephallenischen Landzunge von Argostoli, dem Melitē der Apg 28,1, im Bereich des Felskaps Lardigo. Dort befindet sich am sanft ansteigenden Abhang des Höhenzuges von Argostoli in etwa 40 m Höhe eine zum Meer hin geöffnete Felswölbung, die wie ein Musikpavillon geformt ist. Diesen geschützten Ort dürfte der schiffbrüchige Apostel mit seinen Gefährten zunächst aufgesucht haben, um sich vor dem strömenden Regen in Sicherheit zu bringen und am Feuer zu wärmen.[13] Heute befindet sich dort eine kleine christliche Kirche, die zu ungefähr einem Drittel in den pavillonartigen Fels hineingebaut ist.[14] Die Kephallenen verehren diesen heiligen Ort, weil hier um das Jahr 1565 ihr Inselheiliger Gerasimos sich nach seiner Ankunft auf Kephallenia aufgehalten haben soll.[15] Jedoch dürfte Gerasimos – vom korinthischen Golf

---

[12] „Mit ἡ νηστεία ist ‚das Fasten' am jüdischen Versöhnungstag (fünf Tage vor dem Laubhüttenfest) gemeint (*Philo*, De spec. leg. II 193–203; *Jos.* Ant. XIV 66; XVIII 94; *Barn* 7,4)" (*Schneider* 389,22). Dieses „Fasten fiel im Jahr 59 auf den 5. Oktober, in den Jahren davor aber vor das Äquinoktikum; s. *Workmann*, Expos. Times 11, 1899/1900, 316–319" (*Haenchen* 670,1). Zu derselben Datierung gelangte schon 5 Jahre zuvor *Ramsay*, Paulus 263: „Das große Fasten fiel im Jahre 59 auf den 5. Oktober." Vgl. dagegen die wilden Spekulationen *Balmers* zur „Zeitbestimmung" (Romfahrt 463 ff.).

[13] „Die 276 Schiffbrüchigen können sich nicht um das eine Feuer versammeln; folglich denkt der Erzähler an die kleine christliche Gruppe" (*Haenchen* 681).

[14] Die Kephallenia-Karte von *Partsch* (1888) weist diese heilige Stätte noch als ein Kloster aus. Der einst dort wirkende kleine Frauenorden ist mit dem Tode der letzten Nonnen vor gut einem Jahrzehnt erloschen. – Die reich ausgestattete kleine Kirche wird aber zu festlichen Anlässen weiterhin genutzt; so erlebte der Verf. am 21. 5. 79 dort einen feierlichen Taufgottesdienst. Seitlich hinter dem in der Felswölbung stehenden Altar schließt sich eine kleine Nebenhöhle an (ca. 3×2×2 m), ein von alten silbernen Ölleuchtern rauchgeschwärztes Sanktuarium, das mittels eines schmiedeeisernen Tors verschlossen ist. – Zu der Kirche führt von der Küstenstraße, die Argostoli mit dem Flughafen verbindet, eine geteerte Stichstraße (beim Hotel Mediterrane) mit der griechischen und englischen Ausschilderung „H. Gerasimos Spileon" und „St.-Gerasimos-Cave".

[15] „Ursprünglich hatte er unten jenseits Argostoli, an dem anderen Ufer der golfspaltenden Landzunge von Livatho [Landzunge von Argostoli], sein Kloster im Angesichte des weiten Meeres" (*Warsberg*, Ithaka 33).

kommend – im Osten der Insel gelandet sein (seit dem Altertum wird der Fährverkehr zwischen der Insel und dem Festland über die ostkephallenische Bucht von Samos abgewickelt)[16], und die von ihm aufgesuchte Höhle wird noch heute jedem Besucher unter der prächtigen Kirche des von ihm gegründeten Klosters in Homala gezeigt (Hauptsehenswürdigkeit Kephallenias).[17] So gibt es eine Gerasimos-Höhle zuviel, offensichtlich jenes „Gerasimos Spileon“ an der Einfahrt des westkephallenischen Livadi-Golfs. Sie trägt demnach ihren Namen zu Unrecht und müßte statt dessen den des Apostels Paulus führen, weil die Kephallenen diese Höhle ursprünglich in Gedenken an dessen Ankunft schon lange vor Lebzeiten des heiligen Gerasimos verehrten; bereits im Praktikon Richard Orsinis aus dem Jahre 1264,[18] das die kephallenischen Besitzungen des lateinischen Bistums Zante (Zakynthos) ausweist, finden sich Angaben über eine Höhle, die sich unbestritten auf besagten Ort der Landzunge von

---

[16] „Dieser geräumige Golf von Samos hat zu allen Zeiten als eine wichtige Reede gegolten. ... Die frei sich öffnende Bahn nach Osten führte nicht nur unmittelbar in den früh von der Schiffahrt belebten Vorhof des korinthischen Busens, sondern genau in diese wichtige Meeresgasse selbst hinein. Kein Teil der ganzen Insel war so geeignet zur Vermittlung des Warenaustausches und des Personenverkehrs mit den blühendsten Kulturlandschaften Griechenlands“ (*Partsch,* Kephallenia 68 f.).

[17] „Schon im Mittelalter lag hier, an dem Punkte, wo die alte Hauptstraße“ vom Aenos zur Ebene von Krane „niedersteigt in die Thalsohle [Homala-Mulde], ein Kirchlein der Madonna von Jerusalem. Das muß in Trümmern gelegen haben, als ums Jahr 1570 nach langer Pilgerschaft der moreotische [Morea = Peloponnes] Mönch Gerasimos hierher kam“ (*Partsch,* Kephallenia 88). Seitdem Gerasimos den verfallenen Klosterort neu belebte, „ist die Madonna für den Volksglauben mehr in den Hintergrund getreten“ (ebd.). Aber auch die Madonna wurde hier nicht ursprünglich verehrt. So sprechen die Zeugnisse aus der Zeit vor der Prägung Kephallenias durch die Herrschaft der süditalienischen Grafen (die Madonnen- und Marienverehrung deutet auf den röm.-kath. Glauben hin) nicht von „Santa Maria di Hierusalem“ (aaO. 88,1), sondern bloß von der Kirche „Ἁγία Ἱερουσαλήμ“ (ebd.). Auch berichtet die byzantinische Kaisertochter *Anna Komnēnē* II 55 (im Zusammenhang mit dem Tod Robert Guiskards 1085 auf Kephallenia) lediglich von einem Ort namens „Hierusalēm“, der schon damals in Ruinen lag (der Ort wird ohne Fixierung fälschlich auf der Nachbarinsel Ithaka angenommen; vgl. *Soustal,* Kephallēnia 168). So wurde während des frühen Mittelalters an diesem heiligsten Ort Kephallenias nicht die Madonna von Jerusalem verehrt, sondern wahrscheinlich der Heilige von Jerusalem: der Apostel Paulus (vgl. Apg 28,17)!

[18] Die Urkunde ist abgedruckt in: Acta et Diplomata Graeca Medii Avi, edid. *Fr. Miklosisch* et *Jos. Müller,* vol. V., Vindobonae 1887, S. 16–67. – *Partsch,* Kephallenia 42, datiert das Dokument in das Jahr 1262 (statt 1264).

Argostoli beziehen;[19] dabei ist außerdem nicht zu vergessen: „Augenscheinlich schlägt das merkwürdige Dokument des 13. Jh. eine Brücke zwischen der antiken und der heutigen Topographie der Insel."[20] – Wie schon beim Festtag des 20. Oktobers festgestellt, trat nach den Wirren des Spätmittelalters der Inselheilige Gerasimos also auch bei jener alten Kultgrotte auf der Landzunge von Argostoli das Erbe des Apostels Paulus an.[21]

Ein noch beweiskräftigeres Indiz, das auf die Christianisierung Kephallenias durch den Apostel Paulus hinweist, bietet folgende bestechende Tatsache: während in spätrömischer und byzanthinischer Zeit im Westen Griechenlands[22] – soweit bekannt – zum Beispiel über vierzig Kirchen dem heiligen Nikolaus geweiht waren,[23] so nur zwei dem heiligen Apostel Paulus; und diese beiden einzigen alten Paulus-Kirchen Westgriechenlands befanden sich auf Kephallenia, zudem jeweils nur etwa 10 km von der Strandungsstelle des Paulus (beim Felskap Lardigo, im Südwesten der Landzunge von Argostoli) entfernt: die eine nordwestlich auf Paliki,[24] die

[19] Vgl. besonders *Partsch,* Kephallenia 43, sowie *Soustal,* Kephallēnia 187: „topothesia tōn Spēleōn (vgl. den Ort Spēlia unweit ssw. von Argostolion)"; vgl. ferner die seinem Opus beigefügte Landkarte (Ausschnitt Kephallēnia), in welcher der Name Spēlia in Schwarzdruck (beachte Legende) erscheint. – Die richtige Identifizierung des Topos ist unstrittig, weil zu byzantinischer Zeit (soweit bekannt) keine weitere christliche Kultstätte in Westgriechenland einfach Spēleion (= Höhle) genannt wurde (vgl. die bei *Soustal* im Register auftauchenden Formen Spēleu, Spēlia, Spēliōn) und das Praktikon Richard Orsinis zweifellos die kephallenischen Besitzungen des lateinischen Bistums Zante im Jahre 1264 ausweist.

[20] *Partsch,* Kephallenia 45.

[21] Dafür spricht nicht ausschließlich der genannte Anachronismus, sondern nicht minder zwingend die Tatsache, daß die Kultgrotte ursprünglich im Besitz der lateinischen Kirche war (wie das Dokument des 13. Jh. zeigt, gehörte die Grotte – statt zum orthodoxen Erzbistum Kephallenia – zum lateinischen Bistum Zakynthos; und die dortige Kapelle trägt immer noch ein lateinisches Kreuz). Aufgrund dessen war dieser heilige Ort mit Sicherheit nicht dem Mönch Gerasimos geweiht, der ja gerade für seinen Kampf gegen die römisch-katholische Kirche und für die Restauration des orthodoxen Glaubens heilig gesprochen wurde.

[22] Gemeint ist das gesamte Territorium, das die heutigen griechischen Regierungsbezirke (Nomoi) Iōannina, Thesprōtia, Arta, Prebeza, Aitolia, Akarnania, Kerkyra, Kephallēnia, Leukas und Zakynthos sowie den Südteil des Staates Albanien umfaßt (*Soustal,* Kephallēnia 41).

[23] Vgl. *Soustal,* Kephallēnia 313–314 (Geograph. Register).

[24] AaO. 221.

andere südöstlich im Dorf Pesades (auch Pessades und Pesada),[25] dem Hauptort des Dimos Ano Livatho.
Pesades war der bedeutendste Ort an der Südwestküste Kephallenias,[26] und er steht im Mittelpunkt einer interessanten Überlieferung, welche die Abschaffung des Zeus-Kults und die Einführung des Christentums auf Kephallenia zum Inhalt hat. Während „der prächtigsten römischen Kaiserzeit",[27] also im 1. Jh. n. Chr.,[28] sei ein Apostel in Pesades gewesen (angesichts der ehemals dort befindlichen Paulus-Kirche offenbar der Apostel Paulus)[29], der die Insel christianisierte und „eine Procession in festlich geschmückten Schiffen, die von Pessades abstiess",[30] entlang der Küste Livathos westwärts führte (also in Richtung der Landzunge von Argostoli)[31] zu einer küstennahen Klippe, an der schon mehrere Schiffe havarierten.[32] „Und als sie hart unter die Klippe gelangt waren, ... hob der begeisterte Kreuzesträger das neue Reichscepter in die Höhe und machte segnend das Zeichen des neuen Bundes über die Insel",[33] die eine der ältesten und bedeutendsten Zeus-Kultstätten Griechenlands besaß: auf dem 1628 m hohen Gipfel des kephallenischen Aenos-Massivs lag das Hieron des einst berühmten Zeus-Aine(s)ios.[34] Und „als jener Apostel eines neuen Glaubens das erderschütternde Kreuzeszeichen über die Insel gemacht", habe Zeus seine Macht über die Kephallenen verloren.[35] „Am

[25] AaO. 230; ferner gab es im kephall. Pesades (Pesada) die einzige Kirche namens H. Apostolōn in Westgriechenland (ebd.).

[26] *Goodison,* Islands 140.

[27] *Warsberg,* Ithaka 17.

[28] Die Ära der „prächtigsten römischen Kaiserzeit" war die der julisch-claudischen und flavischen Kaiser (27 v. bis 96 n. Chr.), und „am Ende des 1. Jh. n. Chr. erreichte Rom den Höhepunkt seiner Macht" (*Brockhaus,* Rom 251).

[29] Der Ort Pesades steht im Mittelpunkt der von *Warsberg,* Ithaka 12–30, überlieferten Geschichte und wird mehrmals genannt (aaO. 16; 18; 22; 24; 26; 28).

[30] *Warsberg,* Ithaka 22.

[31] Die Schiffsprozession führte vom „kleinen Golfe von Pessades" in Richtung des Eilands Dia (aaO. 28), also westwärts.

[32] „Viele Schiffe seien immer an dieser Klippe gescheitert" (aaO. 14; vgl. 15 u. 22 f.). Siehe auch *Partsch,* Kephallenia 79, der vor den „seichten Ufergewässern" Livathos mit seinen Klippen und Riffen warnt, die „als Merkzeichen untiefen Wassers von den Küstenfahrern gemieden" werden.

[33] *Warsberg,* Ithaka 23.

[34] *Strab.* X 2,15; Schol. *Apoll. Rhod.* II 297.

[35] *Warsberg,* Ithaka 23. Die Macht des Zeus ging verloren, weil ihm die Rückverwandlung vom Menschen in den Gott nicht mehr gelang, nachdem der Apostel das Christentum auf der Insel verkündet hat. Übrigens redete namentlich der Apostel Paulus „über die Nichtigkeit der olympischen Götter" (*Pokorny,* Romfahrt 238, mit Bezug auf Apg 14,15).

Gedenktage seiner Rettung" (des Schiffbrüchigen, der mit einem Handelsschiff aus Richtung Zypern kam und auf dem Weg nach Italien war)[36] führte „jedes Jahr" noch „viele Jahrhunderte" lang ein „festlicher Barkenzug mit Musik und Liedern zum Inselfelsen",[37] nahe dem vermutlich das Paulus-Schiff während der Anfahrt auf Kephallenia kurz vor Erreichen der Küste gescheitert war (vgl. Apg 27,29.41).[38]

Zwei andere Orte an der Südwestküste Kephallenias (Marcopoulon und Arginia, beide im Dimos Elios) sind noch in der Gegenwart den Griechen „durch ein merkwürdiges Schlangenphänomen bekannt": eigenartige Vipern „mit einem schwarzen Kreuz auf dem Kopf erscheinen einmal im Jahr um den 15. August, dem Tag Mariae Himmelfahrt herum. Die Gläubigen fürchten die Schlangen nicht. Sie nehmen sie in die Hand, legen sie an die Brust und stecken sie sogar in den Mund, weil das Glück bringen soll".[39] Da es auf Kephallenia an Vipern ausschließlich die lebensgefährliche und dementsprechend gefürchtete Sandviper (Vipera ammodytes; ἔχιδνα) gibt, bisher aber anscheinend keine gefährlichen Bißwunden infolge des mysteriösen Kultes bekannt wurden, dürften die heiligen Reptilien[40] keine Sandvipern sein.[41] Obwohl dieser kephalleni-

---

[36] *Warsberg,* Ithaka 14. – Der aus Tarsus in Kilikien (150 km nordöstlich von Zypern) stammende Paulus fuhr über Zypern nach Rom (Apg 27,4).

[37] *Warsberg,* Ithaka 16.

[38] Den Kephallenen ging aber zunehmend der Sinn der zur Felsklippe führenden Schiffsprozession verloren, und so trat auch hier der Inselheilige Gerasimos das dunkle Erbe an; zudem wurde die Route geändert: „The principal one [procession] ist the annual conveyance of the body of San Gerasimo ... across the water from Argostoli to Lixuri: This is performed with great pomp and ceremony: innumerable boats" begleiten herrlich geschmückt den Inselheiligen durch die argostolische Bucht und den Livadi-Golf, ebenso wenn er zurückgebracht wurde „to Argostoli, where it rests quietly until another summer has passed" (*Kendrick,* Islands 137; i.J. 1822).

[39] *Anonymus,* Kephallenia 74. Dieser kleine Reiseführer aus dem Jahre 1978 ist viersprachig und enthält die gleichen Themen, die aber hinsichtlich ihres Informationsgehalts je nach Sprache differieren; daher sei hier der etwas ausführlichere französische Text (S. 61) zitiert: „Le village est réputé aussi pour ses serpents du type vipère, à croix noire sur la tête mais inoffensifs et qui apparaissent miraculeusement une fois par an, autor de l'église, aux approches de la fête de l'Assomption, le 15 Août. Les croyants qui viennent en foule pour la fête, non seulement les prennent sans crainte avec leurs mains mais encore les posent sur leur pointrine ou bien les mettent sur leurs yeux (geste thérapeutique) ou bien dans leur bouche, pour attirer la chance. Ces serpents disparaissent toute de suite après la fête." – Vgl. *Loucatos,* Religion 151–159.

[40] Die Schlangen sind nach Auffassung der Kephallenen „eben heilige Tiere, was auch durch ein Kreuz am Kopf ersichtlich sei" (*Gittenberger/Hoogmoed* 91).

sche Schlangenkult sehr alt ist,[42] beschäftigt sich die Zoologie mit diesem interessanten Phänomen erst seit jüngster Zeit, und griechische Herpetologen identifizierten jene ‚Sandvipern' als intermediäre Form der ebenfalls auf Kephallenia vorhandenen Leopardennatter (Elaphe situla).[43] Diese Identifizierung erwies sich jedoch einige Jahre später als falsch; tatsächlich handelt es sich bei den heiligen Schlangen, wie erst *Koch* 1979 feststellte und *Hoogmoed* 1982 bestätigte, um die Europäische Katzennatter (Tarbophis fallax).[44] Sie ist für den Menschen ungefährlich,[45] sieht der Sandviper täuschend ähnlich,[46] besonders weil sie „die einzige griechische

---

[41] Der Vipernbiß dringt nämlich „tief in das Gewebe ein, das sich nach dem Zurückziehen des Zahnes über dem eingespritzten Gift wieder schließt" (*Petzold,* Vipern 452), und „ruft in jedem Fall eine schwere Blutvergiftung hervor" (aaO. 458); „beim Menschen können manchmal bis vierzehn Tage vergehen, ehe ein unbehandelter Bißfall tödlich endet" (aaO. 461).

[42] Den Angaben der Kephallenen zufolge existierten die ‚christlichen Schlangen' schon „vor Jahrhunderten" (*Gittenberger/Hoogmoed,* Schlangenkult 91 f.); und *Bodson,* Serpents 485, berichtet über die Dauer dieses Kultes, er sei eine „tradition, qui se perd dans la temps". Die älteste dem Verf. vorliegende Abhandlung über Kephallenia aus dem Jahre 1688 scheint auch auf das Phänomen hinzuweisen: „Daer is een aert van slangen, die den Menschen, wanneer zy slapen, in den boesem kruipen; doch brengen hen geen quant toe" (*Dapper,* Eilanden 144). – „Die wenigen uns zugänglichen Berichte, die sich meistens auf die Feier in Markopoulon beziehen, sind ungenau und stehen teilweise miteinander und mit den ... eigenen Erfahrungen im Widerspruch" (*Gittenberger/Hoogmoed,* Schlangenkult 92).

[43] „Les herpétologistes grecs ont reconnu dans ces reptiles inoffensifs la Couleuvre léopardine (Elaphe situla)" (*Bodson,* Serpents 486, im Jahre 1977). Aber noch 1981 spricht *Young,* Islands 244, bezüglich des kephallenischen Schlangenkultes von einem „Phenomenon which no ophiologist has yet explained".

[44] *Gittenberger/Hoogmoed,* Schlangenkult 92 (ebd. Beleg für *Koch*).

[45] „Obwohl diese Art zu den sogenannten opistoglyphen Nattern (Colubridae: Colubrinae: Boigini) gehört, ist sie für den Menschen nicht gefährlich" (aaO. 93). „Die Schlangen dieser Gattung sind oft bissig, aber trotz ihrer Giftzähne für den Menschen vollständig ungefährlich" (*Fleischmann,* Tarbophis 93). Die Wirkung des Giftes der Katzennatter ist so gering, daß es oft nicht einmal zur Tötung kleiner Mäuse oder gar mancher Eidechsen ausreicht (aaO. 94).

[46] So berichtet z.B. *Fleischmann,* Tarbophis 93, in seiner Abhandlung über die Katzennatter gleich zu Beginn: „Der Kopf ist sehr breit, was im Zusammenhang mit der Färbung eine Verwechslung mit der Sandviper nahelegt, so daß diese nicht sehr schnelle Natter... oft erschlagen wird." „Die Katzennatter, die bis zu 1 m lang wird, ist am Rücken grau bis bräunlich gefärbt mit drei Längsreihen schwarzer Flecken, die auf Rücken und Flanken alternieren" (*Gittenberger/Hoogmoed,* Schlangenkult 93), und ähnelt somit der „sehr giftigen Sandotter, Vipera ammodytes, die auch ein vertebrales Flecken- oder Zickzack-Muster zeigt und senkrechte Pupillen hat" (ebd.). *Barritt/Kahama* berichten 1982 über

Schlangengattung außer Eryx und Vipera ist, bei der eine senkrecht elliptische Pupille zu beobachten ist; daher der deutsche Name Katzenschlange".[47] Der Schlangenkult beruht also auf einer Verwechslung zwischen der ausgesprochen giftigen Sandviper und der harmlosen Katzenschlange.[48] Die Kephallenen sind dennoch bis in die Gegenwart fest davon überzeugt, es handele sich bei den Reptilien um die durch den christlichen Kult (von dem das schwarze Kreuz auf den Köpfen der Tiere zeugt) ‚entschärfte' Sandviper, die außerhalb des Kirchengeländes ihre Gefährlichkeit wiedererlangt.[49] – Neben der sehr bekannten Schlangenprozession in Cucullo (in den Abruzzen, Italien)[50] handelt es sich hierbei um den einzigen weiteren christlichen Schlangenkult der Welt,[51] und worauf

---

die kephallenische Katzennatter, daß sie „sich von giftigen ‚Artgenossen' nur durch ein kleines Kreuz am Kopf unterscheiden" läßt (*Gittenberger/Hoogmoed,* aaO. 92, mit Bezug auf *Barritt/Kahama,* Kefallinia 12); „auf der Kopf-Nacken-Region befindet sich ein breites schwarzes Halsband mit dünner schwarzer Medaillinie, die auf dem Kopf nach vorne ragt. Diese Figur wird wahrscheinlich von der Bevölkerung als Kreuz gedeutet" (aaO. 93).

[47] „Die Pupille ist senkrecht wie bei den giftigen, auch für den Menschen gefährlichen Ottern (Viperidae)" (*Gittenberger/Hoogmoed,* Schlangenkult 93), die zu den gefährlichsten Giftschlangen gehören (vgl. *Laurenti,* Vipera 98; *Fleischmann,* Tarbophis 93).

[48] *Gittenberger/Hoogmoed,* Schlangenkult 90, vermuten in ihrem Abstract zu Recht, daß der christliche Schlangenkult von Kephallenia „probably is based on a confusion of this species with the venemous Vipera ammodytes, also occuring on the island"; ebenso aaO. 93 (vgl. auch *Fleischmann,* Tarbophis 93). – Der auffallendste äußerliche Unterschied zwischen der Katzennatter (T. fallax) und der Sandviper (V. ammodytes) besteht in der Lebensweise: „Im Gegensatz zu T. fallax ... ist V. ammodytes weitgehend am hellen Tag aktiv" (*Gittenberger/Hoogmoed,* aaO. 93). Jedoch: „T. fallax ist im Sommer eine in der Dämmerung und nachts aktive Schlange, die nur im kälteren Teil des Jahres auch am hellen Tag beobachtet wird" (ebd.). Demnach kann der Apostel Paulus, der im frühen Morgenlicht (kurz nach der Dämmerung) an einem ausgesprochen kühlen Herbstmorgen (Apg 27,39 – 28,6) auf Kephallenia gestrandet war, sowohl eine Katzennatter als auch eine Sandviper angetroffen haben.

[49] Die Kephallenen sind noch heute überzeugt davon, „daß die Schlangen gefährlich, das heißt richtig giftig sind, sobald sie die Kirche am 15. August wieder verlassen haben". Angeblich ist „zwischen dem 6. und 15. August das Berühren der Schlangen durchaus ungefährlich", behaupten die Einheimischen (*Gittenberger/Hoogmoed,* Schlangenkult 91).

[50] „Die Schlangenprozession in Cucullo (am ersten Donnerstag im Mai) zieht viele Zuschauer an"; dort wird die Statuette des heiligen Domenico mit einigen Vierstreifennattern (und auch anderen Schlangen) herumgetragen (aaO. 92).

[51] *Gittenberger/Hoogmoed,* Schlangenkult 92, weisen darauf hin, daß noch in herpetologischen Schriften des Jahres 1981 „die Schlangenprozession in Cucullo" fälschlich als „ein einmaliges Beispiel für christlichen Schlangenkult" hervor-

anderes ist dieser traditionelle christliche ἔχιδνα-Kult (Sandviper-Kult) zurückzuführen, wenn nicht auf den Apostel Paulus, den die Insulaner für einen Gott hielten, weil er schadlos in Kontakt mit der ἔχιδνα (Sandviper) gekommen war (Apg 28,3–6)?![52]

Abschließend ist noch hervorzuheben, daß sich bei den westgriechischen Inselbewohnern die Kunde vom Aufenthalt des Apostels Paulus bis zu Beginn des 19. Jh. erhalten hat[53] – ein Faktum, das zwar mehrere europäische Schriftsteller erwähnten,[54] das aber in dem alten Streit, ob Malta

---

gehoben wird, und sie fügen hinzu: „Der Schlangenkult auf Kefallinia ist schlecht bekannt und wäre eingehender zu untersuchen", denn der Kult ist „fast nur den Bewohnern der Insel Kefallinia und einiger benachbarter Inseln aus eigener Anschauung bekannt".

[52] Wie die Ausführungen über den christlichen Schlangenkult auf Kephallenia hinreichend demonstrieren, hätten noch in der Gegenwart selbst fachkundige Beobachter – bei einer Szene, wie sie Apg 27,3–6 beschreibt – voller Erstaunen behauptet, der Apostel Paulus habe einen Sandvipernbiß unbeschadet überstanden, zumal der getäuschte Beobachter die mögliche Alternative (Katzennatter) nicht in Betracht ziehen konnte, denn so behauptet selbst noch die junge Fachliteratur: die Katzennatter „scheint aber auf den Jonischen Inseln... zu fehlen" (*Fleischmann,* Tarbophis 94). – Also dieser erstaunliche Sachverhalt liegt dem Bericht Apg 28,3–6 zugrunde; vgl. dagegen die bisherige Interpretation der Exegeten (z. B. *Conzelmann* 157)!

[53] Dies behaupteten vor allem die Bewohner der südlich von Korfu gelegenen Insel Paxos (Belege dazu s. folgende Anm.). Jedoch war das felsige und kleine Paxos (nur 19 qkm), deren Einwohner noch im letzten Jahrhundert mangels brauchbarer Süßwasserquellen ihr Trinkwasser von Korfu und dem festländischen Parga herantransportieren mußten (vgl. *Davy,* Islands II 214), im Altertum unbewohnt, wie die anderen Eilande rings um Korfu auch (vgl. *Meyer,* Paxos 576,34 f.; *Prok.* b. Goth. IV 22); und somit kann Paxos keinesfalls das Melitē der Apg gewesen sein. Da Kephallenia im 15. Jh. zweimal von den Türken erobert und besetzt worden ist und infolgedessen zahlreiche Kephallenen in den Inselraum von Korfu geflüchtet waren (im Gegensatz zu den übrigen großen westgriechischen Inseln vermochten die Türken Korfu nicht zu erobern), dürften kephallenische Christen die Erinnerung an die Christianisierung ihrer Vorfahren durch Paulus bewahrt und somit den Schiffbruch des Apostels auf ihr neues Heimatland Paxos übertragen haben.

[54] U. a. berichtet der Holländer *Dapper,* Eilanden (116) [unterscheide (116) von 116 ohne Klammer!] über die westgriechischen Paxoi (Paxos und Antipaxos nebst Eilanden) im Jahre 1688: „Man zeidt d'Apostel t'eener tyde deze eilanden zou angedaen hebben: waerom op dezelve, zoo de gemeene man gelooft, geen vergiftigh gedierte zou houden." Dementsprechend bemerkt der Franzose *Bellaire,* Inseln 123 f., im Jahre 1806: „... nach Meinung der Paxinioten, hat der Apostel [Paulus] einige Zeit auf ihrer Insel gewohnt." Ferner erwähnt der Engländer *Kendrick,* Islands 34, im Jahre 1813/22 über Paxos: „By an ancient tradition Saint Paul the Apostle is said to have landed here and preached the gospel, banishing, likewise, all venemous reptiles from the place."

oder das süddalmatische Mljet als das Melitē der Apg zu betrachten sei, erstaunlicherweise keine Beachtung fand.[55]

[55] Dabei hätte sich der westgriechische Inselraum allein schon von seiner geographischen Lage her zur Lösung des Melitē-Problems konkurrenzlos angeboten (vgl. *Balmer,* Romfahrt 542 u. 548).

Nachwort

Im Gegensatz zu Malta weist Kephallenia untrügliche Spuren des Paulus-Aufenthalts auf, und auch die zahlreichen Angaben Apg 27,14 – 28,12 sprechen für einen dortigen Schiffbruch. Daher sei abschließend erlaubt zu fragen, ob hier sogar der Bericht eines Augenzeugen vor- oder doch zumindest zugrunde liegt.[1]
Unabhängig von der Frage nach der Historizität des Berichts Apg 27 – 28 sind aufgrund der vorliegenden Ergebnisse nicht nur die zahllosen Bibelkarten zu den Reisen des Paulus neu zu gestalten, sondern auch in den Texten das Wort Malta durch das ursprüngliche Melitē zu ersetzen sowie einige topographische und ethnische Termini ihrem tatsächlichen Begriffsinhalt entsprechend wiederzugeben.[2] Ferner sollten die Exegeten die Bedeutung des Romfahrtverlaufs über Kephallenia für die Pastoralbriefe eingehend prüfen;[3] schließlich beruhte ihr neuzeitlicher Ausschluß aus den „echten Paulinen" nicht zuletzt (oder gar zuerst?)[4] auf der angeblichen Unvereinbarkeit der Daten des Tit mit dem bisher bekannten Lebensweg des Apostels. – Vor allem aber müßte die Christliche Archäologie für eine intensive Spurensuche auf Kephallenia Sorge tragen.[5]

---

[1] „Forscher wie *Zahn, Ramsay* und *Ed. Meyer* meinten hier den Erlebnisbericht des Augenzeugen *Lukas* zu hören. Sie merkten nicht, mit welch konstruktiver Phantasie der Verfasser sein Ziel erreicht. Er besaß freilich einen Erlebnisbericht dieser Reise" (*Haenchen* 678).

[2] So ist z.B. τόπος διθάλασσος (Apg 27,41) nicht mit „Sandbank" oder gar „Sund" zu übersetzen, sondern mit „Landzunge"; und βάρβαροι nicht mit „Leutlein", sondern mit „Barbaren".

[3] Aufgrund der Tatsache, daß Paulus vor Kephallenia strandete, erhält man ein einleuchtendes Itinerar für die im Tit vorausgesetzten geographischen Situationen.

[4] „Es wird zunächst darauf hingewiesen, daß der geschichtliche Hintergrund, wie er sich aus den Past ergibt, in dem bekannten Leben des Apostels keine Stelle findet" (*Meinertz* 16).

[5] Das gilt besonders für die Landzunge von Argostoli im Bereich des St.-Gerasimos-Cave und bei der Strandungsstelle am Felskap Lardigo sowie am Platz der ehemaligen Pauluskirchen in Pesades und auf Paliki, ferner beim Gerasimos-Kloster in Homala.

Die künftigen Festtage zum Schiffbruch des Apostels Paulus können die römisch-katholische und die griechisch-orthodoxe Kirche gemeinsam[6] austragen und erstmals seit dem Mittelalter wieder[7] auf der richtigen Insel, am topographisch genau fixierten Ort; denn der Insel Kephallenia und ihrer Bevölkerung gebührt der Ruhm, den Völkerapostel freundschaftlich aufgenommen zu haben, nicht aber den Inseln Malta und Mljet, deren Bewohner während der vergangenen Jahrhunderte sich darum stritten. Von diesen beiden Inseln liegt Kephallenia, wie ein geographischer Kompromiß, genau gleich weit entfernt, zudem erheblich näher an Kreta, von wo aus Paulus aufgebrochen war.

Obwohl weitaus größer als jede andere der westgriechischen oder dalmatischen Inseln und gut dreimal so groß wie Malta,[8] befand sich Kephallenia bisher weitgehend außerhalb des Blickfeldes der Theologen und Historiker, „und doch spiegelt sich auch in den Schicksalen dieser Insel der ganze Entwicklungsgang der abendländischen Kulturwelt wider“.[9]

---

[6] Einerseits bildet Kephallenia ein griechisch-orthodoxes Erzbistum, andererseits gehörte die Kapelle (sie war mit dem umliegenden Grund bereits im 13. Jh. im Besitz des lateinischen Bistums Zakynthos und trägt noch heute ein lateinisches Kreuz; s. III C 2, Anm. 14 u. 18–21), die nahe am Ort des Schiffbruchs in die Felsgrotte gebaut ist, der römisch-katholischen Kirche.

[7] Wie die dunkle Überlieferung zeigt (*Warsberg*, Ithaka 16), wurde es anscheinend zumindest von den Bewohnern des Ortes Pesades jahrhundertelang alljährlich mit einer Schiffsprozession entlang der Küste Livathos gefeiert.

[8] Kephallenia umfaßt 743 qkm; Korfu, die zweitgrößte der westgriechischen Inseln, 593 qkm; Krk und Cres, die beiden größten dalmatischen Inseln, 410 qkm und 404 qkm; Malta 245 qkm.

[9] *Partsch*, Kephallenia 1.

Literaturverzeichnis

1. Quellen

APOLLONIOS RHODIOS, Argonautika, hg. v. *H. Fränkel,* Oxford 1961.
HOMER, Ilias, hg. v. *K. Bayer, M. Faltner, M. Fuhrmann* u. *G. Jäger,* München–Zürich [8]1983.
– Odysseia, hg. v. *K. Bayer, H. Färber* u. *M. Faltner,* München [5]1977.
HOMERische Hymnen, hg. v. *A. Weiher,* München–Zürich [5]1986.
Novum Testamentum Graece, hg. v. *E. Nestle, K.* u. *B. Aland,* Stuttgart [26]1979.
PAUSANIAS, Periēgēsis tēs Hellados, hg. v. *W. H. S. Jones,* Harvard 1978–1980 (Vls.).
PLINIUS, Naturalis historia, hg. v. *M. E. D. L. Strack,* Darmstadt 1968 (3 Bde.).
STRABON, Geographika, hg. v. *H. L. Jones,* London [3]1949–1967 (8 Vls.).
THUKYDIDES, Ta Peloponnēsiaka, hg. v. *J. Steup,* Berlin [6]1963 (8 Bde.).

2. Geschichtsatlanten

Atlas Orbis Christiani Antiqui, hg. v. *K. Pieper,* Düsseldorf 1931.
Topographisch-Historischer Atlas von Hellas, bearb. v. *H. Kiepert,* Berlin 1846.
Atlas zur Kirchengeschichte. Die christlichen Kirchen in Geschichte und Gegenwart, hg. v. *H. Jedin,* Freiburg 1970.
Putzger Historischer Weltatlas, hg. v. *A. Hansel* u. *W. Leisering,* Bielefeld–Berlin–Hannover [85]1963.

3. Sammelwerke und Lexika

a) theologische und philologische

Corpus Inscriptionum Graecarum (Kürzel: CIG), hg. v. *E. Curtius* u.a., Berlin 1825ff.
Corpus Inscriptionum Latinarum (Kürzel: CIL), Berlin 1862–1943.
Inscriptiones graecae consilio (Kürzel: IG), Academiae... borussicae editae, Berlin 1873–1939.
Greek-English Lexikon, hg. v. *H. G. Liddell* u. *R. Scott,* Oxford 1968.
Ausführliches Lexikon der griechischen und römischen Mythologie, hg. v. *H. W. Roscher* (Kürzel: Myth. Lex.), o. Ort u. Jahr.
Der Kleine Pauly. Lexikon der Antike, hg. v. *K. Ziegler* u. *W. Sontheimer,* München 1979 (Kürzel: Pauly).
Paulys Real-Encyclopädie der classischen Altertumswissenschaften, hg. v. *G. Wissowa,* Stuttgart 1893ff. (Kürzel: RE).
Reallexikon für Antike und Christentum, hg. v. *T. Klauser,* Stuttgart 1950 (Kürzel: RACh).
Griechisch-Deutsches Schul- und Handwörterbuch, hg. v. *W. Gemoll,* München–Wien [9]1965.

Thesaurus Graecae Linguae, hg. v. *Stephanus,* Graz 1954.
Theologisches Wörterbuch zum Neuen Testament, begr. v. *G. Kittel,* hg. v. *G. Friedrich,* Berlin–Köln–Mainz 1933ff.

b) naturwissenschaftliche und sonstige

Der Große Brockhaus, Kompaktausgabe in 26 Bänden, v. *F. A. Brockhaus,* Wiesbaden [18]1984.
Grzimeks Tierleben. Enzyklopädie des Tierreiches, hg. v. *B. Grzimek,* Zürich 1971.
Großes und Vollständiges Universallexikon aller Wissenschaften und Künste, hg. v. *J. H. Zedler,* Halle–Leipzig 1739.
Westermanns Lexikon der Geographie, hg. v. *W. Tietze,* Braunschweig 1968.
Zoologica, hg. v. *R. Hesse,* Stuttgart 1938.

4. Kommentare zur Apostelgeschichte und zu den Pastoralbriefen

Conzelmann, H., Die Apostelgeschichte (HNT 7), Tübingen 1963.
Haenchen, E., Die Apostelgeschichte (KEK 3), Göttingen [16]1977.
Hoennicke, G., Die Apostelgeschichte, Leipzig 1913.
Holtz, G., Die Pastoralbriefe (ThHK 13), Berlin [3]1980.
Meinertz, M., Die Pastoralbriefe des Heiligen Paulus (HSchNT 8), Bonn [4]1931.
Roloff, J., Die Apostelgeschichte (NTD 5), Göttingen [17]1981.
Schille, G., Die Apostelgeschichte des Lukas (ThHK 5), Berlin 1983.
Schneider, G., Die Apostelgeschichte II. Teil (ThHK 5), Freiburg 1982.
Steinmann, A., Die Apostelgeschichte (HSchNT 4), Bonn [4]1934.
Weiser, A., Die Apostelgeschichte (OekTK 5,1), Gütersloh–Würzburg 1985.
Wellhausen, J., Kritische Analyse der Apostelgeschichte, Berlin 1914.
Wikenhauser, A., Die Apostelgeschichte (RNT 5), Regensburg [3]1956.
Williams, C. S. C., A Commentary on the Acts of the Apostles (BNTC), London [2]1964.
Zahn, T., Die Apostelgeschichte des Lukas I/II, Leipzig–Erlangen 1922.

5. Einzelwerke

Anonymus, Griechenland. Die Ionischen Inseln (hg. von der Griechischen Zentrale für Fremdenverkehr), Athen 1978.
Anonymus, Syntomos touristikos odēgos Kephallēnias (hg. von Nikolatos), Argostoli o.J.
Ansted, D. T., The Ionian Islands in the Year 1863, London 1863.

Balls, B., Travellers guide to Malta, London 1969.
Balmer, H., Die Romfahrt des Apostels Paulus und die Seefahrtskunde im römischen Kaiserzeitalter, Bern 1905.
Balser, J., Beiträge zur Erklärung der Apostelgeschichte, Freiburg/Brsg. 1897.
Barritt, D., Kahana, Y., Het slangenwonder van Kefallinia, in: Panorama 34, Haarlem 1982, 12.

Bellaire, J. P., Beschreibung der vormals venetianischen Inseln und Besitzungen im jonischen Meere oder der jetzigen Republik der sieben vereinigten Inseln, in: Sprengels Bibliothek der neuesten und wichtigsten Reisebeschreibungen 33,3, Weimar 1806/07.
Beeskow, Die Insel Cephalonia, in: Programm des Friedrichs-Werderschen Gymnasiums, Berlin 1860, 1–34.
Biedermann, G., Die Insel Kephallenia im Altertum, in: Ad geographiam antiquam III, München 1887.
Blanke, F., Paulus in Malta, in: Kümmerly, W., Malta, Bern 1965, 31–36.
Bodson, L., De la symbolique religieuse à l'herpétologie. Les serpents sacrés de Marcopoulo; Céphalonie-Grèce, in: Bulletin de la Société Zoologique de France 102, Paris 1977, 485–487.
Böker, R., Notos, in: Pauly IV 168,4–27.
– Euros, in: Pauly II 449,37–450,7.
Bölte, F., Phoinikus, in: RE XX A 383,54–384,6.
Brannigan, F., Nautisches über die Romfahrt des heiligen Paulus, in: Theologie und Glaube 25, Paderborn 1933, 170–186.
Breusing, A., Die Nautik der Alten, Bremen 1886.
Bürchner, Ionisches Meer, in: RE IX B 1896,10–1897,36.
– Kephallenia, in: RE XI A 193,40–216,30.
– Lasaia, in: RE XII A 883,33–49.
Burian, F., Korfu. Ionische Inseln (= Polyglott), München ^{6}1984/85.

Chantraine, H., Orgyia, in: Pauly II 339,59–340,5.

Dapper, O., Naukeurige Beschryving van Morea eertijts Peloponnesus en de Eilanden . . ., Amsterdam 1688.
Davy, J., Notes and Observations on the Ionian Islands and Malta (2 Vls.), London 1842.
Dümmler, Aphrodite, in: RE I B 2729,9–2787,68.

Egger, H., Malta (= Schroeder), Leichlingen ^{2}1970.

Fleischmann, Tarbophis, in: Zoologica 93–95.
Fluss, Melite, in: RE XV A 547,41–548,14.
Forbiger, A., Handbuch der Alten Geographie (Bd. 1), Hamburg 1877.
Fraas, C., Klima und Pflanzenwelt in der Zeit, Landshut 1847.

Gallas, K., Kreta (= Polyglott), München ^{8}1980/81.
Gärtner, H., Syrtis, in: Pauly V 475,1–17.
Geisau, H., Aiolia, in: Pauly I 179,55–180,8.
– Dike, in: Pauly II 24,56–25,68.
– Scherie, in: Pauly V 7,6–26.
– Typhoeus/Typhon, in: Pauly V 1022,13–58.
Giegel, P., Welteroberer Paulus, Zürich–Stuttgart ^{2}1968.
Giffard, E., A short visit to the Ionian Islands, London 1837.
Gittenberger, E./Hoogmoed, M., Notizen zum christlichen Schlangenkult auf der ionischen Insel Kefallinia, in: Salamandra 21, Bonn 1985, 90–94.

Gnuva, P. / Amode, M., Süddalmatien und Montenegro (= Polyglott), München [5]1982/83.
Goekoop, A. E. H., Ithaque, la Grande, Athen 1908.
Goodison, W., A historical and topographical Essay upon the Islands of Corfu, Leucadia, Cephalonia, Ithaca and Zante, London 1822.
Goraccuchi, J. A., Die Adria und ihre Küsten, Triest 1863.
Gossen/Steier, Schlange, in: RE 2 II A 494,63–557,56.
Grasset Saint Sauveur, A., Beschreibung der ehemaligen venetianischen Besitzungen auf dem festen Lande und an den Küsten von Griechenland, in: Sprengels Bibliothek der neuesten und wichtigsten Reisebeschreibungen 3,1, Weimar 1801.
Groag, E., Die römischen Reichsbeamten von Achaia bis auf Diokletian, in: Schriften der Balkankommission, Antiquar. Abt. d. Österr. Akad. d. Wiss. in Wien, Wien–Leipzig 1939.

Häbler, Boreas, in: RE II A 720,61–721,61.
Harnack, A., Die Mission und Ausbreitung des Christentums in den ersten drei Jahrhunderten (Bd. I), Leipzig [4]1924.
– Lukas, der Arzt, in: Beitr. z. Einl. i. d. NT I, Leipzig 1908.
Heldreich, T., Flore de l'île de Céphalonie, Lausanne 1883.
Herter, H., Apollonios, in: Pauly I 449,57–451,26.
Heutger, N., ‚Paulus auf Malta' im Lichte der maltesischen Topographie, in: Biblische Zeitschrift 28, Würzburg 1984, 86–88.
Holland, H., Travels in the Ionian Isles (Bd. I), London 1819.

Jervis – White Jervis, H., History of Corfu and the Republic of the Ionian Islands, Amsterdam 1970 (Nachdruck der Auflage London 1852).
Jessen, Lotophagen, in: Myth. Lex. IV 2142,50–2144,22.
Jüthner, J., Barbar, in: RACh I 1173–1176.

Kalligas, P., Kephalonia, in: Die griechischen Inseln (DuMont), Köln [5]1980, 414–419.
Kendrick, T. T. C., The Ionian Islands, London 1822.
Kiepert, H., Lehrbuch der Alten Geographie, Berlin 1878.
Kind, Malaria, in: RE A 830,5–846,37.
Kirkwall, G. W. F., Four Years in the Ionian Islands, London 1864.
Kirsten, E., Phoinix, in: RE XX A 431,51–435,20.
König, W., Faust II, in: Königs Erläuterungen 43/44, Hollfeld 19. Aufl. o.J.

Landström, B., Das Schiff. Vom Einbaum zum Atomboot. Rekonstruktion in Bild und Wort, Gütersloh o.J.
Laurenti, Vipera, in: Zoologica 94, Stuttgart 1938, 98–99.
Le Glay, M., Triton, in: Pauly V 969,53–970,22.
Liebetrut, F., Reise nach den Jonischen Inseln, Hamburg 1850.
Linné, Vipera ammodytes, in: Zoologica 94, Stuttgart 1938, 99–101.
Loucatos, D. S., Religion populaire à Céphalonie, Athen 1950.

Mahnert, V., Recherches zoologiques dans les îles Ioniennes, in: Musées de Genève 131, Genf 1973, 2–7.
May, J., Malta, Gozo und Comino (= Goldstadt-Reiseführer), Pforzheim 1970.

Meinardus, O. F. A., Melita Illyrica or Africana, in: Ostkirchliche Studien 23, Würzburg 1974, 21–36.
Melas, E., Kephallonien, in: Griechenland (DuMont), Köln 1980, 206–207.
Metzger, W., Die letzte Reise des Apostels Paulus, Stuttgart 1976.
Meyer, E., Epeiros, in: Pauly II 284,35–287,12.
– Gortyn, in: Pauly II 856,45–857,17.
– Melite, in: Pauly III 1179,6–24.
– Nikopolis, in: Pauly IV 124,25–125,28.
– Paxos, in: Pauly IV 576,33–39.
– Phoinix, in: Pauly IV 800,47–58.
– Pylos, in: RE XXIII B 2113,50–2161,57.
Meyer, E., Geschichte des Altertums, Essen 9. Aufl. o.J. (unveränderter Nachdruck der zuletzt 1952–58 bei der J. G. Cotta'schen Buchhandlung Nachf. erschienenen Neuauflage).
Miller, L., Ergebnisse einer entomologischen Reise nach Cephalonia, in: Wiener Entomologische Monatsschrift 6, Wien 1862, 269–282.
Mousson, A., Ein Besuch auf Korfu und Cefalonien im September 1858, Zürich 1859.
Müller, A., Reise durch Griechenland und die ionischen Inseln, Leipzig 1822.
Mure, W., Journal of a tour in Greece and the Ionian Islands (Bd. I), Edinburgh–London 1842.

Napier, C. J., Memoir on the roads of Cefalonia, London 1825.
Neumann, C. / Partsch, J., Physikalische Geographie von Griechenland mit besonderer Rücksicht auf das Altertum, Breslau 1885.

Oberhummer, E., Keraunische Berge, in: RE XI A 268,2–269,19.
– Phönizier in Akarnanien (Marathos, Melite, Karnos) München 1882.
Oppermann, S., Leuchtturm, in Pauly III 590,40–55.

Palunko, V., Melita nel naufragio di san Paolo e l'isola Meleda in Dalmazia, Spalato 1910.
Partsch, J., Adria, in: RE I A 417,16–419,13.
– Die Insel Korfu, in: Ergänzungsheft 88 zu Petermanns Mitteilungen, Gotha 1887.
– Die Insel Leukas, in: Ergänzungsheft 95 zu Petermanns Mitteilungen, Gotha 1889.
– Kephallenia und Ithaka, in: Ergänzungsheft 98 zu Petermanns Mitteilungen, Gotha 1890.
Petzold, H. G., Vipern und Grubenottern, in: Grzimeks Tierleben Bd. VI, Zürich 1971, 451–471.
Philippson, A. / Kirsten, E., Die Griechischen Landschaften (Bd. II: Mittelgriechenland; Bd. III: Peloponnes), Frankfurt 1958/59.
Pokorny, P., Die Romfahrt des Paulus und der antike Roman, in: Zeitschrift für Neutestamentliche Wissenschaft 64, Gießen 1973, 233–244.
Polaschek, E., Pharos, in: RE XIX B 1860,1–1866,68.
Premerstein, Legatus, in: RE XII B 1133,11–1148,61.
Pückler-Muskau, H., Südöstlicher Bildersaal (Bd. III, Teil 2: Griechische Leiden), Stuttgart 1841.

Radke, G., Pharos, in: Pauly IV 716,58–717,9.
Ramsay, W. M., Paulus in der Apostelgeschichte, Gütersloh 1898.
Rehm, Euros, in: RE VI A 1311,41–1313,68.
Riemann, O., Recherches Archéologiques sur les Iles Ioniennes. II Céphalonie, Paris 1879.
Ruge, Barbaroi, in: RE II B 2858,32–66.
Rychener, H., Erdkundlicher Überblick, in: Kümmerly, W., Malta, Bern 1965, 77–82.

Sauveur, A., s. *Grasset Saint Sauveur A.*
Scheffer, T., Apollonios Rhodios, Die Argonauten, Leipzig 1940.
Schliemann, H., Ithaka, der Peloponnes und Troja, Darmstadt 1963 (Nachdruck der 1. Aufl. Leipzig 1869).
Schober, F., Nikopolis, in: RE XVII A 511,62–518,25.
Smith, J., The voyage and shipwreck of St. Paul, London 1848.
Soustal, P., Nikopolis und Kephallēnia, in: Tabula Imperii Byzantini, Österr. Akad. d. Wiss. Bd. III, Wien 1981.
Spencer, E., Travels in European Turkey in 1850 (2 Vls.), London 1851.
Spoerri, Barbaren, in: Pauly I 1545,26–1547,6.
Steier, Tanne, in: RE 2 IV B 2216,5–2223,49.

Treidler, H., Das Ionische Meer im Altertum, in: Klio 22, Leipzig 1928.
– Syrtis, in: RE 2 IV B 1796,21–1829,46.

Unger, F., Wissenschaftliche Ergebnisse einer Reise in Griechenland und in den jonischen Inseln, Wien 1862.

Vaudoncourt, G., Memoirs on the Ionian Islands, London 1816.
Vielhauer, P., Geschichte der urchristlichen Literatur, Berlin–New York 1975.
Vischer, W., Erinnerungen und Eindrücke aus Griechenland, Basel 1857.

Warsberg, A., Ithaka, Wien 1887.
Weimert, F., Malta kennen und lieben, Lübeck ²1976, ⁴1982.
Weiss, J., Melite, in: RE XV A 543,9–547,28.
Werner, F., Die Amphibien und Reptilien Griechenlands, in: Zoologica 94, Stuttgart 1938.
Wiebel, K. W. M., Die Insel Kephalonia und die Meermühlen von Argostoli, Hamburg 1873.
Williams, H. W., Travels in Italy, Greece and the Ionian Islands (2 Vls.), Edinburgh 1820.
Windisch, Barbaros im NT (ThWB I) 549–551.
Wolf, H. u. A., Der Weg des Odysseus, Tübingen 1968.
– Die wirkliche Reise des Odysseus, München o.J.

Young, M., Corfu and the other Ionian Islands, London ³1981.

Ziegler, Sikelia, in: RE 2 II B 2461,49–2522,4.
Zürcher Bibel, hg. v. Kirchenrat des Kantons Zürich, Zürich 1942.